DAVID BENCHETRIT

David Benchetrit est médecin, spécialisé en intelligence artificielle. Depuis 1986, avec les équipes de nutrition de l'hôpital Bichat et de La Clinique du Poids, il a développé LeDiet, un régime équilibré, adapté à chaque individu. À l'heure où les institutions de santé publique alertent sur les dangers des régimes dissociés et standard, LeDiet est devenu la voie d'excellence dans la perte de poids au niveau mondial, avec plus de 6 millions de bilans individuels établis à ce jour.

La méthode Benchetrit
Maigrir pour la vie

POCKET Évolution

Des livres pour vous faciliter la vie !

David et Ania Benchetrit
La méthode Benchetrit
Maigrir pour la vie : le premier régime efficace sur la durée
et qui respecte votre santé

Allen Carr
***La méthode illustrée
pour en finir avec la cigarette***
Devenez un heureux non-fumeur pour le reste de votre vie

Thierry Farrayre
La vérité si je mange bio !
Tout savoir pour manger vraiment bio

Catherine Gourlat
9 mois, vos rendez-vous
L'agenda pratique de votre grossesse

Guy Roulier
Les huiles essentielles pour votre santé
La bible des huiles essentielles

David Servan-Schreiber
Anticancer
Prévenir et lutter grâce à nos défenses naturelles

Pierre Vican
26 vertus bienfaisantes du vinaigre
Fabrication maison, recettes diététiques
et soins de beauté

Docteurs David et Ania Benchetrit

La méthode Benchetrit
Maigrir pour la vie

SOLAR

À Sylvia, à François, à Nitsa et Julien,
à Yossi et Gaelle, à Jordan, à Tess, à Shaylie.
Quelle chance nous avons de vous avoir !

Remerciements
Nous remercions le Dr Nathalie Francesconi pour son aide précieuse, pour sa patience.
Et remercions également toutes les diététiciennes de la Clinique du Poids sans qui ce livre n'aurait jamais existé.

Le papier de cet ouvrage est composé de fibres naturelles, renouvelables, recyclables et fabriquées à partir de bois provenant de forêts plantées et cultivées durablement pour la fabrication du papier.

Le Code de la propriété intellectuelle n'autorisant, aux termes de l'article L. 122-5, 2e et 3e a, d'une part, que les « copies ou reproductions strictement réservées à l'usage privé du copiste et non destinées à une utilisation collective » et, d'autre part, que les analyses et les courtes citations dans un but d'exemple et d'illustration, « toute représentation ou reproduction intégrale ou partielle faite sans le consentement de l'auteur ou de ses ayants droit ou ayants cause est illicite » (art. L. 122-4).
Cette représentation ou reproduction, par quelque procédé que ce soit, constituerait donc une contrefaçon, sanctionnée par les articles L. 335-2 et suivants du Code de la propriété intellectuelle.

© 2011, Solar, un département de place des éditeurs

ISBN : 978-2-266-22398-0

AVANT-PROPOS
MAIGRIR AUJOURD'HUI

LE BON SENS EN PREMIÈRE LIGNE AVEC LA MÉTHODE BENCHETRIT

Une nouvelle étape est franchie dans le traitement du surpoids. Elle ne vient pas de la découverte d'un médicament, d'un régime miracle, d'une cure. Elle vient de la rencontre des progrès de la nutrition et de vos habitudes alimentaires. Cette rencontre inattendue a été rendue possible grâce aux performances des ordinateurs actuels. Elle est traduite ici dans ce livre, pour vous être accessible ; vous maigrirez, vite, en bonne santé, durablement.

LA DIFFICILE HISTOIRE DU TRAITEMENT DU SURPOIDS

Les médicaments
Depuis cinquante ans, tous les médicaments efficaces dans la perte de poids ont été retirés parce qu'ils ont montré des effets secondaires dangereux. Il y a eu les laxatifs, les diurétiques qui faisaient perdre surtout de l'eau, les hormones thyroïdiennes toxiques pour le cœur, les amphétamines qui ont l'avantage de diminuer l'appétit et le gros inconvénient de créer de l'hypertension pulmonaire. Plus récemment, des découvertes annonçaient des molécules qui agiraient favorablement sur des centres cérébraux ;

malheureusement, elles étaient génératrices de dépressions nerveuses, voire de suicides.

Parfois, ces effets secondaires sont bien plus graves et ne sont décelés que des années plus tard. Nous avons tous à l'esprit le scandale récent de l'Isomeride, celui du Mediator.

Le sport

Des millions de personne chaque année, en France, s'inscrivent en salle de sport, ou achètent du matériel à domicile, dans l'espoir qu'un exercice quotidien viendrait à bout de leur surcharge graisseuse. Un infime pourcentage de personnes persistent plus de quelques séances.

Le sport est certes bon pour la santé, il peut être un complément dans une thérapie d'amaigrissement mais, d'une part il stimule l'appétit, d'autre part les efforts physiques nécessaires pour perdre quelques grammes sont considérables. À titre d'exemple, plusieurs heures de sport intense sont nécessaires pour compenser les calories apportées par un pain au chocolat. Il est peut-être plus facile d'envisager de supprimer le pain au chocolat ou d'en limiter la consommation si celui-ci fait partie de vos habitudes alimentaires.

Les régimes

Des millions de personnes cèdent chaque année aux promesses du dernier régime à la mode. Ce sont souvent des régimes protéinés qui ont contribué à fabriquer des obèses après une courte période de perte de poids. Il n'y a aucune législation contre les fausses promesses en matière d'amaigrissement.

**Prenons l'exemple du régime protéiné
qui a rencontré un si grand succès en 2010**
La diète protéinée a été inventée par le professeur Apfelbaum à la fin des années 60.
Il avait remarqué que certains patients sous diète hydrique – on ne leur donnait que de l'eau et rien d'autre – perdaient du muscle au lieu de perdre de la graisse. Le professeur Apfelbaum a pensé alors à donner des protéines pour préserver la masse musculaire
Il s'est alors aperçu qu'il y avait une perte de graisse rapide, mais que cette perte s'accompagnait de la fabrication de corps cétoniques (acétone) qui étaient éliminés dans les urines et dans l'air expiré (d'où haleine fétide). Les corps cétoniques ont également la propriété de couper l'appétit.
Le professeur Apfelbaum est alors convaincu d'avoir trouvé l'arme absolue contre le surpoids : la méthode permet d'éliminer des calories en grande quantité simplement en urinant et en respirant. Les Américains se sont jetés sur la méthode et l'ont utilisée avec moins de rigueur qu'à Bichat et malheureusement, dès la troisième semaine, de nombreuses complications sont apparues. Heureusement, dans de très nombreux cas, le régime a été interrompu avant l'apparition de ces graves effets secondaires.
Le professeur Apfelbaum a été le premier à comprendre les dangers de sa méthode et à la dénoncer comme telle.

POURQUOI LES RÉGIMES DÉSÉQUILIBRÉS ÉCHOUENT-ILS ?

Il y a deux raisons majeures :

La première est inscrite dans notre évolution

Nous sommes programmés pour survivre et rien n'est plus fort que ce programme. Pour survivre, nous avons besoin d'énergie mais aussi de nutriments, de sels minéraux, de vitamines.

Et tout déficit est générateur de pulsions pour être compensé. Parfois ces pulsions sont ciblées : envie de sucre, envie de fruits... mais souvent elles sont aveugles et nous avons simplement une envie impérieuse de manger.

Donc les régimes font tous maigrir les premiers jours, mais la perte de poids initiale revient à grande vitesse et les kilos retrouvés sont même souvent majorés. Les chiffres sont là. Le taux de succès en amaigrissement, succès maintenus au-delà de un an, sont très faibles et bien inférieurs aux taux de guérison des cancers.

La seconde est inscrite dans notre identité

Lorsqu'on mange, on comble bien évidemment sa faim, mais en fait la symbolique de l'acte va beaucoup plus loin. Le choix de nos habitudes alimentaires n'est pas un hasard, ces dernières témoignent de notre enracinement dans une région, un pays ou un groupe culturel, un environnement social et professionnel – dans une famille et dans une religion (on sait à quel point ces dernières, dès leurs origines, ont édicté des règles alimentaires établissant des rituels et des interdits).

Et pour chacun d'entre nous, 40 à 50 habitudes alimentaires constituent une gamme unique aussi personnelle que nos empreintes digitales, gamme qu'il est impossible de modifier au-delà de 80 % de ses composants.

CONCLUSION

Si vous souhaitez maigrir, sachez qu'il n'y a pas de médicament miracle, pas d'issue non plus avec le sport et encore moins avec les régimes déséquilibrés. Que faire ? La réponse a été initiée il y a trente ans par le service de nutrition de l'hôpital Bichat : un des plus prestigieux au monde.

En 1975, à l'hôpital Bichat, l'équipe du service des explorations nutritionnelles avait trois certitudes :
❶ Un régime efficace doit impérativement être bien équilibré en nutriments : protides, lipides, glucides, acides gras, sels minéraux, vitamines…
❷ Un régime efficace doit être suivi longtemps pour atteindre son objectif.
❸ Pour être suivi longtemps, un régime doit respecter les habitudes alimentaires d'un individu.
Ce concept, facile à énoncer, a été d'une extrême complexité à mettre en œuvre. Des millions de calculs sont nécessaires pour identifier un plan alimentaire qui ne soit pas un régime restrictif mais un plan qui soit une copie de vos habitudes actuelles tout en apportant moins de calories.
Bien entendu, ces millions de calculs simultanés étaient impossibles à réaliser avec les méthodes manuelles. La solution a été rendue possible par les performances des

technologies numériques. Il est désormais accessible à tous sur Internet : Ledietcare.

C'est cette méthode qui est décrite en détail dans cet ouvrage. En France, 2 millions de personnes ont fait leur bilan sur Ledietcare. Grace à l'expérience acquise avec ces cas, il a été possible d'identifier 5 profils types décrits dans ce livre afin de mettre au point un régime progressif adapté à chacun.

Les solutions proposées dans cet ouvrage permettront à chacun de construire un régime unique qui leur permettra de maigrir mais aussi de trouver une solution acceptable pour la vie.

En complément de ce livre, vous pourrez aussi faire régulièrement votre bilan nutritionnel gratuit sur

www.ledietcare.fr

Vous disposerez ainsi de tous les éléments pour optimiser votre perte de poids.

Si votre souhaitez un accompagnement quotidien pendant votre amaigrissement, vous pouvez souscrire à un suivi sur www.ledietcare.fr, le prix de ce livre pourra être déduit de votre abonnement sur trois mois.

SOMMAIRE

Introduction	17
Passage à l'acte. Les étapes LeDietCARE à la loupe	27
La Phase Rapide	28
La Phase Totale	53
Le plaisir de manger sans regrossir : un leitmotiv pour la vie	69
La Phase Définitive	77
Déterminez votre profil	99
L'indispensable de l'alimentation	215
Carnet pratique	251
Carnet de recettes	271

INTRODUCTION

Ce livre et cette méthode s'adressent à tous ceux qui veulent perdre leurs kilos en trop sans jamais les reprendre. Il s'adresse à tous ceux qui ont déjà tenté – en vain – les multiples régimes à la mode faisant la une des magazines féminins ou les succès de librairie érigés au rang de best-sellers, des régimes sans lendemain. À tous ceux qui ont déjà perdu du poids à coups de privations et de frustrations… et qui en ont aussitôt repris de plus belle.

En quoi sommes-nous différents ? Pourquoi sommes-nous en mesure d'affirmer que LeDietCARE fonctionne ?

Un programme minceur 100 % santé – 100 % sur mesure

Novembre 2010, l'Anses, agence nationale de sécurité sanitaire de l'alimentation, de l'environnement et du travail, publie un rapport complet et détaillé où elle met en évidence les dangers majeurs des régimes protéinés ou déséquilibrés : risque cardiovasculaires, cancers, hypertension, ostéoporose, dépression et surtout reprise de poids. Ce constat avait déjà été fait dans notre service en 1987 et c'est la raison pour laquelle nous avons développé LeDiet avec un credo : « Maigrir est une affaire de santé ». L'objectif était donc de respecter simultanément les habitudes alimentaires de chacun, l'équilibre nutritionnel, notamment les apports en nutriments, sels minéraux et vitamines, et les contraintes socioprofessionnelles (repas, à la maison, à la cantine, au restaurant).

Le concept était simple, sa réalisation d'une extrême complexité et, vingt-quatre ans après, c'est maintenant chose faite. Aujourd'hui nous sommes fiers de vous en faire bénéficier.

Car nous vous offrons un régime personnalisé, s'adaptant à vos habitudes alimentaires, en évitant les fastidieuses frustrations. À la clé : une éducation alimentaire qui vous permettra de savoir bien manger pour le reste de votre vie. Il ne s'agit donc pas d'un énième régime aux mille promesses, mais simplement de vous apprendre à réorganiser votre alimentation en corrigeant vos mauvaises habitudes alimentaires, tout en conservant celles dont vous ne pouvez vous passer. Nous vous permettons de perdre du poids dès les premiers jours en vous suivant et en vous encourageant quotidiennement.

Au sein de la Clinique du Poids, à Paris, des médecins, informaticiens, nutritionnistes, diététiciens, psychologues et statisticiens composent notre équipe. Tous ont mis leurs compétences en commun pour poursuivre les travaux du célèbre professeur Apfelbaum afin de les rendre encore plus efficaces. Fort de plus de trente ans de recherches et d'expérience dans le domaine du surpoids, l'efficacité de LeDietCARE est aujourd'hui prouvée, légitimée et élue méthode numéro 1 aux États-Unis. Les résultats sont sans appel. Deux études portant sur près de 30 000 personnes, l'une en France, l'autre aux États-Unis, démontrent un taux de succès 20 à 50 fois supérieur à toutes les méthodes actuelles.

> **La méthode est désormais suivie par des milliers de patients à travers le monde**

POUR LA PETITE HISTOIRE...

Tout a commencé par les recherches du professeur Marian Apfelbaum. Au sein de son service de nutrition de l'hôpital Bichat, le célèbre nutritionniste a mis au point le concept de l'alimentation positive. Son mot d'ordre : le régime ne doit pas trouver son efficacité dans la restriction. C'est à lui de s'adapter aux habitudes alimentaires de chaque individu pour être efficace sur le long terme. Un concept novateur et plus que séduisant !

En 1986, notre équipe, dirigée par le spécialiste de l'informatique médicale, le docteur Benchetrit, a adapté le concept de l'alimentation positive aux technologies informatiques de haut niveau. C'est ainsi que nous avons créé le système informatique LeDietCARE. Depuis 2002, la méthode est disponible sur Internet, par correspondance ou encore sur consultation à la Clinique du Poids à Paris. Son succès a été immédiat. La méthode est désormais suivie par des milliers de patients à travers le monde, notamment aux États-Unis et en Europe (Angleterre, Allemagne, Italie et Espagne). Cela nous permet d'enrichir quotidiennement nos études en tenant compte des habitudes alimentaires de chaque pays.

UN PROGRAMME MINCEUR
100 % SUR MESURE

Même si, pour la majorité des patients, le surpoids n'est généralement pas le fruit du hasard, mais bien le résultat d'une tendance à la gourmandise et aux plaisirs de la table, chaque individu jouit d'un métabolisme différent. Il mérite donc un suivi unique, adapté à sa propre situation – et non pas une solution universelle !

Le succès de la méthode s'explique ainsi par sa capacité à établir un programme alimentaire individualisé. Votre profil, votre mode de vie, vos préférences alimentaires, vos besoins nutritionnels : chaque détail de votre façon de vivre est passé au crible. Le concept est simple mais extrêmement complexe à mettre en place. C'est la performance réalisée par notre équipe et notre système informatique. Grâce à l'analyse et à l'élaboration de calculs précis faisant suite à vos réponses au questionnaire alimentaire, LeDietCARE calcule le juste niveau calorique qui vous convient, en fonction de votre âge, de votre objectif de perte de poids et autres caractéristiques personnelles, évitant ainsi toute restriction inutile, voire contre-productive.

En conclusion, chaque candidat à l'amaigrissement dispose de SON propre régime, créé pour lui.

LEDIETCARE S'ADAPTE À PLUSIEURS PROFILS

• **Le programme Express** : offre un démarrage rapide pour un résultat efficace dès la première semaine. Une condition : se soumettre à quelques contraintes le premier mois. Ne vous découragez pas d'emblée, le résultat sur la balance est assurément motivant pour continuer sur la durée !

• **Le programme Liberté** : s'adapte à ceux qui souhaitent maigrir à leur rythme, naturellement, sans passer par La Phase Rapide qui se veut plus restrictive. Il convient aussi à ceux qui entendent stabiliser leur poids actuel ou qui veulent rééquilibrer leur alimentation afin de préserver leur capital santé. Cette formule permet de perdre du poids sans frustration aucune. Elle consiste simplement à rééquilibrer l'alimentation et à corriger les erreurs alimentaires afin que le patient ne souffre ni d'excès ni de carences en nutriments et micronutriments. Le tout, en respectant ses goûts, son mode de vie et ses préférences alimentaires.

• **Le programme Anticellulite :** s'adresse à ceux qui souhaitent réduire leur cellulite, qu'ils soient en surpoids ou non. Il consiste notamment à apporter suffisamment de fibres et de protéines, tout en limitant les sucres simples, le sel et les graisses.

• **Le programme 45 ans :** se dirige vers ceux et celles qui, arrivés à cette période de la vie, désirent atteindre leur objectif de poids sans effort et pallier les différents troubles liés au vieillissement. Pour la femme, l'âge de la préménopause encourage notamment une prise de poids, l'accumulation de la cellulite due à une mauvaise circulation sanguine, l'ostéoporose, un vieillissement de la peau ou encore l'irritabilité. Les hommes comme les femmes souffrent d'un déficit osseux, de douleurs articulaires, d'une perte de la masse musculaire et parfois d'une déficience de la mémoire. Cette formule vous permettra d'apprendre à manger mieux afin de couvrir vos besoins nutritionnels spécifiques. On cherchera à corriger vos erreurs alimentaires, à vous apporter suffisamment de protéines pour limiter la fonte musculaire, des oméga-3 et des antioxydants pour la bonne santé de votre cœur, de vos artères et de votre mémoire, davantage de calcium pour lutter contre l'ostéoporose et une grande quantité de vitamines A, E et D pour votre peau. En cas de surpoids, votre niveau calorique sera bien sûr adapté en fonction de votre objectif.

- **Le programme Après-Bébé** : s'adresse, comme son nom l'indique, aux jeunes mamans ayant accouché il y a moins d'un an et qui souhaitent retrouver leur poids d'avant bébé. Si vous êtes dans cette situation, la formule vous aidera à retrouver facilement votre poids de forme, en couvrant les besoins liés à cette période de « reconstruction ». Outre l'élimination de l'excès de graisse corporelle, on veillera notamment à vous apporter suffisamment de protéines pour restaurer votre masse musculaire, de calcium pour la solidité de vos os et de vos dents, de vitamines A, E et D pour la santé de votre peau, de glucides complexes et de vitamines B pour retrouver votre tonus et d'antioxydants pour mieux résister aux infections.

VOUS EN AVEZ ASSEZ DES RÉGIMES AUX FAUSSES PROMESSES ?

- ➡ **Vous voulez vous débarrasser de 5 kilos rapidement ?**
- ➡ **Vous souhaitez en éliminer 10, 15, 20 ou plus sur le long terme ?**
- ➡ **Vous ne voulez pas subir de lourdes contraintes ?**
- ➡ **Vous entendez dire adieu une bonne fois pour toutes à ces amas graisseux ?**

LeDietCARE est VOTRE solution.

Vous y trouverez votre compte grâce à :

■ une mise en route efficace et rapide pour booster votre motivation sur la durée

■ l'absence de frustration et de « craquages incontrôlés »

■ des consignes précises et personnalisées

■ des étapes paliers pour atteindre vos objectifs

■ une éducation alimentaire à vie

NOTRE PLAN D'ACTION

- **Étape 1 : Phase de Perte de Poids Rapide**

Pendant une durée de une à trois semaines, nous partons à l'assaut des kilos en limitant strictement l'apport en calories. Pour assurer l'effet starter de cette phase, les hydrates de carbone (glucides) sont entièrement bannis. Malgré la restriction, le régime reste néanmoins personnalisé : il respecte autant que possible vos goûts et habitudes alimentaires. En échange, vous devrez vous soumettre à la lettre à nos instructions. À la fin de cette phase, vous pouvez espérer avoir perdu entre 2 et 10 kilos.

- **Étape 2 : Phase de Perte de Poids Totale**

Au cours de cette période, nous réintroduisons progressivement les hydrates de carbone, ce qui permet d'augmenter la ration calorique quotidienne. Au terme des quatre semaines de cette phase, vous pourrez avoir perdu environ 5 kilos. Fort de ces bons résultats, vous serez prêt à entamer la dernière phase de notre régime.

- **Étape 3 : Phase de Perte de Poids Définitive**

Finie la restriction ! À partir de maintenant, vous pouvez appliquer les principes de la formule Liberté. Au menu : plus de souplesse, de liberté et d'adéquation avec vos habitudes alimentaires. Cette étape se poursuit jusqu'à ce que vous ayez atteint votre objectif de poids.

À la fin du programme, vous n'aurez plus besoin de notre suivi. Vous aurez appris à manger équilibré et vous en garderez l'habitude À VIE !

Important : vous pouvez à tout moment choisir d'abandonner le programme Rapide pour le programme Liberté, plus souple et moins restrictif. C'est vous qui décidez. C'est nous qui nous adaptons.

La garantie LeDietCARE

- 80 % de vos habitudes alimentaires sont conservées pour faciliter un régime longue durée.
- Le capital santé est préservé.
- Le plaisir de la table est maintenu.
- La restriction calorique excessive est bannie.
- Un accompagnement quotidien est assuré.

PARTIE 1

PASSAGE À L'ACTE

LES ÉTAPES LeDietCARE À LA LOUPE

1ʳᵉ ÉTAPE : LA PHASE RAPIDE

Quel que soit l'objectif que vous voulez atteindre, le régime se déroule en trois étapes clés. Pas à pas, nous vous guidons vers la bonne direction. Main dans la main, nous vous accompagnons sur le chemin du régime, jusqu'au but.
C'est parti ! Dès à présent, vous entrez en mode « régime ». Ce mot sonnant comme quelque chose de plus attristant que réjouissant, nous faisons en sorte de réduire cette phase au maximum. Il s'agit d'une phase de lancement rapide démarrant au quart de tour. À la clé : un résultat presque instantané.
Cette période se veut strictement limitée. Elle s'adapte à votre objectif.

Si votre but est de perdre :
- **moins de 10 kilos, La Phase Rapide ne durera qu'une semaine ;**
- **de 10 à 20 kilos : elle s'étendra sur deux semaines ;**
- **plus de 20 kilos : elle ne devra pas excéder trois semaines.**

La Phase Rapide doit rester limitative. Attention, ne faites pas de zèle en la prolongeant. Même si vous vous jugez capable de vous restreindre pour une durée supérieure à celle que nous vous imposons, ne croyez pas que votre régime avancera plus vite. Le résultat se révélera contre-productif. Vous tomberez alors dans le piège du régime hypocalorique, à l'issue duquel vous reprendrez aussitôt vos quelques kilos perdus (pour plus d'explications, reportez-vous au paragraphe « Stop à l'effet yo-yo et aux régimes punition »).

Il est important de respecter à la lettre les consignes que nous vous fournissons. Les bons résultats en dépendront. Nous vous attribuons une liste limitative d'aliments à consommer durant cette période. Si cette liste est limitative, elle se veut aussi exhaustive. Et pour cause, vous devez pouvoir manger des aliments riches en vitamines et en minéraux principaux pour ne pas faiblir au moindre effort physique.

Autre atout : vous pouvez consommer tout ce que nous vous prescrivons À VOLONTÉ. Vous avez le droit d'y piocher ce que vous aimez et de laisser de côté ce que vous n'appréciez pas. Vous êtes libre de vos choix. En contrepartie, aucun écart – aussi bénin soit-il – n'est toléré. Si vous cédez à un aliment hors liste, vous ne pourrez compter sur les résultats escomptés. Si la faim se fait sentir, mangez autant que vous le souhaitez – à n'importe quelle heure – du moment qu'il s'agit d'un aliment contenu dans la liste autorisée.

LISTE D'ALIMENTS AUTORISÉS...
À VOLONTÉ

Nous pouvons les regrouper en quatre catégories.

1re FAMILLE : LES ALIMENTS RICHES EN PROTÉINES

Ces aliments sont indispensables. Ils représentent la clé de la réussite de La Phase Rapide. En effet, les protéines induisent une digestion longue et laborieuse. Ainsi, le seul fait d'en manger impose à l'organisme de brûler une partie des calories qu'il est en train d'assimiler. Les protéines permettent en outre de prolonger la sensation de satiété, éloignant les fringales incontrôlées. Pour plus d'infos, lire le chapitre « L'indispensable de l'alimentation ».

Durant ces quelques jours, nous prescrivons uniquement des protéines maigres sans matière grasse. À savoir :
- **Le poisson maigre** : barbue, brochet, cabillaud, carrelet, colin, congre, dorade, églefin, éperlan, espadon, flétan, goujon, haddock, julienne, lieu, limande, lotte, loup, merlan, merlu, morue, perche, raie, rascasse, requin, rouget grondin, roussette, saint-pierre, sandre, sole, tanche, thon (sauf thon rouge), truite de rivière, turbot.
- **Les fruits de mer** : huîtres, crevettes, gambas, praires, palourdes, crabe, langouste, langoustines, homard, moules, coques, calmars, seiches, bigorneaux, bulots, clams, coquilles Saint-Jacques.
- **La viande maigre** :
  – *bœuf* : filet, faux-filet, bavette, rumsteck, rosbif, jarret, tournedos, steak haché à 5 % de MG, collier, hampe, bifteck, jarret ;

PHASE RAPIDE, VARIEZ VOS ASSAISONNEMENTS !

Vous pouvez ajouter à toutes vos préparations les aliments libres suivants :
- Les sauces : moutarde, soja (salé uniquement), cube de bouillon (dégraissé)... Mais attention à l'excès de sel, il ouvre l'appétit et, en grande quantité, peut entraîner une hypertension artérielle.
- Les vinaigres et le jus de citron :
  - N'en abusez pas, car en grande quantité ils sont agressifs pour l'estomac et limitez le vinaigre balsamique car il est relativement sucré.
  - Pensez au jus de citron, il complétera agréablement votre apport en vitamine C.
  - Le fromage blanc maigre et le yaourt sont d'excellentes alternatives à l'huile d'assaisonnement.
- Condiments et aromates : Utilisez largement, à votre gré, pour la cuisson et l'assaisonnement des aliments :
  - les fines herbes : basilic, estragon, fenouil, persil, cerfeuil, ciboulette, menthe...
  - les herbes aromatiques : thym, laurier, origan, romarin, sauge...
  - les condiments : cornichons, câpres...
  - les épices : poivre, baies roses, cumin, curry, safran, paprika, clous de girofle, muscade...
  - l'ail, l'échalote, l'oignon.

- *veau* : escalope, filet, jarret, noix de veau, poitrine, épaule, côte ;
- *porc* : filet, filet mignon ;
- *cheval, autruche* ;
- *gibier* : canard sauvage, lapin, chevreuil, lièvre, marcassin, sanglier, cerf, renne, bison, perdrix, chevreau, faisan ;
- *volailles maigres sans la peau* : caille, poulet, pintade, dinde, dindonneau ;
- *abats maigres* : cœur, foie, ris de veau, rognons, tripes, pointe de langue.

• **Les œufs** : sachez que le blanc d'œuf est le seul aliment protéique à l'état pur ! Le jaune, quant à lui, est très riche en cholestérol. Ne dépassez pas la consommation de 6 œufs par semaine.

• **Le tofu** : consommez-le en dés dans une salade composée, grillé au four, en brochettes avec des légumes ou mixé pour velouter un potage.

2e FAMILLE : LES LÉGUMES PAUVRES EN SUCRES

Ne les négligez pas : les légumes sont particulièrement riches en vitamines, minéraux et fibres. Vous en aurez besoin, car une consommation accrue en protéines peut avoir tendance à bloquer le transit. Pensez à en varier la préparation : entiers, en purée, en potage, chauds ou froids… mais toujours sans matière grasse.

Le choix est large : asperges, aubergines, bettes, brocolis, cardons, céleri-branche, céleri-rave, champignons, choux de Bruxelles, chou-fleur, chou rouge, chou vert, christophines, concombres, courgettes, cresson, endives, épinards, fenouil, germes de soja, haricots beurre, haricots verts, navets, oseille, poireaux, poivrons, radis, salades, salsifis, tomates.

Pendant La Phase Rapide, oubliez les légumes considérés comme sucrés : artichauts, betteraves rouges, carottes, cœurs de palmier, fèves fraîches, macédoines de légumes, oignons, petit pois (frais ou surgelé et non en conserve), potirons, potimarrons, citrouilles, topinambours.
Nous vous recommandons en outre de privilégier les légumes de saison.

3e FAMILLE : LES PRODUITS LAITIERS MAIGRES

Laitages à 0 % non sucrés (nature, aux fruits ou aromatisés), lait écrémé, fromages allégés... On les trouve désormais à foison dans les rayons des supermarchés. Partenaires minceur idéals, ces produits laitiers sont débarrassés de leurs

> **IDÉE REÇUE ?**
>
> **Le pourcentage des matières grasses indiquées sur les produits laitiers indique le taux de lipides sur 100 grammes de produit fini**
>
> Vrai, et cela dans n'importe quel pays de l'Union européenne, depuis 2003. Avant cette date, le pourcentage de matières grasses indiqué sur fromages, yaourts, fromages blancs et spécialités laitières était exprimé par rapport à l'extrait sec, soit après extraction de l'eau. Ainsi, un même camembert qui affichait 45 % de matières grasses (sur extrait sec), titre aujourd'hui 22 % de MG (sur produit fini). En clair, une portion de 30 g de ce fromage (soit 1/8), apporte 6,6 g de lipides. De la même façon, un fromage blanc qui affichait 20 % de MG, titre aujourd'hui 4 % de MG, sans pour autant avoir changé de composition. Il confère donc 4 g de lipides par pot de 100 g. À noter : les produits 0 % de MG apportent bien 0 g de lipides. Dans le cadre de votre régime, nous vous conseillons les produits laitiers maigres et allégés.

matières grasses originelles, tout en conservant leurs atouts nutritionnels (protéines, calcium…). Autant de raisons de ne pas s'en priver.

• **Les fromages allégés**
Tous les fromages portant la mention « allégé » et titrant au maximum 5 % de matières grasses sur le produit fini sont tolérés. Il s'agit des fromages à pâte molle ou dure, fondus ou à tartiner. Vous pouvez ainsi consommer tous les fromages de la liste suivante :
Cœur de Lion® extraléger, Bridelight® spécialité fromagère, Carré frais® 0 % de MG, Saint Moret® 0 % de MG, Tartare® 0 % de MG. Gare à ne pas céder au pain accompagnant le fromage !

• **Les laitages**
Tous les laitages allégés ou affichant 0 % de matière grasse sont naturellement acceptés durant La Phase Rapide. Vous pouvez y ajouter de l'édulcorant en poudre ou liquide, ou une touche salée avec poivre, aromates ou fines herbes. Variez vos menus pour limiter l'ennui.

4ᵉ FAMILLE : LES BOISSONS

Vous devez impérativement consommer 1,5 litre de liquide par jour. Il s'agit d'une obligation ! Et pour cause : qui dit liquide dit élimination. L'eau permet de drainer tous les déchets accumulés par votre organisme. Si toutes les eaux sont autorisées (y compris celles qui sont aromatisées avec des édulcorants) – excepté celles contenant du sucre –, vous pouvez en outre consommer café, thé et infusion sans sucre. Ces derniers étant aussi des liquides, vous pouvez les déduire du 1,5 litre journalier.

IDÉE REÇUE ?
Les boissons light ne font pas grossir

À moitié vrai... Attention à distinguer les boissons entièrement dépourvues de sucre, de celles qui ne le sont que partiellement. Le goût sucré est donné par des édulcorants à 0 calorie.

Apprenez à lire les étiquettes ! Boire 1 litre de boisson « light » avec une teneur en sucre de 6 grammes/100 millilitres revient à consommer malgré tout 60 grammes de sucre, soit l'équivalent de 12 morceaux de sucre (la moitié d'un soda traditionnel...) !

Rien ne vous empêche de boire à volonté des boissons affichant 0 calorie. Mais sachez que :

- Le cerveau ne faisant pas de différence entre le vrai sucre et le « faux » sucre, vous resterez accro au goût sucré.
- Plus vous consommerez de produits au goût sucré, plus vous en aurez envie et inversement.
- Ces boissons provoquent une sensation de faim lorsqu'elles sont consommées en dehors des repas.

Pour maigrir plus facilement, mieux vous limiter à un verre de soda « light » par jour.

Quant aux boissons light, mieux vaut les éviter pendant La Phase Rapide du régime. Elles sont effectivement dépourvues de calories (attention, lisez bien les étiquettes), mais leur goût sucré appelle le palais à vouloir manger sucré. La raison ? Votre cerveau ne fait pas la différence entre vrai sucre et faux sucre. Restreignez-vous pendant cette courte période de La Phase Rapide. Dans quelques jours, vous pourrez les réintégrer à volonté, si vous le souhaitez.

Bonne nouvelle : le goût sucré s'éduque. Plus vous en mangez, plus vous en redemandez. Moins vous en consommez, moins l'envie se fait sentir. À noter : tout alcool est clairement prohibé. Hautement calorique, il contredit les principes restrictifs du démarrage du régime.

La liste des aliments autorisés s'achève ici. Que la phase de démarrage dure 1, 2 ou 3 semaines selon votre objectif de poids à perdre, vous pouvez constater que vous conservez malgré tout l'embarras du choix pour élaborer des menus variés. À court d'idées ? Consultez nos recettes minceur à la fin de l'ouvrage.

Notez que cette liste exclut tout glucide, même complexe.

Tout produit sucré – confiseries, pâtisseries… – est simplement banni, comme les sucres lents : pain, céréales, pommes de terre, pâtes, riz et féculents. Attention, cette restriction restera limitée à La Phase Rapide du régime. Elle ne doit pas excéder cette courte durée. C'est pourquoi nous réintroduirons les glucides complexes (céréales, féculents) dans la seconde phase. Pour tout connaître sur les glucides, et notamment les bienfaits des sucres complexes, reportez-vous au « Bilan glucides » dans les « Notions de nutrition ».

LA LISTE ÉLIMINE AUSSI TOUS LES LIPIDES

Leur richesse calorique est dévastatrice : 9 calories au gramme. Pour tout connaître sur les lipides, reportez-vous au chapitre sur les « Notions de nutrition ».

Apprenez donc à optimiser l'assaisonnement de vos plats. En suivant nos conseils de préparation, vous constaterez que cela est simple. Sur le long terme, vous devrez avoir intégré ces nouvelles habitudes d'assaisonnement de vos plats.

Pour vos crudités, remplacez la traditionnelle vinaigrette concoctée avec trop d'huile par une sauce au yaourt ou fromage blanc. Agrémentez votre salade d'un filet de jus de citron. Jouez avec épices et aromates pour remédier à la fadeur de vos mets dépourvus de beurre de cuisson. Attention toutefois à ne pas abuser du citron et du vinaigre : ils sont irritants pour l'estomac.

Si cette phase se révèle insurmontable, que vous vous sentez près de craquer : passez aussitôt à l'étape suivante. Vous n'avez aucune raison de culpabiliser. Il est important de ne pas dépasser ses propres limites pour atteindre son objectif. Et pour cause : la frustration est la porte ouverte au grignotage.

LES ASTUCES CUISSON DU CHEF LeDietCARE

Attention, si les aliments ci-dessus énumérés peuvent être consommés à volonté, ils doivent l'être sans matières grasses. Optimisez donc votre mode de cuisson. 0 lipide ne rime pas avec fadeur. Adoptez nos conseils de préparation. Jouez avec les épices et condiments. Les aliments peuvent être :

- **Grillés :** au gril, en brochette, au barbecue, à la poêle.

Ne graissez pas les aliments. Vous pouvez toutefois huiler très légèrement votre plat avec du papier absorbant afin que la préparation n'attache pas. Utilisez des poêles ou des grils antiadhésifs.

- **Rôtis :** au four.
  - *Les viandes* (rôti de bœuf, porc...) : ne graissez pas le rôti avant de l'enfourner. Supprimez la barde et salez en fin de cuisson. Prévoyez de laisser votre rôti un quart d'heure dans le four éteint afin d'obtenir un jus maigre.
  - *Les volailles* : pas besoin de graisser la peau, il suffit de piquer la viande avec la pointe d'un couteau avant de l'enfourner. La graisse contenue sous la peau s'écoulera en début de cuisson. Jetez-la ! Poursuivez ensuite la cuisson en ajoutant éventuellement un peu d'eau ou de bouillon.
  - *Les poissons* : déposez-les dans un plat à four sur des rondelles de tomates et d'oignons, ajoutez poivre, curry, safran, fines herbes. Arrosez avec 1/2 verre d'eau ou de bouillon.
  - *Les œufs* : variez-en la préparation pour ne pas vous lasser de l'éternelle omelette. Vous pouvez les cuisiner en cocotte dans un ramequin ou dans une tomate, avec une pincée de sel, de poivre et des fines herbes (estragon, ciboulette...).

- **Bouillis :** à l'eau ou au court-bouillon.

Attention, n'utilisez que peu d'eau de cuisson. Autrement, vitamines et minéraux se dilueront dans l'eau, au risque d'être perdus. À moins que vous n'utilisiez cette eau pour la préparation de potages.

- *Les viandes* (pot-au-feu, poule au pot, blanquette...) : notre astuce : cuisinez-les la veille, sans ajouter de matière grasse dans l'eau de cuisson. Une fois le mets prêt, conservez-le au frais. Le lendemain, jetez les graisses solidifiées en surface avant de réchauffer.
- *Les poissons* : rien de plus simple, cuisinez-les au court-bouillon et servez-les avec un jus de citron et des fines herbes.
- *Les légumes* : ajoutez selon votre goût des épices (poivre, curry, cumin...) et des fines herbes (persil, estragon, basilic...).
- *Les œufs* : pochés, en gelée, à la coque ou durs avec des fines herbes et des aromates.

• **Braisés sans matière grasse.**
- *Viandes et poissons* – sautés de bœuf, veau, porc, poulet, lotte, thon – se prêtent délicieusement à ce mode de préparation. Graissez légèrement le fond d'une cocotte antiadhésive avec une goutte d'huile étalée à l'aide de papier absorbant. Faites revenir l'aliment sans matière grasse, ajoutez des oignons jusqu'à ce qu'ils deviennent dorés, versez 1/2 verre d'eau ou de bouillon de légumes, ajoutez thym, laurier, champignons (sauté de veau, bourguignon...), tomates, poivrons (poulet basquaise), épices (curry, cumin), fines herbes... De quoi obtenir des recettes variées !
- *Les légumes* : cuisinez-les selon le même principe, à savoir à l'étouffée sans ajout d'eau.
- *Les œufs* : graissez légèrement le fond d'une poêle anti-adhésive avec une goutte d'huile étalée à l'aide de papier absorbant pour concocter la traditionnelle omelette ou des œufs au plat.

• **En papillote :** dans une feuille de papier sulfurisé.
La cuisson des papillotes peut se réaliser au four ou à la vapeur. Viandes blanches (veau, volaille, lapin, porc...), poissons, abats (foie, rognons...), légumes (poivrons, tomates...) : beaucoup s'y prêtent !

Pour décupler les saveurs, ajoutez selon votre goût : des rondelles d'oignon, de tomate, de champignon, de citron, des fines herbes (basilic, estragon, persil...) ou des épices (curry, safran, poivre...).

• Au four à micro-ondes.

Ce mode de cuisson offre l'avantage d'autoriser la réalisation en un moindre temps de toutes sortes de recettes sans ajout de matière grasse, avec uniquement un filet d'eau, sans oublier les herbes et les condiments pour la saveur.

Sachez que les aliments cuisinés sans matière grasse peuvent être accompagnés d'une sauce mijotée sans matière grasse. Nous vous invitons à consulter nos recettes minceur LeDietCARE.

LES INTERDITS DE LA PHASE RAPIDE

Tirez un trait sur tous ces aliments !

- PAS DE PAIN, PAIN DE MIE, BISCOTTE...
- PAS DE PRODUITS DE BOULANGERIE, NI VIENNOISERIES, NI BISCUITS...
- PAS DE PRODUITS CÉRÉALIERS
- PAS DE FÉCULENTS : POMME DE TERRE, PÂTES, RIZ, BLÉ, MAÏS...
- PAS DE PÂTE GARNIE : QUICHE, PIZZA, TARTE...
- PAS DE PLATS CUISINÉS DU COMMERCE

LES 10 COMMANDEMENTS DE LA PHASE RAPIDE

❶ UN STARTER D'UNE DURÉE ÉCLAIR

- La Phase Rapide permet un démarrage extrêmement rapide pour un résultat quasi instantané.
- Au bout que quelques jours seulement, vous serez récompensé de vos efforts, sans pour autant subir les effets pervers d'un régime trop restrictif (manque de vitamines, gros coups de fatigue, sensation de faim…).
- Fixez votre objectif poids à atteindre avant d'enclencher le starter.

Pour un but de :
– moins de 10 kg : La Phase Rapide ne dure qu'une semaine ;
– 10 à 20 kilos : elle s'étend sur deux semaines ;
– 20 kilos et plus : elle ne doit pas excéder trois semaines.

❷ DES ALIMENTS À VOLONTÉ

- Nous vous imposons une liste d'aliments exhaustive… mais limitée !
- Les quantités, quant à elles, ne sont pas limitées. Mangez quand vous le souhaitez, à tout moment de la journée si vous préférez, à condition de respecter les aliments admis dans la liste.

- L'atout ? Contrairement aux autres régimes hypocaloriques, vous ne ressentirez ni sensation de faim ni frustration démesurée. Les aliments prescrits restent variés pour vous offrir des repas aussi séduisants que gourmands.

❸ AUCUN DÉRAPAGE TOLÉRÉ

- Un seul écart annule l'efficacité de La Phase Rapide. Vous ne devez succomber à AUCUN aliment non mentionné dans la liste d'aliments prescrits.
- Ne cherchez pas l'interprétation ou une modulation de nos règles de conduite. Nos règles sont claires et directives : laissez-nous vous guider.
- Adoptez LeDietCARE comme un référent à qui rendre des comptes. Pour vous aider à maintenir scrupuleusement votre ligne de conduite, renseignez chaque jour les aliments consommés sur le site Internet de la Clinique du Poids (www.ledietcare.fr).

❹ DES PROTÉINES « MAIGRES » COMME ALLIÉES

- Les protéines incarnent votre partenaire régime ! Elles restent essentielles lors de La Phase Rapide. Ce sont elles qui donnent l'impulsion à l'élimination des premiers kilos.
- Les protéines font maigrir :
- le seul fait d'en manger fait brûler des calories, grâce à la lenteur de leur digestion ;
- elles prolongent l'effet de satiété et éloignent donc les fringales.
- Pour 100 calories de protéines ingérées (soit 100 grammes de blanc de poulet, 150 grammes de poisson maigre ou 200

grammes de fromage blanc maigre non sucré) : 20 à 25 calories sont dépensées lors de la digestion.
- Mangez des protéines à tous les repas. Ça tombe bien, on les trouve partout : laitages, viandes, poissons, œufs…

❺ DES LÉGUMES PEU SUCRÉS À VOLONTÉ

- Voyez la vie en vert, rouge, jaune… Concentrez-vous sur les légumes dépourvus de sucres.
- Les légumes sont essentiels : ils favorisent un bon transit. Ne les négligez pas… Durant La Phase Rapide, la consommation accrue de protéines a tendance à ralentir la digestion.
- Variez leur cuisson, éloignez l'ennui : en purée, grillés, à la vapeur… Consultez nos recettes minceur !
- Les autres légumes reviendront dès la phase suivante.

❻ HARO SUR LES LIPIDES D'ASSAISONNEMENT

- Les lipides représentent votre ennemi numéro 1. Leur valeur énergétique est très élevée : on compte 9 calories par gramme !
- Pour 100 calories de lipides (soit 1 cuillerée à soupe d'huile d'olive), l'organisme brûle seulement 2 à 4 calories.
- Reléguez beurre, margarine et huile au fond du placard. Ce sont des calories facilement économisées.
- Bonne nouvelle : il est possible de manger gourmand tout en contrôlant l'apport en lipides. Soyez inventif dans l'assaisonnement, variez les modes de cuisson.
- Ne vous inquiétez pas, cela reste provisoire, la matière grasse refera son apparition dès la phase suivante.

❼ LES GLUCIDES – MÊME COMPLEXES – AUX OUBLIETTES

- Aucun aliment sucré n'est toléré. Bonbons, biscuits, chocolat… ne font plus partie de votre liste de course.
- Les glucides comportent 4 calories au gramme. De plus, certains sont assimilés très rapidement par l'organisme, ce qui les rend encore plus riches.
- Les glucides complexes – pain, féculents, céréales – sont aussi bannis. Toutefois, ils seront bientôt réintégrés, leurs bienfaits étant indispensables.

❽ BOIRE DE L'EAU À GOGO

- Absorbez 1,5 litre de liquide par jour. C'est LA condition pour drainer et évacuer tous les déchets accumulés.
- Café, thé, tisanes – à consommer sans sucres – sont tolérés. Vous pouvez les déduire de la quantité de 1,5 l prescrite.
- Vous pouvez boire plus… mais jamais moins que ce que nous vous recommandons.
- Buvez autant que vous le pouvez : en mangeant, entre les repas. Le liquide remplit l'estomac et renforce l'effet de satiété.

❾ DES MENUS ANTICIPÉS

- Élaborez vos menus à l'avance. Vous éloignerez ainsi la tentation lors de l'épreuve du supermarché.
- Pour vous guider, LeDietCARE vous propose des menus journaliers ou hebdomadaires. C'est vous qui choisissez.
- À court d'idées ? Consultez nos recettes minceur, aussi gourmandes que simples à réaliser !

❿ LE SPORT PLÉBISCITÉ

- Marchez au moins 30 minutes par jour. C'est le minimum pour enclencher la machine qui brûlera vos graisses.
- Le sport est une véritable machine de guerre. Assimilez l'activité physique à une arme défiant les kilos. Sans sport, votre graisse ne sera pas menacée. Attaquez-la dans le vif en bougeant.
- Le sport reste le meilleur atout pour booster le métabolisme. Et pour cause : plus votre musculature est renforcée, plus vos muscles veulent des calories.

LE PLAN ALIMENTAIRE DE LA PHASE RAPIDE

Quels que que soient votre âge, votre sexe et le nombre de kilos à perdre, vous êtes tous identiques lors de l'enclenchement du starter. Suivez nos suggestions de menus pour un démarrage ultrarapide.

PLAN ALIMENTAIRE HEBDOMADAIRE

Sont consommables à volonté :
- café, thé, infusion sans sucre
- laitages maigres non sucrés
- lait écrémé
- fromage allégé
- spécialité de soja non sucrée
- boisson au soja non sucrée
- poisson maigre sans matière grasse
- fruits de mer sans matière grasse
- viande maigre sans matière grasse
- tofu sans matière grasse
- œuf sans matière grasse
- légumes (crus ou cuits) peu sucrés sans matière grasse

PLAN ALIMENTAIRE JOURNALIER

➺ **Voir tableau en page 49.**

Nous n'avons suggéré qu'une collation par jour, mais rappelons que tous les aliments sont prescrits à volonté. Si vous le souhaitez, vous pouvez profiter d'une collation le matin, au goûter et même après dîner.

En encas, préférez : du jambon blanc, de la volaille, de la viande froide, des laitages maigres, du fromage allégé ou des légumes crus (radis, bouquets de chou-fleur, céleri-branche, champignons de Paris, tomates cerises) à tremper dans une sauce au fromage blanc, une sauce à la moutarde froide ou encore aux herbes.

Si vous en êtes arrivé là, vous avez réalisé le plus dur. Votre balance vous a récompensé : vous avez perdu entre 2 et 5 kilos. Après le starter, il est temps de passer à la vitesse supérieure.

Vous entrez désormais dans la phase intermédiaire avant d'adopter votre rythme de croisière.

Si cette phase se veut encore restrictive, nous réintroduisons progressivement une série d'aliments.

Cette période ne dure qu'entre deux et quatre semaines, selon l'objectif que vous vous êtes fixé. Si vous entendez perdre beaucoup de poids en un temps record, poursuivez-la pendant quatre semaines maximum… si les contraintes ne vous sont pas insurmontables. À défaut, il est préférable de perdre lentement et mais sûrement.

PHASE RAPIDE

Plans journaliers – Idées de menus
Vous trouverez les recettes de tous les plats avec un astérisque au chapitre 5.

Jour 1

Petit Déjeuner
- Café, thé, infusion sans sucre
- Œuf coque
- Jambon blanc au torchon ou cuit à l'étouffée sans couenne

Déjeuner
- Rôti de bœuf
- Asperges sauce mousseline*
- Saint-Moret® 0 %

Collation
- Yaourt 0 %
- Jambon de volaille

Dîner
- Velouté d'asperges, sans matière grasse
- Émincé de poulet au gingembre*
- Haricots verts wallons*
- Bridelight® spécialité fromagère

Jour 2

Petit Déjeuner
- Café, thé, infusion sans sucre
- Jambon de volaille
- Yaourt 0 %

Déjeuner
- Noix de veau au four
- Tomates aux herbes de Provence*
- Cœur de Lion extra-léger®

Collation
- Lait fermenté à boire 0 %
- Viande des Grisons

Dîner
- Asperges mayonnaise mousseline*
- Lotte à l'espagnole*
- Fenouil à la provençale*
- Carré frais® 0 %

Jour 3

Petit Déjeuner

- Café, thé, infusion sans sucre
- Fromage blanc 0 %

Déjeuner

- Rumsteck grillé
- Soufflé de courgettes*
- Tartare® 0 %

Collation

- Jambon blanc au torchon ou cuit à l'étouffée sans couenne
- Fromage blanc 0 %

Dîner

- Filet mignon grillé
- Courgettes vapeur citronnées
- Bridelight® spécialité fromagère

Jour 4

Petit Déjeuner

- Café, thé, infusion sans sucre
- Œuf au plat
- Viande des Grisons

Déjeuner

- Concombres sauce indienne au yaourt *
- Sauté de poulet au piment*
- Poireaux vapeur
- Cancoillotte

Collation

- Fromage blanc 0 %

Dîner

- Carpaccio de concombres aux herbes fraîches…
- Filet de julienne aux fines herbes et son filet de citron
- Champignons à la grecque*
- Carré frais® 0 %

Jour 5

Petit Déjeuner

- Café, thé, infusion sans sucre
- Yaourt 0 %

Déjeuner

- Salade de haricots verts sauce aurore*
- Papillote de poissons au cumin*
- Brocolis vapeur citronnés
- Saint Moret® 0 %

Collation

- Jambon blanc au torchon ou cuit à l'étouffée sans couenne
- Fromage blanc 0 %

Dîner

- Filet mignon grillé
- Courgettes vapeur citronnées
- Bridelight® spécialité fromagère

Jour 6

Petit Déjeuner

- Café, thé, infusion sans sucre
- Œuf au plat
- Viande des Grisons

Déjeuner

- Salade asiatique (germes de soja, pousses de bambou, crevettes, coriandre) avec sauce soja
- Tartare® 0 %

Collation

- Lait fermenté à boire 0 %
- Jambon de volaille

Dîner

- Salade forestière (champignons de Paris, mâche, betteraves rouges, tomates, jambon blanc fumé, persil) avec sauce fromage blanc-citron
- Carré frais® 0 %

Jour 7

Petit Déjeuner

- Café, thé, infusion sans sucre
- Fromage blanc 0 %

Déjeuner

- Salade océane (mesclun, frisée ou jeunes pousses d'épinards, cabillaud ou raie, fines herbes) avec sauce aurore*
- Cœur de Lion extra-léger®

Collation

- Yaourt 0 %
- Viande des Grisons

Dîner

- Soupe glacée au concombre*
- Faux filet grillé
- Champignons à la grecque*
- Cancoillotte

2ᵉ ÉTAPE : LA PHASE TOTALE

Si vous en êtes arrivé là, vous avez réalisé le plus dur. Votre balance vous a récompensé : vous avez perdu entre 2 et 5 kilos. Après le starter, il est temps de passer à la vitesse supérieure.

Vous entrez désormais dans la phase intermédiaire avant d'adopter votre rythme de croisière. Si cette phase se veut encore restrictive, nous réintroduisons progressivement une série d'aliments.

Cette période ne dure qu'entre deux et quatre semaines, selon l'objectif que vous vous êtes fixé. Si vous entendez perdre beaucoup de poids en un temps record, poursuivez-la pendant quatre semaines maximum… si les contraintes ne vous sont pas insurmontables. À défaut, il est préférable de perdre lentement et mais sûrement.

> Vous entrez désormais dans la phase intermédiaire avant d'adopter votre rythme de croisière.

Comme pour La Phase Rapide, si vous vous sentez faiblir ou lâcher prise, sans culpabiliser, passez directement à la phase suivante : l'étape de croisière. Il vaut mieux reconnaître ses limites sans craquer que de se jeter sur les aliments interdits avec excès.

La réussite du régime repose sur une ligne de conduite exemplaire. En d'autres termes : aucun dérapage n'est toléré, comme lors de La Phase Rapide. Indiquez chaque jour les aliments consommés au cours de la journée sur www.ledietcare.fr. Cet exercice aidera votre coach personnel à analyser votre parcours hebdomadaire, votre évolution de poids et à vous encourager en conséquence.

L'étape de transition demeure peu calorique : nous restreignons au maximum l'apport d'aliments gras pour attaquer là où il faut avec efficacité. Cependant, La Phase Totale passée avec succès, vous pouvez réintégrer progressivement – avec parcimonie – les glucides complexes. Pain, céréales et féculents sont désormais tolérés. Préférez les glucides complexes riches en fibres (pâtes et riz complets, etc.) aux glucides riches en lipides, tels que les barres de céréales. Pour faire votre choix, consultez la liste des équivalences p. 64.

Malgré la méfiance qu'on leur porte – par ignorance et par crainte qu'ils ne fassent grossir –, l'organisme ne peut se passer de glucides. Leurs atouts nutritionnels sont trop importants. Au-delà du fait qu'ils évitent la survenue du coup de pompe de fin de matinée ou d'après-midi, les sucres lents représentent la principale source d'énergie de l'organisme, mais aussi des cellules nerveuses. Le cerveau

> **IDÉE REÇUE ?**
> **Je dois me peser tous les jours pour me rappeler à l'ordre**
>
> Faux ! Une fois par semaine. Et pour cause : les variations de poids, au cours d'une même journée ou d'une journée à l'autre, ne sont pas significatives !
> L'important est de passer sur la balance à la même heure, de préférence le matin à jeun.

en consomme à lui seul 100 grammes par jour ! Pour plus d'informations sur les glucides, reportez-vous au chapitre sur les « Notions de nutrition ».

Les glucides simples quant à eux (produits sucrés, confiseries…) restent catégoriquement bannis, et les fruits très limités.

LISTE DES GLUCIDES COMPLEXES AUTORISÉS

- **Pain, pain de mie, biscottes**
- **La pomme de terre** et la patate douce : cuites à la vapeur, au four ou en purée.
- **Les céréales :**
– en grains : riz, maïs, blé, épeautre, orge, avoine, quinoa ;
– farine et dérivés : blé tendre, seigle, épeautre, pâtes alimentaires… ;
– semoule : blé dur (couscous, boulgour…), maïs (polenta) ;
– bouillie ou flocons : avoine…
- **Les légumineuses :** lentilles, haricots secs, flageolets, pois chiches, pois cassés, fèves…

Sachez-le, la réintroduction de glucides, même en faible quantité, suscite le retour de la faim. Le phénomène est compensé par la richesse en protéines imposée par le régime. Rappelons que ces dernières ont tendance à éloigner les fringales du fait de leur longue digestion.

LES LIPIDES REFONT AUSSI LEUR RÉAPPARITION

Mais attention : uniquement en faible quantité ! Vous aurez le droit à une réintroduction progressive au cours de cette phase. Bien qu'ils représentent votre ennemi numéro 1, votre organisme ne peut pas s'en passer. Il convient alors de les limiter. Ils doivent représenter 30 % de la ration calorique quotidienne afin de faire fonctionner votre organisme de façon optimale. Pour plus d'informations, reportez-vous au bilan lipides dans le chapitre sur les notions d'alimentation. Pour une cuisson à très faible teneur en matières grasses, vous pouvez ajouter une cuillerée à café d'huile ou équivalent (consultez notre liste d'équivalence ci-après) à une préparation poêlée, braisée, en papillote ou rôtie au four. Attention, le steak de soja contient déjà des matières grasses. Consommez-le grillé et non poêlé, sans rien ajouter.

Notez que certaines matières grasses (beurre, margarine, crème fraîche) se disent « allégées », c'est-à-dire moins grasses que leurs homologues non allégés. Elles ne sont pas

CINQ REMÈDES COUPE-FAIM

- Ajoutez **100 grammes de fromage blanc maigre** à votre régime. À consommer nature, sans sucre, aux fruits, à l'aspartame, au poivre, aux fines herbes ou aux épices.
- Consommez une assiette de **potage fait maison** sans féculents ni matières grasses, ou industriel à environ 50 calories par assiette.
- Croquez des crudités nature ou trempées dans une **sauce au fromage blanc dépourvue d'huile**.
- **Prenez vos repas dans le calme**, assis, en mâchant lentement vos aliments. Le repas doit représenter un moment de détente de 20 minutes minimum. C'est le temps nécessaire à votre cerveau pour recevoir l'information de satiété.
- Privilégiez les **légumes secs et les céréales complètes** (pain au son, riz complet, pâtes complètes, blé...) tout en respectant la quantité et l'assaisonnement des féculents prescrits. Les aliments riches en fibres jouissent d'un index glycémique bas. Conséquence : ils augmentent peu la glycémie, conférant un meilleur contrôle de la faim... et du poids !

pour autant exemptes de graisses donc de calories. En aucun cas elles ne peuvent être consommées à volonté sous peine d'augmenter l'addition lipidique donc calorique.

LES PROTÉINES RESTENT LE NUTRIMENT PHARE

Elles sont votre allié pour partir à l'assaut des graisses.
Rappelons que les protéines suscitent une importante combustion de calories, par le seul mécanisme de la digestion. De plus, elles maintiennent votre musculature en forme. Si leur consommation était insuffisante, vous risqueriez de voir fondre votre masse musculaire plutôt que d'engendrer la disparition de la graisse…
C'est pourquoi il convient de consommer chaque jour poisson, viande, œuf ou tofu et laitages. Dans la mesure où les lipides font leur réapparition dans vos menus, les viandes grasses, poissons gras et laitages non nécessairement allégés sont tolérés. **Attention**, l'apport en lipides doit rester limité. Il faudra donc faire un choix entre fromage ordinaire, canard et maquereau. Vous ne devez pas dépasser la quantité autorisée…

Ne mijotez jamais de repas à base exclusive de protéines. Pour les digérer et les éliminer, votre organisme a besoin de fibres. D'où la nécessité de consommer des légumes…
Dorénavant, vous avez le droit d'intégrer tous les légumes désirés.
Ajoutez donc ceux considérés comme plus sucrés : artichauts, betteraves rouges, carottes, cœurs de palmier, fèves fraîches, macédoine de légumes, oignons, petits pois, potirons, potimarrons, citrouilles, topinambours.

L'EAU : VOTRE PARTENAIRE MINCEUR

Consommez au minimum 1,5 litre de liquide par jour, café, thé et infusions compris.

Désormais, étant donné que vous vous affirmez plus solide – que vous avez relevé le plus gros des défis (La Phase Rapide) –, vous pouvez réintégrer les boissons light.

> **IDÉE REÇUE ?**
> **Si je saute un repas, mon régime avancera plus vite**
>
> Faux ! C'est tout le contraire : sauter un repas fait grossir ! Il est indispensable de se soumettre à trois ou quatre repas par jour. Et pour cause : grâce au mécanisme de la digestion et de l'assimilation, le simple fait de manger brûle des calories. Les études sont unanimes : consommer une ration calorique en un repas au lieu de la répartir en trois moments de la journée fait grossir. De plus, se nourrir trop peu diminue les besoins de l'organisme. Ce dernier se met sur ses gardes. Face au manque d'énergie, il se préserve en dépensant moins et en faisant des réserves. Instinctivement, votre organisme, au lieu de brûler tous les nutriments apportés par votre alimentation, va stocker en prévision des périodes creuses (les repas sautés).
> Résultat : en reprenant une alimentation normale (sans être excessive), on reprend du poids !
> Un, deux, trois, quatre... repas par jour sont nécessaires lors de La Phase Totale. La réintroduction des glucides favorise le retour de la faim. Il est donc important de manger régulièrement pour éviter les fringales. Imposez-vous de vous mettre à table matin, midi et soir et de prendre une collation dans l'après-midi. De plus, accordez-vous un encas riche en protéines – par exemple à base de laitage – pour prolonger l'effet de satiété. Il est impératif de ne JAMAIS sauter de repas. L'équation est simple : moins vous mangez, moins vous brûlez de calories. Votre métabolisme cherche alors à se protéger en dépensant moins d'énergie qu'il le ferait avec une alimentation suffisante. Pour plus d'informations, reportez-vous au paragraphe « Un métabolisme mis à rude épreuve ».

Contrôlez bien les étiquettes afin de vous assurer qu'elles sont dépourvues de calories. Gare à ne pas en abuser pour ne pas vous laisser submerger par le goût sucré…
Tout alcool, même un petit verre de temps en temps, reste proscrit.
Parmi tous les aliments que vous êtes autorisé à consommer durant La Phase Totale du régime, vous trouverez leurs équivalences en termes de calories. Vous pouvez remplacer un aliment d'une liste par un autre aliment de la même liste.

EN CONCLUSION, LA PHASE TOTALE
CONCÈDE UN APPORT CALORIQUE LÉGÈREMENT
PLUS ÉLEVÉ AVEC LA RÉINTRODUCTION
DES GLUCIDES COMPLEXES ET DES LIPIDES…
À DOSE LIMITÉE ET CONTRÔLÉE.

LES 10 COMMANDEMENTS DE LA PHASE TOTALE

❶ UNE DURÉE STRICTEMENT LIMITÉE

- Deux semaines c'est le minimum / quatre semaines le maximum. Cette consigne est non aménageable. Et pour cause : chaque phase se veut déterminante.
- N'allongez pas La Phase Rapide au détriment de La Phase Totale. Limiter ses apports en calories sur une trop longue durée se révèle nettement contre-productif.
- Si vous ramez avec trop de difficulté pour maintenir le cap, passez à l'étape suivante… sans culpabiliser.

❷ ZÉRO ÉCART TOLÉRÉ

- Restez dans les rails des aliments autorisés. Le moindre dérapage annule l'efficacité du régime. Un seul écart réduira vos efforts à néant… ou presque.
- Pour ne pas succomber, mangez à votre faim. À cette étape, seuls les légumes les moins sucrés sont autorisés à volonté (et non plus les protéines et laitages maigres).
- Chaque soir, élaborez le compte rendu de votre journée alimentaire sur www.ledietcare.fr. Votre coach analysera votre cas pour vous encourager à maintenir vos efforts.

❸ DES CALORIES SOUS CONTRÔLE

- On augmente la ration calorique quotidienne pour éviter de tomber dans le néfaste régime hypocalorique. Chaque apport se fait sous strict contrôle pour éviter les excès.
- On ne saute pas de repas pour ne pas bouleverser le fonctionnement de son métabolisme. Manger trop peu nuit à une juste combustion des calories. En clair, l'effet contraire se produit : on crée des réserves.
- On s'impose quatre repas par jour. Le but ? Empêcher la faim de vous assaillir et brûler davantage de calories grâce au mécanisme de la digestion.

❹ LES PROTÉINES À LA RESCOUSSE

- Jamais une journée ne doit se passer sans avoir mangé de protéines. Elles représentent votre allié dans la lutte pour l'amaigrissement.
- Laitages, lait, viande, poisson, tofu, œufs… variez vos apports en protéines.
- Les protéines représentent un formidable coupe-faim naturel.

❺ DES LÉGUMES POUR UN POIDS PLUME

- Associez des légumes à chaque consommation de protéines. Riches en fibres, ils favorisent la digestion.
- Pour un plaisir maximum, variez leur préparation : crus, cuits, grillés, au four, en purée, en soupe, farcis…
- Craquez pour des légumes croquants en encas. Céleri, tomate cerise, fenouil… calent votre estomac dans l'attente

du repas. Pour les plus gourmands, dégustez-les avec une sauce au yaourt ou au fromage blanc.

❻ LE RETOUR DES LIPIDES

- On réintègre les lipides.
- Si lipides = graisses, l'organisme en a besoin pour s'assurer un bon fonctionnement. Ne les négligez pas… sans pour autant en abuser.
- Attention, les lipides se cachent partout : viande grasse, poisson gras, pâtisseries, biscuits… et non pas seulement dans le beurre, l'huile et la crème fraîche.
- Utilisez épices et herbes aromatiques à foison à la place des matières grasses de cuisson.

❼ LA RÉINTRODUCTION PROGRESSIVE DES GLUCIDES

- On réintroduit les glucides – COMPLEXES – uniquement. Pain, céréales, féculents… On en augmente les quantités progressivement.
- Confiseries, biscuits, pâtisseries sont toujours bannis de vos placards. Oubliez tout ce qui contient des sucres simples…
- Votre organisme retrouve enfin les plaisirs des glucides complexes. Mais attention, cela va attiser votre faim. Faites le plein de protéines (remède antifringale idéal) pour compenser.

❽ DES BOISSONS – PRESQUE – À VOLONTÉ

- Maintenez le rythme : 1,5 litre d'eau par jour est nécessaire pour éliminer les déchets produits par l'organisme.

- Café, thé, infusion sans sucre restent autorisés et conseillés. Un petit nouveau dans la liste : les boissons light. Gare à ne pas en abuser. Leur goût sucré attise le goût de l'interdit.
- L'alcool reste prohibé. Il apporte 7 calories par gramme. Faites le calcul… On comprend mieux pourquoi économiser ces calories superflues.

❾ DES REPAS BIEN PENSÉS

- Anticipez vos menus. Élaborez une liste de courses ne mentionnant QUE les aliments autorisés. Vous éloignerez ainsi la tentation lors de l'épreuve du supermarché.
- Référez-vous aux menus proposés par LeDietCARE. Jouez avec les équivalences. Vous avez l'embarras du choix pour varier vos repas tout au long de cette phase.
- À court d'idées ? Consultez nos recettes minceur et nos suggestions d'entrées, plats, desserts et sauces adaptés à votre régime.

❿ LE SPORT OU L'ARME DE L'EFFORT

- Pratiquez une activité physique quotidienne. Pas besoin d'être un grand sportif : une marche de 30 minutes par jour est abordable par tous.
- Le sport est une arme redoutable pour attaquer les kilos. Il permet d'accélérer le métabolisme et par là même la dépense de calories.

Sans sport, la graisse n'est que très peu menacée.

- Une musculature renforcée permet d'éviter le phénomène de « peau distendue » – notamment au niveau des bras, ventre et cuisses – induit par la perte de poids rapide.

LES ÉQUIVALENCES ALIMENTAIRES DE LA PHASE TOTALE

ÉQUIVALENCES ENTRE GLUCIDES COMPLEXES
• **Chacun de ces aliments apporte la même quantité de glucides complexes :**
– 1 petit pain individuel de 40 grammes ;
– 3 biscottes ;
– 1 grande tranche de pain de mie de 40 grammes ;
– 40 grammes de pita ;
– 1/2 muffin nature non sucré (30 grammes) ;
– 5 cracottes ;
– 3 petits pains grillés suédois ;
– 5 crackers ;
– 4 galettes de riz ;
– 4 Wasa® ;
– 1 galette de pain azyme (50 grammes) ;
– 30 grammes de céréales ;
– 100 grammes (poids cuit) de féculents : pommes de terre, céréales, légumes secs, maïs… ;
– 50 grammes de marrons ou châtaignes (2 unités).

ÉQUIVALENCES VIANDE MAIGRE, POISSON MAIGRE, ŒUF, TOFU

En entrée

Vous pouvez remplacer 1 œuf ou 50 grammes de poisson fumé ou 60 grammes d'entrée de poisson ou fruits de mer par un des éléments suivants :
- 1 tranche de jambon blanc découenné, dégraissé soit 50 grammes ;
- 4 tranches de bacon soit 60 grammes ;
- 1 fine tranche de jambon cru (Bayonne, Aoste…) (25 grammes) ;
- 60 grammes de viande maigre ;
- 60 grammes de poisson ou fruits de mer ;
- 50 grammes de tofu nature ;
- 6 tranches de viande de bœuf séchées ou de viande des Grisons (50 grammes) ;
- 1 petite tranche de mousse de poisson (50 grammes) ;
- 40 grammes d'œufs de lump et 1 mini-blini ;
- 60 grammes d'œufs de lump ;
- 60 grammes de thon en conserve au naturel ;
- 60 grammes de poisson ou fruits de mer.

• **Ou occasionnellement (ces aliments sont plus riches en graisses) par :**
- 2 petites tranches de saumon fumé (50 grammes de poisson fumé) ;
- 2 fines tranches de jambon cru (Bayonne, Aoste…) soit 50 grammes ;
- 20 grammes de rillettes de saumon ;
- 15 grammes de tarama ;
- 2 ou 3 bâtonnets de surimi.

En plat principal

Vous pouvez remplacer 120 grammes de viande maigre, 120 grammes de poisson maigre ou 120 grammes de fruits de mer par l'un des éléments suivants :
- 2 tranches de jambon blanc découenné, dégraissé (100 grammes) ;
- 2 œufs (évitez de dépasser 6 œufs par semaine pour le cholestérol) ;
- 100 grammes de tofu nature ;
- 12 tranches de viande de bœuf séchée ou viande des Grisons (100 grammes) ;
- 8 tranches de bacon (120 grammes).

• **Ou par l'un des produits laitiers suivants :**
- 300 grammes de fromage blanc maigre non sucré ;
- 100 grammes de fromage à tartiner à 0 % de MG ;
- 3 yaourts maigres non sucrés ;
- 1/2 litre de lait écrémé ;
- 100 grammes de fromage allégé (10 % de MG maximum).

• **Ou occasionnellement par l'un des éléments suivants :**
- 120 grammes de surimi* (7 bâtonnets) ;
- 100 grammes de saumon fumé ;
- 4 fines tranches de jambon de pays ou de jambon cru (Bayonne, Aoste…) soit 100 grammes.

* Le surimi est composé de chair de poisson, d'huile et de fécule de pomme de terre. Il est donc plus gras et moins riche en protéines qu'un poisson maigre. Il contient par ailleurs des glucides.

Vous pouvez remplacer 120 grammes de surimi (7 bâtonnets) par :

- 60 grammes de viande maigre ou poisson maigre sans matière grasse + 20 grammes de pain + 1 c. à café d'huile ;
- OU 60 grammes de poisson gras + 20 grammes de pain.

ÉQUIVALENCES PRODUITS LAITIERS MAIGRES

• **Au sein de cette liste, les aliments sont équivalents sur le plan calorique ; ainsi, vous pouvez remplacer un aliment par un autre aliment de cette même liste.**
- 200 ml de lait écrémé ;
- 4 cuillerées à soupe de lait écrémé en poudre ;
- 1 yaourt 0 % de MG non sucré ou à l'aspartame ;
- 1 yaourt ordinaire non sucré contenant moins de 2 g de lipides par pot ;
- 100 grammes de fromage blanc non sucré contenant maximum 2 % de MG ;
- 1 petite bouteille de lait fermenté à boire 0 % à l'aspartame nature ou aromatisé (ex : Actimel®) ;
- 30 grammes de fromage allégé entre 0 % et 5 % de MG maximum sur le produit fini (Cœur de Lion extra-léger®, Bridelight® spécialité fromagère, Carré frais® 0 % de MG, Saint Moret® 0 % de MG, Tartare® 0 % de MG).

• **Occasionnellement par l'un des éléments suivants :**
- 1 fromage frais non sucré de 60 grammes à 0 % de MG, de type petit-suisse ;
- 1 spécialité au soja non sucrée, à choisir de préférence enrichie en calcium (exemple : Sojasun® nature enrichi en calcium) ;
- 1 petit pot individuel de mousse de fromage blanc.

ÉQUIVALENCES CALORIQUES ENTRE LES MATIÈRES GRASSES

• Chacun des exemples ci-dessous a le même apport calorique (40 à 50 kilocalories) et apporte la même quantité de lipides (environ 5 grammes) :

- 1 cuillerée à café d'huile ;
- 1 noisette (5 grammes) de beurre ou de margarine ordinaire ;
- 2 noisettes (10 grammes) de beurre ou de margarine allégés à 40 % de MG ;
- 3 noisettes (15 grammes) de beurre ou de margarine allégés à 25 % de MG ;
- 4 noisettes (20 grammes) de beurre ou de margarine allégés à 10 % de MG ;
- 1 cuillerée à café de crème fraîche épaisse à 30 % de MG ;
- 1 cuillerée à soupe de crème fraîche liquide à 30 % de MG ;
- 1 cuillerée à soupe de crème fraîche épaisse à 15 % de MG ;
- 2 cuillerées à soupe de crème fraîche liquide à 15 % de MG ;
- 2 cuillerées à soupe de crème fraîche épaisse à 8 % de MG ;
- 4 cuillerées à soupe de crème fraîche liquide à 8 % de MG ;
- 1 cuillerée à soupe de vinaigrette ordinaire ;
- 2 cuillerées à soupe de vinaigrette allégée ;
- 1 cuillerée à café de mayonnaise allégée ;
- 1/2 cuillerée à café de mayonnaise ordinaire ;
- 2 cuillerées à soupe de crème de soja ;
- 100 g de sauce tomate cuisinée titrant moins de 5 g de lipides aux 100 g ;
- 1 cuillerée à soupe rase de pesto vert (10 g) ;
- 1 cuillerée à soupe bombée de pesto rosso (15 g) ;
- 1 cuillerée à soupe de gomasio (sésame grillé + sel de Guérande) ;
- 20 ml de lait de coco.

PARTIE 2

LE PLAISIR DE MANGER SANS REGROSSIR :

UN LEITMOTIV POUR LA VIE

STOP À L'EFFET YO-YO ET AUX RÉGIMES PUNITION

Les régimes amincissants promettant une taille de guêpe au prix de seuls quelques sacrifices pendant un court laps de temps sont contre-productifs pour ne pas dire dangereux. Combien n'ont pas déjà essayé les régimes protéinés, dissociés, sans glucides ou exotiques ? Combien ont certes perdu du poids rapidement… tout en le reprenant aussi brusquement ? C'est simple, ces régimes aux mille promesses, boostés par un fort battage marketing, ne peuvent pas fonctionner. C'est biologique. Vous ne pouvez pas forcer votre organisme à aller contre la nature. Explications.

L'ÉCHEC DES RÉGIMES PROTÉINÉS EN SACHET

Cette diète impose une alimentation strictement composée de protéines artificielles (poudre de protéines extraite du lait de vache ou du soja) ou naturelles (poisson, viande maigre), avec ou sans légumes.

Premier constat : ce type de régime est complètement déséquilibré, carencé en glucides complexes, en acides gras essentiels, en vitamines, en minéraux et oligo-éléments. Or, **il est totalement anormal, contre-nature même, de se nourrir de façon déséquilibrée pendant toute la période d'amaigrissement !** Cela coule de source.

L'apport calorique est très (trop) faible : moins de 600 kilocalories par jour, alors que nos besoins quotidiens moyens s'élèvent à 2 000 calories pour une femme et 2 700 calories pour un homme. Le risque non négligeable est que l'organisme s'adapte à un niveau énergétique si bas. Au fur et à mesure de la restriction, il se montrera toujours plus résistant à l'amaigrissement.

> **Il est totalement anormal de se nourrir de façon déséquilibrée trop longtemps pour maigrir !**

En effet, si vous avez suivi une diète protéinée pendant trop longtemps, votre organisme a fini par diminuer ses dépenses de base, celles qu'il brûle pour maintenir en vie vos organes (cœur, foie…). Il s'est automatiquement mis en système d'économie et ne brûle plus que le strict minimum. Conséquence : dès que vous remangez « normalement », c'est-à-dire de manière équilibrée, il n'est plus habitué à recevoir une juste quantité de calories. Il mettra donc en réserve une bonne partie de ce que vous consommez en formant des stocks.

À cela s'ajoute l'effet contraignant, peu varié et artificiel, de la ligne de conduite. Il est évidemment difficile de maintenir une vie sociale normale avec ce type de régime.
En plus de la monotonie des repas, cette alimentation limitée conduit à une sensation de faim et de frustration. C'est la porte ouverte aux grignotages compulsifs ! Autre effet néfaste : ce régime n'apporte aucune éducation alimentaire sur le long terme. Dès l'arrêt de la diète protéinée, vous êtes lâché dans la nature avec vos mauvaises habitudes alimentaires et en prime : le retour des kilos perdus !
Enfin, c'est sans compter qu'un excès de protéines prolongé fatigue les reins.

L'ÉCHEC DU RÉGIME SANS HYDRATES DE CARBONE ET/OU HYPERPROTÉIQUE

Cette diète interdit le sucre, tous les produits sucrés, les sodas et les boissons alcoolisées. Cette seule restriction pourrait être tolérable… Mais elle prohibe aussi le pain et les féculents (pommes de terre, pâtes, riz, lentilles…). Toute matière grasse est de la même façon bannie. En réalité, ce régime n'autorise que les viandes et les poissons grillés, les légumes nature et, grand luxe, parfois un fruit. Cela est intolérable sur une longue période ! Il est exagérément restrictif, donc hypocalorique, apportant généralement moins de 1 000 calories par jour.

Ceci engendre un risque d'adaptation de l'organisme à recevoir peu de calories, de reprise de poids au moindre écart et de résistance à l'amaigrissement sur le moyen terme.

L'ÉCHEC DU RÉGIME DISSOCIÉ

Cette diète se base sur la dissociation des aliments contenant des glucides et ceux comportant des lipides. Ainsi, il est interdit de consommer au cours d'un même repas du pain et du beurre ou encore de la viande et des féculents. Si son efficacité en faveur d'un amaigrissement n'est même pas prouvée, ce régime se montre de toute façon déséquilibré du fait des carences en nutriments, vitamines ou minéraux. En plus, il complique la vie sociale, il favorise la frustration, la faim et donc la reprise rapide des kilos perdus !

L'ÉCHEC DU JEÛNE

Sauter un repas, ne rien avaler de toute une journée, deux, trois… voire sept jours : c'est le régime « purgatif » à la mode. Et pourtant, le résultat produit souvent le contraire de l'effet escompté. Outre le fait qu'après une journée de jeûne on risque de facilement de succomber au paquet de biscuits à l'heure du thé, en sautant un repas (ou plusieurs), on diminue l'apport calorique de la journée. Résultat : l'organisme diminue ses dépenses nécessaires au maintien des fonctions vitales. Il suffit de remanger normalement pour reprendre aussitôt son poids perdu. Notons surtout que les kilos perdus ne sont généralement que du muscle ou de l'eau… et non de la graisse !

L'ÉCHEC DES RÉGIMES EXOTIQUES

Nous pourrions établir un florilège des diètes les plus originales et incongrues !

• **Le régime « soupe au chou »** n'apporte que fibres, vitamines et minéraux. Fortement carencé en protéines, il génère rapidement une fonte musculaire.

• **Le « régime ananas »** apporte du sucre en plus (fructose de l'ananas) des fibres, vitamines et minéraux. Reste qu'il est totalement déséquilibré, notamment pour son absence de protéines, glucides et lipides.

• **La « diète hydrique »** consiste à ne boire que de l'eau ou des bouillons de légumes. Il s'agit du régime le plus dangereux car le plus carencé (après le jeûne pur et simple bien sûr).

• **Le régime n'autorisant qu'un seul type d'aliment par jour**, à volonté, se montre impossible à suivre très longtemps car il exclut de toute vie sociale. De plus, on note une reprise de poids immédiate lors du retour à une alimentation équilibrée.

LA DANGEROSITÉ DES MÉDICAMENTS

Les rares traitements médicamenteux ayant trouvé quelque efficacité dans le traitement du surpoids se sont révélés dangereux et interdits à la vente. Parmi ceux-ci, citons les hormones et les extraits thyroïdiens, dont la prise s'accompagnait de troubles cardiaques, de bouffées de chaleur… et d'une reprise de poids dès l'arrêt du traitement.

Les coupe-faim, dérivés des amphétamines, étaient, quant à eux, instantanément responsables d'une grande nervosité, engendrant à moyen terme de la tension artérielle pulmonaire.

Quant aux diurétiques, ils faisaient perdre de l'eau au lieu d'éliminer de la graisse…

Il n'existe toujours aucune solution chimique. Tous les médicaments lancés en 2007 et 2008 ont été retirés du marché pour cause d'effets indésirables redoutables.

IDÉE REÇUE ?
À la fin du repas, il m'est difficile de savoir si je suis rassasié

Faux ! Entendons-nous, il est bien plus facile de reconnaître lorsqu'on a faim : on ressent gargouillements d'estomac, sensation de fatigue et maux de tête. Prenez la peine d'écouter votre corps et d'appliquer certaines règles de base : vous distinguerez la satiété !

• **Mangez dans le calme,** sans distractions (TV, lecture, etc.) : le cerveau doit avoir conscience que vous êtes en train de manger pour ne plus demander de nourriture lorsque ce n'est plus nécessaire.

• **Mangez lentement.** L'estomac envoie un signal au cerveau – vingt minutes après le début du repas – pour l'informer qu'il est plein. Plus vous mangez vite, plus vous remplirez votre estomac sans pour autant avoir compris qu'il n'en voulait plus.

ATTENTION, il est fondamental de distinguer la satiété immédiate de la satiété au plus long terme ! Seuls les aliments riches en protéines (viandes, poissons, œufs, laitages), ou en glucides complexes (féculents, pain complet, pommes de terre), ou en fibres (fruits, légumes) favorisent une satiété réelle permettant de tenir jusqu'au repas suivant. Les aliments peu caloriques consommés en grande quantité ne donnent qu'une illusion de « ventre plein ». Ils ne permettent en aucun cas de tenir jusqu'au repas suivant s'ils sont consommés seuls.

Les raisons ?

- *Les glucides complexes* permettent une augmentation moins rapide du taux de sucre dans le sang grâce à une diffusion progressive. Ils évitent ainsi les pics d'hyperglycémie (taux de sucre dans le sang élevé), souvent suivis d'une hypoglycémie déclenchant la sensation de faim.
- *Les protéines* augmentent la satiété car elles sont digérées lentement par l'organisme.
- *Les fibres* gonflent dans l'estomac, ralentissent la vidange gastrique et augmentent ainsi la satiété.
- *Les lipides* ralentissent aussi la vidange gastrique (évacuation du contenu de l'estomac vers l'intestin) du bol alimentaire et donc augmentent la satiété, mais ils sont trop caloriques pour être intéressants en période d'amaigrissement.

EN CONCLUSION

Ces régimes sont inefficaces **sur le long terme** car ils vont à l'encontre du fonctionnement de l'organisme. Conséquence : ils bouleversent le métabolisme qui n'y comprend plus rien lors du retour à une alimentation normale. La seule façon de maigrir durablement est d'adopter une alimentation équilibrée, adaptée à ses habitudes, à ses besoins, à son objectif de poids. C'est ce que vous propose LeDietCARE, en vous permettant en outre d'apprendre à « bien manger » – en comprenant la façon dont fonctionne votre organisme et l'influence de l'alimentation – pour le restant de votre vie. Pour maigrir efficacement, le candidat à l'amaigrissement doit trouver dans son alimentation tout ce dont il a besoin. C'est la garantie d'une bonne santé.

LES CLÉS DE LA RÉUSSITE DU DIETCARE EN 5 POINTS

❶ **Pas de frustration** : c'est le régime qui s'adapte à vos habitudes alimentaires et non l'inverse.
❷ **Pas de fringales :** LeDietCARE apporte une nourriture équilibrée évitant l'intolérable sensation de faim.
❸ **Pas de punition :** LeDietCARE tolère les écarts en réadaptant votre régime en conséquence.
❹ **Pas d'abandon :** vous êtes coaché quotidiennement pour ne jamais lâcher prise et obtenir toutes les réponses à vos questions.
❺ **Pas d'effet boomerang :** les kilos perdus ne reviendront plus. Vous aurez acquis le savoir-faire du bien-manger, au-delà du régime fini.

3ᵉ ÉTAPE : PHASE DÉFINITIVE

Vous avez fait le plus difficile ! Vous êtes récompensé, vous pouvez dire adieu aux phases sévèrement restrictives. À ce stade, vous pouvez espérer avoir perdu entre 7 et 15 kilos. La Phase Définitive s'adapte désormais à vos envies, à votre besoin de suivre un régime light ou de perdurer dans la sévérité. Désormais, considérez que vous perdrez maximum 4 kilos par mois.

La route n'est pas finie. Ne criez pas encore victoire – bien que vous puissiez être fier –, ne vous reposez pas sur vos lauriers. C'est LE piège à éviter pour ne pas perdre le contrôle face aux tentations. Pour vous éviter tout craquage démesuré et la reprise des kilos aussi sec, nous allons veiller à vous redonner le goût de la table. À vous le retour des petits plaisirs pendant les repas en famille, entre amis ou au restaurant. Cela ne nous empêchera pas de vous aider à rétablir un bon équilibre alimentaire en vous apportant tous les nutriments, minéraux et vitamines dont votre organisme a besoin.

Vous entrez désormais dans la dernière phase, étape durant laquelle vous adopterez un rythme de croisière jusqu'à l'obtention du poids souhaité.

C'est l'étape phare durant laquelle vous devez acquérir les bons réflexes pour savoir les perpétuer une fois retrouvée votre entière liberté.

EN QUOI CELA CONSISTE-T-IL ?

En quelques mots : à manger de façon plus flexible. Vous bénéficierez de davantage de liberté. Nous prenons soin d'adapter votre régime au fur et à mesure, en fonction de vos souhaits et de l'évolution de votre poids. Il vous revient de décider si vous entendez continuer sur la lignée d'un régime rapide – au prix de strictes privations –, ou plus lent, pour pouvoir manger plus librement tout en perdant du poids. Pour cela, il convient de renseigner vos souhaits sur le site Internet de la Clinique du Poids (www.ledietcare.fr). Afin de connaître la démarche pas à pas, consultez le chapitre ci-après « Guide pratique ». Pour nous permettre de vous coacher, indiquez chaque jour les aliments consommés, y compris les éventuels écarts.

EN PRATIQUE, COMMENT ÇA SE PASSE ?

Vous avez droit à une grande variété d'aliments, qu'ils contiennent des protéines, des glucides ou même des lipides.

Les légumes sont prescrits à volonté. Un excellent moyen de se caler.

Toutes les viandes, tous les poissons sont autorisés, même gras, dans le respect du taux de lipides quotidien.

Attention, il ne s'agit plus de manger tous les aliments prescrits à volonté ! Seuls les légumes les moins sucrés ont droit à ce privilège. Vous devez composer des repas équilibrés. Et cela, trois fois par jour. Prenez le temps de passer à table, de manger tranquillement. Et pour cause : le signal de satiété arrive au cerveau au bout de 20 minutes après le début du repas.

IDÉE REÇUE ?
J'ai craqué... Je dois tout recommencer de zéro

Faux ! Ne vous flagellez pas pour un seul écart. Rétablissez l'équilibre pendant qu'il en est encore temps. Vous avez cédé à une pizza ou autre tarte salée au déjeuner ? Limitez les matières grasses d'assaisonnement au dîner. Un gros sandwich à midi ? Diminuez pain et féculent le soir.

Pas de panique en cas d'écart : l'équilibre alimentaire doit être respecté sur la journée, sinon sur la semaine. Ne soyez donc pas trop dur avec vous-même. Ne supprimez pas vos aliments favoris, vous courrez à l'échec ! Accordez-vous votre petite gâterie une fois de temps en temps, pour éviter frustration et fringales compulsives !

Par viande grasse, on entend :
- Le bœuf : steak haché à 10 % de MG ou plus, aloyau, araignée, macreuse, noix, onglet, bourguignon, flanchet, paleron, côte de bœuf, plat de côtes, entrecôte, gîte, queue de bœuf.
- Le porc : côtelette, travers, échine, lard, poitrine, carré, palette, pied ;
- L'agneau, le mouton : toutes pièces confondues ;
- La volaille et le gibier : oie, poule, canard d'élevage ;
- La chair à saucisse, les saucisses, merguez, andouillettes, boudin blanc ;
- Les abats gras : cervelle.

Par poisson gras, on entend :
L'alose, les anchois, l'anguille, la carpe, l'esturgeon, le hareng (frais, fumé), la lamproie, le maquereau (frais, fumé, au vin blanc), le mérou, le mulet, le rouget-barbet, la roussette, la sardine, le saumon (frais, fumé), le thon rouge, la truite de mer et d'élevage…

Afin d'acquérir les réflexes d'une alimentation équilibrée, vous avez droit à tous les nutriments – protéines, glucides, lipides – en adéquation avec les apports nutritionnels recommandés :
– 10 à 15 % des calories totales doivent être apportées par les protéines ;
– 30 à 35 % par les lipides ;
– 50 à 55 % par les glucides ;
L'équilibre alimentaire reste la principale condition d'un amaigrissement durable et sans danger.

Si les glucides avaient été réintroduits progressivement lors de La Phase Totale, nous admettons désormais les glucides simples, à savoir les aliments sucrés. Vous pouvez dès lors privilégier les fruits, excellentes sources de vitamine C. Mais méfiez-vous des bananes, des cerises et du raisin : ils représentent les fruits les plus sucrés.

De fait, votre alimentation s'enrichit. Rassurez-vous : nous calculons votre apport calorique de sorte qu'il reste suffisamment bas pour vous permettre de continuer à maigrir, mais suffisamment haut pour éloigner la faim. Et éviter toute restriction inutile !

Attention : il est recommandé de se restreindre aux aliments prescrits. Toutefois, les écarts sont désormais tolérés. Votre régime en sera aussitôt réadapté.

Ne vous laissez pas embarquer par le tourbillon des excès. Les vieux démons risqueraient de ressurgir.

Notre conseil : évitez de trop saler vos plats. En augmentant la salivation, le sel attise vivement l'appétit. Au contraire, les aliments pauvres en sel n'ont aucune incidence sur l'appétit.

APRÈS UN GROS FESTIN, QUELS MENUS LE LENDEMAIN ?

🕐 **Au petit déjeuner :**
– 1 boisson non sucrée : café, thé, tisane, eau ;
– 1 fruit frais ou compote non sucrée ;
– 1 ou 2 produits laitiers maigres, non sucrés.

🕐🕐 **Au déjeuner / au dîner :**
– entrée : crudités ou salade, sans huile, assaisonnée au jus de citron ou au yaourt sans matière grasse, ou un potage aux légumes, sans pomme de terre, ni matière grasse, ou un bouillon de légumes ;
– plat : poisson maigre ou volaille maigre ou deux œufs accompagnés de légumes cuits. Cuisson sans matière grasse ;
– dessert : un produit laitier maigre et non sucré.

🕐 **En collation** : un produit laitier maigre et non sucré.

LORS DE LA PHASE DÉFINITIVE, VOUS RISQUEZ D'ÊTRE CONFRONTÉ À PLUSIEURS DIFFICULTÉS :

• *La perte de poids s'opérant par paliers, vous entrez dans une phase de stagnation et donc de baisse de motivation.*
La solution ? Augmentez vivement votre activité physique pour booster votre métabolisme et puiser dans vos réserves. Pour plus d'informations, reportez-vous au chapitre « Comment booster son métabolisme ».

• *La liberté retrouvée peut attiser le goût du sucré. Les vieux démons risquent de ressurgir !*
La solution ? Appréciez les gâteries sans arrière-pensée pour ne pas culpabiliser. Vous ne pouvez pas bannir vos aliments préférés, vous ne devez pas éradiquer vos

habitudes alimentaires. Indiquez vos écarts à votre coach minceur (sur www.ledietcare.fr). Il réadaptera votre régime en conséquence, autant de fois que cela sera nécessaire.

• *Les soirées au restaurant, les dîners entre amis et compagnie, jusqu'alors repoussés, recommencent à se succéder.*
La solution ? Il n'y a aucune raison pour les refuser. Votre régime ne doit pas se transformer en fardeau, créant une vie asociale. Au contraire, vivez normalement. Le tout est de suivre votre plan alimentaire. Si votre programme hebdomadaire vous autorise des plats en sauce ou un dessert, choisissez de les prendre uniquement à ces occasions.
Choisissez vos aliments judicieusement. Contrairement aux idées reçues, la tâche se révèle relativement aisée au restaurant. Faites le plein de protéines (vous connaissez désormais leurs bienfaits) au détriment des aliments riches en lipides. Choisissez un plateau de fruits de mer, préférez du bœuf grillé à de la viande en sauce. Fondez sur un dessert si l'envie se fait trop pressante… à condition de le mention-

---

CINQ ASTUCES « ANTI-CRAQUAGE »

- Buvez un grand verre d'eau, une tisane, un thé sans sucre ou un verre de soda light à l'aspartame.
- Mangez à heures régulières pour éviter un laps de temps trop grand d'un repas à un autre.
- Avalez un fruit ou une salade 15-20 minutes avant de passer à table.
- Ne lâchez pas vos couverts en mangeant. S'occuper les mains est la garantie de ne pas succomber aux excès de pain !
- Dédiez un temps privilégié au déjeuner. Évitez les pauses déjeuner grignotage rapide.

IDÉE REÇUE ?
Le pain fait grossir

Faux ! Le pain est diabolisé dans les régimes amaigrissants... à tort ! On sait aujourd'hui que ce sont les graisses qui sont responsables de la prise de poids. Or le pain apporte essentiellement des glucides complexes, nécessaires à l'organisme y compris en période de régime.

Encore faut-il choisir le « bon » pain. Cela dépend du degré de raffinage de la farine. En bref, moins le pain est blanc, plus il est riche en fibres et meilleur il est pour maigrir. Préférez donc le pain complet, de son, de seigle, intégral, aux céréales. Il freine l'absorption intestinale des sucres et des graisses, il régularise le transit intestinal et prolonge l'effet de satiété.

Au contraire, le pain brioché et autres dérivés (pain de mie, biscuits, même dits allégés...) ont reçu une bonne dose de sucre et sont fabriqués avec de la farine raffinée. Ce qui leur vaut d'être assimilés trop rapidement par l'organisme. Ils sont donc à limiter en période de régime ! De la même façon, gare aux pains fantaisie (aux noix, olives, lardons, fromage...), beaucoup plus gras, donc plus caloriques, que les pains composés uniquement de farine complète, levure, sel et eau.

ner dans la liste de vos écarts en fin de journée. Autrement, préférez un café.

CÔTÉ « LIQUIDE »

L'eau demeure le meilleur allié de votre régime. N'oubliez pas qu'elle joue un rôle de purificateur en éliminant les déchets accumulés. Par ailleurs, elle présente l'indéniable avantage de remplir l'estomac et donc de tempérer la faim. Enfin, elle accélère le transit intestinal, ce qui reste profitable en cas de consommation accrue et prolongée de protéines.

Et le régime se voulant plus souple, nous admettons désormais la consommation d'alcool – à dose raisonnable ! Rappelons que l'alcool favorise le stockage de mauvaises graisses. Quelques repères :
– 1 verre de 12,5 centilitres de vin à 12° contient 70 calories ;
– 1 dose de 2,5 centilitres d'apéritif non sucré (whisky, rhum, vodka…) contient 60 calories ;
– 1 verre de 10 centilitres d'apéritif sucré ou 1 canette de bière de 250 millilitres contiennent 100 calories.
En dehors de tout objectif d'amaigrissement, pour des raisons de toxicité, il est recommandé de ne pas dépasser une moyenne hebdomadaire de 13 grammes d'alcool pour une femme (soit 9 verres de vin de 12,5 centilitres à 12 degrés par semaine) et 15 grammes pour un homme (soit 11 verres de vin de 12,8 centilitres à 12 degrés par semaine).

En conclusion, La Phase Définitive représente le moment clé entre le passage à plus de liberté, pour atteindre une une alimentation équilibrée. Vous y apprendrez les bonnes habitudes à conserver sur le long terme.

LES 10 COMMANDEMENTS DE LA PHASE DÉFINITIVE

❶ UN RÉGIME MODULABLE

• C'est le retour de la liberté. Nous adaptons votre consommation autant de fois que nécessaire, en considérant :
– votre courbe de poids ;
– vos habitudes alimentaires ;
– vos écarts.
• Une croisière au long cours.
Cette étape s'étend jusqu'à ce que vous ayez atteint votre poids idéal. Une perte de poids rapide ? Ou plus tranquille ? C'est vous qui décidez. Faites part de vos envies à votre coach sur www.ledietcare.fr

❷ UN RÉGIME SOUPLE

• Restez dans les rails des aliments autorisés. Un dérapage ? Il sera aussitôt compensé par un réajustement du régime afin de ne pas réduire à néant vos efforts.
• Pour ne pas succomber, mangez à votre faim. À cette étape, seuls les légumes sont autorisés à volonté (et non plus les protéines et laitages maigres).
• Chaque soir, élaborez le compte rendu de votre journée alimentaire sur www.ledietcare.fr. Votre coach analysera votre cas pour vous encourager à maintenir vos efforts et vous conseillera sur la marche à suivre dès le lendemain.

❸ CONSOMMER TOUS LES ALIMENTS PRESCRITS, C'EST LA CLÉ DE LA RÉUSSITE

• C'est le retour à la liberté : les écarts ne représentent plus une fatalité. Vous apprenez à les gérer. Notez-les bien chaque jour pour permettre une réadaptation de votre régime en conséquence.
• Ne sautez pas de repas. Mettez-vous à table trois fois par jour. Une collation est même souhaitée. Le but ? Éviter à l'organisme de se défendre en créant des réserves et écarter les fringales inopinées.

❹ UNE ALIMENTATION À FOISON

• Nous refusons les régimes hypocaloriques. Au contraire, nous veillons à vous calculer un apport calorique maximum permettant une alimentation équilibrée.
• L'apport calorique reste malgré tout limité de façon à faire perdurer l'amaigrissement. Il est suffisamment riche pour empêcher la faim de vous assaillir.
• Mode de vie, activité physique, métabolisme… autant d'éléments qui sont considérés pour vous élaborer un régime sur mesure. Détaillez votre profil sur www.ledietcare.fr

❺ LES PROTÉINES EN CHEF DE FILE

• Misez en grande partie la réussite de votre régime sur les protéines. Rappelons-en les bienfaits :
– elles induisent une digestion longue et laborieuse, engendrant une combustion immédiate de calories ;
– elles éloignent la faim.
• Si l'ensemble des viandes, poissons et laitages sont désormais tolérés, respectez les aliments prescrits.

❻ DES LÉGUMES À VOLONTÉ

• Les légumes les moins sucrés sont la seule catégorie d'aliments consommable sans limite de quantité. Profitez-en !
• Les légumes confèrent vitamine C, fibres et bien d'autres minéraux indispensables, particulièrement en période de régime.
• À table, servez-vous une double portion de brocolis ou autres légumes et NON pas de féculents, viande, poisson ou dessert…

❼ DES LIPIDES SOUS CONTRÔLE

• Les lipides font désormais partie intégrante du régime. Les quantités n'en demeurent pas moins strictement limitées. Rappelons que les lipides sont purement et simplement des graisses !
• Votre régime contient la « juste » quantité de lipides nécessaire à votre organisme. Il est donc important de consommer tous les aliments prescrits ainsi que la quantité de matière grasse prescrite.
• Il est préférable de succomber à un bon festin une fois de temps en temps qu'à de petites gâteries régulièrement.

❽ DES GLUCIDES BIEN CHOISIS

• Glucides simples et glucides complexes font partie des aliments admis.
• Les glucides simples ou sucres rapides aident à la sécrétion d'insuline, engendrant la production et le stockage des graisses.

- Au contraire, les glucides complexes ou sucres lents représentent la principale source d'énergie de l'organisme. Pommes de terre, pâtes, riz, pain, céréales… Ne les négligez pas.
- Les glucides doivent représenter 50 % de notre ration calorique quotidienne.

❾ DES BOISSONS

- Buvez 1,5 litre d'eau par jour minimum. C'est la condition nécessaire pour dépurer votre organisme.
- Les boissons light restent autorisées. Lisez attentivement les étiquettes : préférez celles affichant 0 calorie.
- L'alcool est désormais toléré. Attention à sa teneur en calories (100 calories pour une canette de bière/70 calories pour un verre de vin).

❿ DES MENUS ANTICIPÉS

- Élaborez vos menus à l'avance. Vous éloignerez ainsi la tentation lors de l'épreuve du supermarché.
- Pour vous guider, LeDietCARE vous propose des menus journaliers ou hebdomadaires. C'est vous qui choisissez.
- À court d'idées ? Consultez nos recettes minceur, aussi gourmandes que simples à réaliser !

LES ÉQUIVALENCES ALIMENTAIRES DE LA PHASE DÉFINITIVE

ÉQUIVALENCES ENTRÉES DE POISSON OU FRUITS DE MER

• **Au sein de cette liste, tous les aliments sont équivalents sur le plan calorique ; ainsi vous pouvez remplacer un aliment par un autre aliment de cette même liste :**
– 6 huîtres, praires ou palourdes ;
– 6 grosses langoustines, grosses crevettes ou gambas ;
– 3 coquilles Saint-Jacques ;
– 6 bulots ou 20 bigorneaux ;
– 1/2 langouste, crabe, homard ;
– 1/2 l de moules ;
– 60 g de crevettes, moules, coques… décortiquées ;
– 60 g de seiche, calamars ;
– ou bien 60 g de poisson maigre.

ÉQUIVALENCES ENTRÉES DE POISSON FUMÉ

• **Au sein de cette liste, tous les aliments sont équivalents sur le plan calorique ; ainsi vous pouvez remplacer un aliment par un autre aliment de cette même liste :**
– 50 g de poisson fumé ;
– 40 g de rillettes de saumon ;
– 1 tranche de mousse de poisson (50 g) ;
– 40 g d'œufs de lump avec 2 mini blinis ;
– 60 g d'œufs de lump ;

- 60 g de thon ou saumon en conserve au naturel ;
- 60 g de poisson maigre ou fruits de mer ;
- 1 œuf ;
- 2 fines tranches de jambon cru (Bayonne, Aoste…), soit 50 g ;
- 4 tranches de bacon, soit 60 g ;
- 1 tranche de jambon blanc découenné, dégraissé, soit 50 g ;
- 60 g de viande maigre ;
- 15 g de tarama ;
- 2 bâtonnets de surimi ;
- 6 tranches de viande de bœuf séchée ou viande des Grisons (50 g).

ÉQUIVALENCES JAMBON BLANC

• **Vous pouvez remplacer 1 tranche de jambon blanc découenné, dégraissé (50 g) par un des éléments suivants :**
- 2 tranches de jambon de volaille ;
- 4 tranches de bacon (60 g) ;
- 60 g de viande maigre ;
- 60 g de poisson maigre ou fruits de mer ;
- 1 œuf ;
- 50 g de tofu nature ;
- 6 tranches de viande de bœuf séchée ou viande des Grisons (50 g) ;
- 1 tranche de mousse de poisson (50 g) ;
- 40 g d'œufs de lump avec 2 mini blinis ;
- 60 g d'œufs de lump ;
- 60 g de thon ou saumon en conserve au naturel ;

- OU occasionnellement (ces aliments sont plus riches en graisses) :
- 2 petites tranches de saumon fumé (50 g) ;
- 2 fines tranches de jambon cru (Bayonne, Aoste…), soit 50 g ;
- 40 g de rillettes de saumon ;
- 15 g de tarama ;
- 2 bâtonnets de surimi.

ÉQUIVALENCES ENTRÉES DE CHARCUTERIE

- **Au sein de cette liste, tous les aliments sont équivalents sur le plan calorique ; ainsi vous pouvez remplacer un aliment par un autre aliment de cette même liste :**
- 50 g de charcuterie ;
- 70 g de rillettes de saumon ;
- 30 g de tarama ;
- 20 g de tarama + 2 mini blinis ;
- 2 fines tranches de mousse de poisson (100 g) ;
- 3 fines tranches de saumon fumé (75 g) ;
- 40 g de caviar + 2 mini blinis ;
- 1 œuf avec 1 cuillerée à café de mayonnaise ;
- 3 fines tranches de jambon de pays (75 g) ;
- 40 g de rillettes ;
- 40 g de foie gras ;
- 40 g de saucisson sec.

ÉQUIVALENCES VIANDE GRASSE ET POISSON GRAS

- **En plat principal, vous pouvez remplacer 120 g de viande grasse ou 120 g de poisson gras par un des éléments suivants :**
- 120 g de viande maigre + 1c. à café de matière grasse ;

- 120 g de poisson maigre + 1 c. à café de matière grasse ;
- 2 tranches de jambon blanc découenné, dégraissé (100 g) + 5 g de beurre ;
- 2 œufs + 1 cuillerée à café de matière grasse ;
- 200 g de tofu avec 1 cuillerée à café de matière grasse ;
- 120 g de surimi (7 bâtonnets) + 1 cuillerée à café de mayonnaise ;
- 120 g de saumon fumé (3 tranches fines) ;
- 120 g de jambon de pays ou de jambon cru (Bayonne, Aoste…) ;
- 120 g de bacon maigre (8 tranches) + 5 g de beurre ou 1 cuillerée à café de matière grasse ;
- 12 tranches de viande de bœuf séchée ou viande des Grisons (100 g) + 1 cuillerée à café de matière grasse.

- **OU l'un des produits laitiers suivants :**
- 300 g de fromage blanc demi-écrémé (4 % de MG maximum) non sucré ;
- 100 g de fromage à tartiner allégé (15 % de MG maximum) ;
- 3 yaourts au lait entier non sucrés ;
- 1/2 l de lait entier ;
- 100 g de mozzarella ou feta ordinaire (20 % de MG) ;
- 90 g de fromage ordinaire (30 % de MG maximum).

- **OU occasionnellement par :**
- 100 g de boudin noir.

ÉQUIVALENCES TOFU AVEC MATIÈRE GRASSE

• **Au sein de cette liste, tous les aliments sont équivalents sur le plan calorique ; ainsi vous pouvez remplacer un aliment par un autre aliment de cette même liste :**
- 100 g de tofu avec 10 g de matière grasse ;
- 2 œufs avec 10 g de matière grasse ;
- 2 tranches de jambon blanc (100 g) avec 10 g de matière grasse ;
- 8 tranches de bacon (120 g) avec 10 g de matière grasse ;
- 2 fines tranches de jambon cru (Bayonne, Aoste…) soit 50 g avec 10 g de matière grasse ;
- 120 g de viande maigre avec 10 g de matière grasse ;
- 120 g de poisson maigre ou fruits de mer avec 10 g de matière grasse ;
- 12 tranches de viande de bœuf séchée ou viande des Grisons (100 g) avec 10 g de matière grasse ;
- 2 petites tranches de saumon fumé (50 g) avec 10 g de matière grasse ;
- 100 g de steak de soja ou soja-céréales ou de seitan de céréales cuisiné du commerce.

Attention, le steak de soja contient déjà de la matière grasse, consommez-le grillé sans matière grasse et non poêlé.

ÉQUIVALENCES TARTE SALÉE

• **En plat principal, vous pouvez remplacer 1 grande part de tarte salée par un des aliments suivants :**
- 1/2 pizza de restaurant ;
- 2 tartelettes salées individuelles : pizza, quiche, tarte aux légumes (poireaux, épinards, courgettes…) ;
- 1 galette de sarrasin garnie en crêperie ;

- 6 nems ;
- 2 pâtés impériaux ;
- 2 crêpes salées fourrées du traiteur ou 4 petites crêpes fourrées surgelées ;
- 2 croissants au jambon ;
- 2 grosses quenelles ou 6 petites quenelles en boîte ;
- 2 petits croque-monsieur sans béchamel ;
- 1 grand croque-monsieur avec béchamel.

ÉQUIVALENCES LAITAGE GRAS

- **Au sein de cette liste les aliments sont équivalents sur le plan calorique ; ainsi vous pouvez remplacer un aliment par un autre aliment de cette même liste :**
- 200 ml de lait entier ;
- 100 g de fromage blanc non sucré à 8 % de MG sur le produit fini ;
- 30 g de fromage ordinaire titrant de 15 à 35 % de MG sur le produit fini ;
- 60 g de fromage allégé à 15 % de MG maximum sur le produit fini ;
- 1 yaourt grec non sucré ;
- 1 spécialité laitière norvégienne non sucrée ;
- 1 crème de lait non sucrée ;
- 1 spécialité laitière de 125 grammes contenant 4 % à 8 % de MG sur le produit fini.

Occasionnellement par :
- 2 fromages frais non sucrés de 60 g, de type petit-suisse*, à 8 % de MG sur le produit fini.

* Les petits-suisses étant relativement pauvres en calcium.

ÉQUIVALENCES FROMAGE ORDINAIRE

• **Vous pouvez remplacer l'un de ces aliments par un autre de la même liste :**
– 30 g de fromage ordinaire titrant de 15 à 35 % de MG sur le produit fini ;
– 200 ml de lait entier ;
– 100 g de fromage blanc à 8 % de MG sur le produit fini non sucré ;
– 1 yaourt grec non sucré ;
– 1 spécialité laitière norvégienne non sucrée ;
– 1 crème de lait non sucrée ;
– 1 spécialité laitière de 125 g contenant entre 4 % et 8 % de MG sur le produit fini ;
– 60 g de fromage allégé à 15 % MG maximum sur le produit fini.

Occasionnellement par :
– 2 fromages frais de 60 g non sucrés, de type petit-suisse*, à 8 % de MG sur le produit fini.

* Les petits-suisses étant relativement pauvres en calcium.

Vous pouvez remplacer, une seule fois par jour, 30 g de fromage ordinaire par 15 g de fruits oléagineux, soit 10 amandes ou 10 noisettes ou 5 noix ou 12 pistaches ou 12 cacahuètes.

ÉQUIVALENCES DESSERT SUCRÉ

• **Une part de dessert sucré est équivalente sur le plan calorique à une part d'un dessert de la liste suivante :**
– Entremets vanille, caramel ou chocolat ;
– Compote sucrée ;

- Fromage blanc à 4 % de MG sucré ;
- Meringue ;
- Gâteau de semoule ;
- Gâteau de riz ;
- Crème anglaise ;
- Sorbet ;
- Yaourt ou petits-suisses sucrés ;
- Tartelette aux fruits maison sans sucre ;
- Pomme au four/confiture ;
- Poire au vin et aux épices ;
- Crêpe sucrée, avec sucre ou confiture ;
- Riz au lait ;
- Madeleine, quatre-quart, cake ou pain d'épice ;
- Poêlée de pommes et poires au miel et romarin ;
- Crème de marron ;
- Fruits au sirop ;
- Poire pochée safranée ;
- Petits-fours ;
- Dessert sucré du commerce à 100 kcal par portion.

ÉQUIVALENCES DESSERT RICHE

• **Une part de dessert riche est équivalente sur le plan calorique à une part d'un dessert de la liste suivante :**
- 1 part de pâtisserie ;
- 1 coupe de glace ;
- Bavarois ;
- Tarte au citron, aux fraises, aux framboises, aux abricots, aux pommes, aux poires, aux myrtilles ;
- Tarte Tatin ;
- Éclair ;
- Saint-honoré ;

- Far breton ;
- Crumble ;
- Framboisier ;
- Fraisier ;
- Tiramisu ;
- Glaces ;
- Clafoutis ;
- Crème brûlée ;
- Millefeuille ;
- Fondant au chocolat ;
- Mousse au chocolat ;
- Baba au rhum ;
- Paris-brest ;
- Flan ;
- Brownie ;
- Ou tout autre dessert industriel apportant environ 450 kcal pour une part.

Partie 3
DÉTERMINEZ VOTRE PROFIL

NOTES

PROFIL 1
LA GOURMANDE CULPABILISÉE

Emmanuelle
Taille :
1,58 mètre
Poids actuel :
59 kilos

OBJECTIF :
MOINS 7 KILOS !

> Emmanuelle, 56 ans, est une jeune ménopausée. Mère de quatre enfants et trois fois grand-mère, elle a toujours été vigoureusement active – elle ne se déplace qu'à vélo –, sans pour autant se montrer une fervente sportive. Son problème numéro 1 : elle travaille à son domicile. Résister à la tentation de la séduisante boîte à gâteaux, c'est quasi-mission impossible ! De redoutables ennemis rythment son quotidien : le grignotage de 10 heures, le carré de chocolat accompagnant le café, l'heure du thé et ses gâteries. Le soir, en attendant son mari pour dîner – il rentre tard –, elle succombe volontiers à la craquante baguette de pain... sans parler de l'alléchant camembert.
>
> D'un autre côté, Emmanuelle sait dire stop... parfois. Elle s'adonne alors au régime jambon blanc, œuf dur, poisson vapeur et fromage blanc à volonté... pendant un (très) court temps donné.
>
> Gourmande, mais aussi particulièrement gourmet, Emmanuelle souhaite préserver les plaisirs de la table. C'est une condition essentielle au maintien de son bon moral. Malgré tout, elle se montre prête et motivée pour sacrifier ses excès afin d'éliminer rapidement les premiers mauvais kilos qui lui pèsent sur les hanches et les cuisses.

SA CONSOMMATION ET AUTRES TENTATIONS AU COURS D'UNE JOURNÉE TYPE :

- **PETIT DÉJEUNER :** une théière entière de thé, deux biscottes ou deux petits pains complets suédois avec de la confiture maison.
- **A 11 HEURES :** Emmanuelle plonge sa main dans la fameuse boîte à gâteaux. Sa pêche : 3 biscuits.
- **DÉJEUNER :** chez elle, elle mange rapidement devant le journal de 13 heures. Au menu : des crudités assorties d'une vinaigrette (huile, vinaigre, moutarde) ; œuf, poisson ou viande (cuit avec un filet d'huile d'olive), légumes verts, pommes de terre cuites à l'eau pour chercher la satiété, un quart de baguette avec un morceau de fromage et fromage blanc à 0 % de MG. Avec le café, elle a bien du mal à résister au carré de chocolat (voire deux ou trois !).

- **GOÛTER :** un thé, un fruit et trois, quatre biscuits... voire la moitié du paquet sur la journée ! Ses favoris : les spéculoos et les cigarettes russes !
- **DÎNER :** c'est une fan d'œufs à la coque accompagnés de mouillettes, de tartes salées (la quiche au saumon est sa préférée) et, en tant que bonne mère de famille nombreuse, de bons plats traditionnels qu'elle aime mitonner (petit-salé aux lentilles, pot-au-feu...). Le tout, accompagné d'un bon verre de vin, de pain et de l'incontournable fromage. En attendant l'heure du dîner, vers 19 heures, elle a du mal à ne pas entamer la baguette de pain, assortie d'un petit bout de fromage.

L'ANALYSE DE LA **DIÉTÉTICIENNE**

Travaillant à son domicile, Emmanuelle a bien du mal à résister à la tentation... Entre la confiture le matin, les gâteaux à 10 heures, le chocolat après déjeuner et les biscuits au goûter, la facture des produits sucrés se montre bien élevée. Et pour cause : l'organisme transforme l'excès de sucre en graisses, celles-ci étant ensuite stockées dans les cellules graisseuses. Emmanuelle doit consommer davantage de glucides complexes (pain et/ou féculents) et diminuer son apport en glucides simples (desserts, produits sucrés, mais aussi fruits et laitages).

Les glucides complexes présentent de nombreux avantages : ils fournissent l'énergie indispensable à une bonne vitalité, ils apportent l'amidon nécessaire à la sensation de rassasiement et de satiété en fin de repas et ils évitent le « coup de pompe » de fin de matinée et d'après-midi.

C'est indéniable : son alimentation est trop grasse ! Il est avant tout nécessaire de limiter certains aliments trop riches en graisses comme la viande grasse, le fromage, les laitages gras... et de contrôler l'apport en huile, tout en variant son origine. L'objectif est de couvrir ses besoins en oméga-3 nécessaires à la protection du cœur, des artères, de la peau, et qui renforcent la mémoire...

PHASE TOTALE

Plans journaliers sur 4 semaines – Idées de menus
Les légumes peu sucrés peuvent être consommés à volonté, sans matière grasse.
Attention, à partir de la 3e semaine, certains aliments de votre menu changent.

Journée 1

Petit déjeuner

- Thé sans sucre
- 2 petits pains suédois complets
- 10 g de beurre ou margarine allégé (2 noisettes)
- 2 yaourts non sucrés à 0 % de MG/1 seul yaourt (3e et 4e sem.)

Déjeuner

- Artichaut à la vinaigrette aillée
- 180 g de rôti de bœuf
- 200 g de haricots verts vapeur/200 g de purée de pommes de terre sans matière grasse (3e et 4e sem.)
- 30 g de fromage allégé/30 g de fromage ordinaire (3e et 4e sem.)
- 1 tranche de pain (20 g)/ pas de pain (3e et 4e sem.)

Collation

- 1 tranche de pain : 20 g/1/4 de baguette (3e et 4e sem.)
- 30 g de fromage allégé/30 g de fromage ordinaire (3e et 4e sem.)
- 1 fruit frais

Dîner

- Crème de champignons
- 180 g de cassolette de cabillaud*/ 180 g de cabillaud à l'aneth et son filet d'huile d'olive (3e et 4e sem.)
- 200 g de carottes vapeur/200 g d'épinards à la crème allégée (3e et 4e sem.)
- 200 g de fromage blanc à 0 % de MG/100 g (3e et 4e sem.)
- 1 tranche de pain (20 g)/ 1/4 de baguette (3e et 4e sem.)

Pour information : 1 filet d'huile = 1 c. à café d'huile = 5 g de beurre.
Vous trouverez les recettes de tous les plats avec un astérisque au chapitre 5.

Journée 2

Petit déjeuner

- Thé sans sucre
- 2 biscottes complètes
- 10 g de beurre ou margarine allégés (2 noisettes)
- 200 ml de lait fermenté à boire nature à 0 % de MG/100 ml (3e et 4e sem.)

Déjeuner

- Salade niçoise : tomates, concombre, laitue… avec huile d'olive et basilic
- 180 g de noix de veau au four
- 200 g de chou-fleur vapeur/200 g de poêlée de petits pois (3e et 4e sem.)
- 30 g de fromage allégé/30 g de fromage ordinaire (3e et 4e sem.)
- 1 tranche de pain (20 g)/ 1/4 de baguette (3e et 4e sem.)

Collation

- 1 tranche de pain : 20 g/1/4 de baguette (3e et 4e sem.)
- 30 g de fromage allégé/30 g de fromage ordinaire (3e et 4e sem.)
- 1 fruit frais

Dîner

- Salade océane (mesclun, frisée ou jeunes pousses d'épinards, cabillaud ou raie, fines herbes) avec sauce aurore*
- 200 g de fromage blanc à 0 % de MG avec sel, poivre, aromates, fines herbes…/ 100 g (3e et 4e sem.)
- Pas de pain/1/4 de baguette (3e et 4e sem.)

Journée 3

Petit déjeuner

- Thé sans sucre
- 2 petits pains suédois complets
- 10 g de beurre ou margarine allégés (2 noisettes)
- 2 fromages frais nature à 0 % de MG/1 seul (3ᵉ et 4ᵉ sem.)

Déjeuner

- Asperges sauce mousseline*
- 2 œufs sans matière grasse
- 200 g de carottes vapeur
- 200 g de fromage blanc à 0 % de MG avec sel, poivre, aromates, fines herbes…/ 30 g de fromage ordinaire (3ᵉ et 4ᵉ sem.)
- Pas de pain/1/4 de baguette (3ᵉ et 4ᵉ sem.)

Collation

- 1 tranche de pain 20 g/1/4 de baguette (3ᵉ et 4ᵉ sem.)
- 30 g de fromage allégé
- 1 fruit frais

Dîner

- Concombre avec huile de colza et vinaigre de cidre
- 180 g de filet de julienne aux fines herbes et son filet de citron/120 g de gambas sautées à l'ail et au basilic avec 1 c. à café d'huile (3ᵉ et 4ᵉ sem.)
- 200 g de soufflé de courgettes*/ 150 g de riz pilaf safrané avec 1 c. à café d'huile (3ᵉ et 4ᵉ sem.)
- 2 yaourts non sucrés à 0 % de MG/1 seul (3ᵉ et 4ᵉ sem.)
- Pas de pain

Journée 4

Petit déjeuner

- Thé sans sucre
- 2 biscottes
- 10 g de beurre ou margarine allégés (2 noisettes)
- 200 g de fromage blanc à 0 % MG/100 g (3ᵉ et 4ᵉ sem.)

Déjeuner

- Velouté de tomates*
- 3 tranches de jambon blanc sans matière grasse (au torchon ou cuit à l'étouffée, jambon de volaille ou jambon fumé)/ 2 tranches (3ᵉ et 4ᵉ sem.)
- 200 g de champignons à la grecque*/ 200 g de tomates provençales (3ᵉ et 4ᵉ sem.)
- 30 g de fromage allégé/1 yaourt non sucré à 0 % de MG (3ᵉ et 4ᵉ sem.)
- 1 tranche de pain (20 g)/ 1/4 de baguette (3ᵉ et 4ᵉ sem.)

Collation

- 1 tranche de pain : 20 g/1/4 de baguette (3ᵉ et 4ᵉ sem.)
- 30 g de fromage allégé
- 1 fruit frais

Dîner

- Velouté de potiron*
- 180 g de rumsteck grillé
- 200 g de purée de brocolis/150 g de spaghettis sauce tomate avec 1 c. à café d'huile pimentée (3ᵉ et 4ᵉ sem.)
- 2 yaourts non sucrés à 0 % de MG/1 seul yaourt (3ᵉ et 4ᵉ sem.)
- 1/4 de baguette/pas de pain (3ᵉ et 4ᵉ sem.)

Journée 5

Petit déjeuner

- Thé sans sucre
- 2 petits pains suédois complets
- 10 g de beurre ou margarine allégés (2 noisettes)
- 2 yaourts non sucrés à 0 % de MG/1 seul yaourt (3ᵉ et 4ᵉ sem.)

Déjeuner

- Cœurs de palmier en vinaigrette
- 180 g de moules au vin blanc/120 g de moules (3ᵉ et 4ᵉ sem.)
- 200 g de tomates aux herbes de Provence*/ 200 g de pommes de terre au four sauce moutarde* (3ᵉ et 4ᵉ sem.)
- 30 g de fromage allégé/100 g de fromage blanc à 0 % de MG (3ᵉ et 4ᵉ sem.)
- Pas de pain

Collation

- 1 tranche de pain 20 g/1/4 de baguette (3ᵉ et 4ᵉ sem.)
- 30 g de fromage allégé/30 g de fromage ordinaire (3ᵉ et 4ᵉ sem.)
- 1 fruit frais

Dîner

- Salade de poulet grillé au curry (carottes, oignons rouges, frisée, poulet au curry, raisins secs)
- 100 g de fromage blanc à 0 % de MG/30 g de fromage ordinaire (3ᵉ et 4ᵉ sem.)
- Pas de pain/1/4 de baguette (3ᵉ et 4ᵉ sem.)

Journée 6

Petit déjeuner

- Thé sans sucre
- 2 biscottes
- 10 g de beurre ou margarine allégés (2 noisettes)
- 200 g de fromage blanc à 0 % de MG/100 g (3e et 4e sem.)

Déjeuner

- Carottes râpées avec huile de soja et jus de citron
- 180 g de papillote de poissons au cumin/portion de 120 g (3e et 4e sem.)
- 200 g de haricots beurre vapeur
- 30 g de fromage allégé/100 g fromage blanc à 0 % de MG (3e et 4e sem.)
- Pas de pain

Collation

- 1 tranche de pain : 20 g/1/4 de baguette (3e et 4e sem.)
- 30 g de fromage allégé
- 1 fruit frais

Dîner

- Crème de cèpes
- 180 g de filet mignon grillé
- 200 g de courgettes vapeur citronnées/200 g de haricots verts persillés avec 1 c. à café d'huile (3e et 4e sem.)
- 200 g de fromage blanc à 0 % de MG avec sel, poivre, aromates, fines herbes…/ 30 g de fromage ordinaire (3e et 4e sem.)
- 1 tranche de pain (20 g)/ 1/4 de baguette (3e et 4e sem.)

Journée 7

Petit déjeuner

- Thé sans sucre
- 2 petits pains suédois complets
- 10 g de beurre ou margarine allégés soit 2 noisettes
- 200 g de fromage blanc à 0 % de MG avec sel, poivre, aromates, fines herbes…/ 100 g (3e et 4e sem.)

Déjeuner

- Endives en vinaigrette à l'huile de noix
- 3 tranches de jambon blanc sans matière grasse (au torchon ou cuit à l'étouffée, jambon de volaille ou jambon fumé)/ 2 tranches (3e et 4e sem.)
- 200 g de macédoine de légumes/200 g de ratatouille à l'étouffée* avec 1 c. à café d'huile pimentée (3e et 4e sem.)
- 30 g de fromage allégé/1 yaourt non sucré à 0 % de MG (3e et 4e sem.)
- 1 tranche de pain (20 g)/ 1/4 de baguette (3e et 4e sem.)

Collation

- 1 tranche de pain : 20 g/ 1/4 de baguette (3e et 4e sem.)
- 30 g de fromage allégé/30 g de fromage ordinaire (3e et 4e sem.)
- 1 fruit frais

Dîner

- Avocat citronné, sans huile
- 180 g de sauté de poulet au piment*
- 200 g de jardinière de légumes/150 g de pâtes papillons aux dés de tomates séchées, basilic et 1 filet d'huile d'olive (3e et 4e sem.)
- 200 g de fromage blanc à 0 % de MG/100 g (3e et 4e sem.)
- 1 tranche de pain : 20 g/ 1/4 de baguette (3e et 4e sem.)

LES BOISSONS AUTORISÉES DE LA SEMAINE

- Café, thé, infusions non sucrés selon convenance.
- 1,5 l d'eau au minimum par jour.
- Aucun alcool n'est toléré.

PHASE DÉFINITIVE

Plans journaliers – Idées de menus
Les légumes peu sucrés peuvent être consommés à volonté, sans matière grasse.

Journée 1

Petit déjeuner

- Thé sans sucre
- 3 biscottes ou 3 petits pains suédois nature
- 10 g de beurre ou margarine allégés (2 noisettes)
- 1 laitage maigre non sucré

Déjeuner

- Chou-fleur en vinaigrette
- 120 g de poulet basquaise*
- 150 g de riz complet
- 1 laitage maigre non sucré
- Pas de pain
- 2 carrés de chocolat (5 g)

Collation

- 1/4 de baguette
- 30 g de fromage ordinaire
- 1 fruit frais

Dîner

- 60 g de coquilles Saint-Jacques flambées avec 5 g de beurre
- 120 g de caille aux raisins*
- 200 g de brocolis vapeur citronnés avec 1 filet d'huile d'olive
- 30 g de fromage ordinaire
- 1 fruit frais
- 1/4 de baguette

Pour information : 1 filet d'huile = 1 c. à café d'huile = 5 g de beurre.
Vous trouverez les recettes de tous les plats avec un astérisque au chapitre 5.

Journée 2

Petit déjeuner

- Thé sans sucre
- 3 biscottes ou 3 petits pains suédois nature
- 2 c. à café rases de confiture ou miel
- 1 laitage maigre non sucré

Déjeuner

- Jeunes pousses d'épinards en salade à l'huile d'olive et vinaigre de framboise
- 120 g de pot-au-feu de poissons*
- 200 g de haricots verts vapeur
- 30 g de fromage ordinaire
- 1/4 de baguette
- 2 carrés de chocolat (5 g)

Collation

- 2 biscuits secs
- 30 g de fromage ordinaire
- 1 fruit frais

Dîner

- Salade de riz (riz, tomates, fonds d'artichaut, poivrons jaunes, thon, basilic) avec sauce fromage blanc citron
- 1 laitage maigre non sucré
- 1 fruit frais
- Pas de pain

Journée 3

Petit déjeuner

- Thé sans sucre
- 3 biscottes ou 3 petits pains suédois nature
- 2 c. à café de confiture ou miel
- 1 laitage maigre non sucré

Déjeuner

- Crème de cèpes
- 120 g de blanquette de veau*
- 150 g de macaronis aux champignons et persil sans matière grasse
- 1 laitage maigre non sucré
- Pas de pain
- 2 carrés de chocolat (5 g)

Collation

- 1/4 de baguette
- 30 g de fromage ordinaire
- 1 fruit frais

Dîner

- Assiette de légumes crus (radis, bouquets de chou-fleur, bâtonnets de carottes et de céleri-branche, champignons de Paris, tomates cerises) à tremper dans sauce au fromage blanc ou moutarde froide* ou aux herbes*
- 120 g de rôti de porc dans l'échine
- 150 g de lentilles au jus sans matière grasse
- 1 laitage maigre non sucré
- 1 fruit frais
- Pas de pain

Journée 4

Petit déjeuner

- Thé sans sucre
- 3 biscottes ou 3 petits pains suédois nature
- 2 c. à café rases de confiture ou miel
- 1 laitage maigre non sucré

Déjeuner

- Artichaut sauce au poivre vert*
- 120 g de gigot d'agneau
- 200 g de ratatouille à l'étouffée*
- 1 laitage maigre non sucré
- 1/4 de baguette

Collation

- 2 biscuits secs
- 30 g de fromage allégé
- 1 fruit frais

Dîner

- Potage poireau, pommes de terre au beurre
- 120 g de crustacés (crevettes, langoustines…) et leur mayonnaise mousseline*
- 150 g de pommes de terre sauce crème gratinées avec 30 g de fromage ordinaire
- 1 fruit frais
- Pas de pain

Journée 5

Petit déjeuner

- Thé sans sucre
- 3 biscottes ou 3 petits pains suédois nature
- 2 c. à café rases de confiture ou miel
- 1 laitage maigre non sucré

Déjeuner

- Carpaccio de cèpes et échalotes, huile de colza et vinaigre de Xérès
- 120 g de poulet rôti (sans la peau)
- 150 g de cannellonis à la provençale (poivrons, tomates, ail, oignon…)
- 1 laitage maigre non sucré
- Pas de pain
- 2 carrés de chocolat (5 g)

Collation

- 1/4 de baguette
- 30 g de fromage ordinaire
- 1 fruit frais

Dîner

- Concombres sauce indienne au yaourt *
- 1 part de dos de cabillaud* (recette du grand chef A. Thiry)
- 30 g de fromage ordinaire
- 1 fruit frais
- 1/4 de baguette

Journée 6

Petit déjeuner

- Thé sans sucre
- 3 biscottes ou 3 petits pains suédois nature
- 2 c. à café de confiture ou miel
- 1 laitage maigre non sucré

Déjeuner

- Fenouil cru à l'huile d'olive citronnée
- Omelette de 2 œufs sans matière grasse
- 200 g de fondue de poireaux aux oignons*
- 30 g de fromage ordinaire
- 1/4 de baguette

Collation

- 2 biscuits secs
- 1 laitage maigre non sucré
- 1 fruit frais

Dîner

- Crème d'asperges gratinée avec 30 g de fromage ordinaire
- 120 g de filets de rascasse safranés
- 150 g de couscous sans viande : pois chiches, semoule, légumes avec 10 g de beurre
- 1 fruit frais
- Pas de pain

FORTEMENT RECOMMANDÉS :

- Café, thé, infusions non sucrés ;
- 1,5 l d'eau au minimum par jour.

Journée 7

Petit déjeuner

- Thé sans sucre
- 3 biscottes ou 3 petits pains suédois nature
- 2 c. à café de confiture ou miel
- 1 laitage maigre non sucré

Déjeuner

- Chou rouge ou blanc au raifort et moutarde
- 1 part de rouleaux d'été* (recette du grand chef A. Thiry)
- 1 laitage maigre non sucré
- 1/4 de baguette
- 2 carrés de chocolat (5 g)

Collation

- 1/4 de baguette
- 30 g de fromage ordinaire
- 1 fruit frais

Dîner

- Velouté de courgettes
- 120 g d'escalope de dinde en papillote
- 150 g de risotto aux champignons avec 1 c. à café d'huile et 30 g de parmesan
- 1 fruit frais
- Pas de pain

LES BOISSONS AUTORISÉES ET FACULTATIVES DE LA SEMAINE, À RÉPARTIR SELON VOS PRÉFÉRENCES :

- 3 verres de vin.

ÉQUIVALENCES

ÉQUIVALENCES P. 207

- Pain
- Matières grasses
- Fromage ordinaire et allégé
- Fruits
- Viande – Poisson – Œufs

LISTE 1 : LAITAGE MAIGRE NON SUCRÉ

• **Choix laitage maigre non sucré (nature ou à l'aspartame) avec maximum 2 % de MG :**
– yaourt ;
– lait fermenté à boire ;
– fromage frais ;
– fromage blanc ;
– petits-suisses.

• **Aliments équivalents**

Vous pouvez remplacer un laitage maigre non sucré par un des éléments suivants :
– 200 ml de lait écrémé ;
– 4 c. à soupe de lait écrémé en poudre ;
– 1 petite bouteille de lait fermenté à boire 0 % à l'aspartame nature ou aromatisés (ex : Actimel®) ;
– 30 g de fromage allégé à moins de 15 % de MG maximum sur le produit fini : fromage à pâte molle ou dure, fromages fondus ou à tartiner, fromage frais (Cancoillotte, carré frais demi-sel, fromage frais de chèvre).

Occasionnellement par un des choix* suivants :
- 1 fromage frais non sucré de 60 g à 2 % de MG, de type petit-suisse ;
- 1 spécialité au soja non sucrée ;
- 1 petit pot individuel de « mousse de fromage blanc ».

* Ces choix étant relativement moins riches en calcium.

• **Suggestions pour vos achats**
Idées de plats ou d'aliments du commerce :
- Yaourt nature de Danone® ;
- Paniers de Yoplait 0 % aux fruits rouges ou fruits jaunes de Yoplait® ;
- Ferme et fondant saveur vanille de Sveltesse® ;
- Fraîcheurs 4 parfums (vanille, lychee, coco, citron) de Taillefine® ;
- Yaourts aux fruits panachés light de Carrefour®.

LISTE 2 : BISCUITS SECS

• **Aliments équivalents :**
Vous pouvez remplacer 2 biscuits secs par un des choix suivants :
- 40 g de pain ;
- 8 Mikado® chocolat noir ;
- 8 Langues de chat® ;
- 6 Petits Cœurs® ;
- 6 tuiles au miel ;
- 6 Pailles d'Or® ;
- 4 boudoirs ;
- 4 Taillefine tuile citron® ;
- 4 barquettes aux fruits ;
- 1 palet breton pur beurre ;
- 1 cookie.

• **Suggestions pour vos achats**
Idées de plats ou d'aliments du commerce :
– Galette Saint-Michel® ;
– Petit-Beurre de Lu® ;
– Biscuits Thé de Lu® ;
– Speculoos de Lotus® ;
– Figolu de Lu® ;
– Chamonix de Lu® ;
– PiM's orange ou fraise ou poire de Lu® ;
– Palmito de Lu®.

LISTE 3 : ŒUFS SANS MATIÈRE GRASSE
• **Au choix :**
– Œuf en gelée ;
– Omelette à la tomate ;
– Œuf dur ;
– Omelette aux fines herbes ;
– Omelette aux champignons ;
– Omelette nature ;
– Œuf cocotte ;
– Œuf brouillé ;
– Œuf mollet ;
– Œuf coque ;
– Œuf poché ;
– Œuf au plat.

LISTE 4 : BOISSONS ALCOOLISÉES

• **Boissons équivalentes :**
Vous pouvez remplacer 1 verre de vin (125 ml) par un des éléments suivants :
- 1 coupe de champagne (100 ml) ;
- 250 ml de bière ou cidre ;
- 1 verre de vin doux ou cuit (70 ml) ;
- 1 dose (25 ml) de whisky, rhum, gin, pastis.

PROFIL 2
L'HOMME D'AFFAIRES DÉBORDÉ

Frédéric
Taille : 1,85 mètre
Poids actuel : 99 kilos

OBJECTIF : MOINS 15 KILOS !

> Frédéric est un commercial de 39 ans, plutôt bon vivant. Son métier le contraint à parcourir les routes de France et du monde, à déjeuner sur le pouce et à dîner plusieurs fois par semaine au restaurant avec ses clients... ce qui l'amène en outre à boire de l'alcool régulièrement. Autre bémol : il est célibataire et piètre cuisinier. Cela lui vaut d'avoir recours aux pâtes, surgelés, conserves et autres repas prêts à consommer... à déguster devant la télé. Le week-end, il passe une à deux heures à la salle de sport où il pratique une activité moyennement intensive. Et pour cause : il se fatigue vite. À l'approche de ses 40 ans – et des 100 kilos ! –, il entend prendre le taureau par les cornes pour retrouver la ligne de ses 30 ans.

SA CONSOMMATION ET AUTRES TENTATIONS AU COURS D'UNE JOURNÉE TYPE :

- **PETIT DÉJEUNER :** un café au lait avec un morceau de sucre, deux œufs brouillés, une tranche de pain de mie beurrée.
- **DÉJEUNER :** il alterne entre un sandwich (1/2 baguette) jambon-beurre, des sushis ou une part de quiche ou pizza qu'il avale devant son ordinateur ou en voiture. Au dessert, il prend une viennoiserie. Et comme boisson, une canette de soda.
- **DÎNER :** quand il a la chance de dîner chez lui, Frédéric raffole des lasagnes aux légumes surgelées ! Son grand classique en tant que cuistot : des spaghettis *alla carbonara* (qu'il a appris à cuisiner lors de son séjour en Italie). Sa boisson : une bière. Au restaurant avec les clients, il choisit toujours de la viande : entrecôte grillée, pavé de bœuf ou autre, accompagné de frites et salade verte. Le dîner est systématiquement arrosé de vin.

L'ANALYSE DE LA **DIÉTÉTICIENNE**

Frédéric ne s'en rend pas compte, mais il mange trop de gras ! S'il aime le beurre (sur ses tartines et dans son sandwich), il n'a pas conscience que les lipides se cachent partout dans son alimentation en plus des graisses visibles. Attention aux graisses dissimulées dans les pâtisseries et les plats en sauce, où elles servent notamment à améliorer le goût. Frédéric devrait surtout en limiter la consommation et prêter plus d'attention à la composition de plats tout prêts qu'il achète.

Il doit par ailleurs augmenter sa consommation de légumes et céréales complètes qui sont riches en fibres.

Les fibres jouent plusieurs rôles essentiels : elles facilitent le transit intestinal, elles freinent la vidange gastrique et ralentissent ainsi l'absorption des nutriments, elles engendrent un effet de satiété et retardent la sensation de faim. Attention : si les fruits sont riches en fibres, leur consommation doit être limitée à cause de leur richesse en sucres simples.

Frédéric devrait également augmenter sa consommation de glucides complexes (pain et/ou féculents). Ces derniers fournissent l'énergie nécessaire à la vitalité, ils apportent l'amidon nécessaire à la sensation de rassasiement et de satiété en fin de repas et évitent le « coup de pompe » de fin de matinée et d'après-midi.

Attention, l'alcool est toxique et très calorique. Frédéric devrait diminuer sa consommation de vin et de bière.

Enfin, nous constatons que Frédéric ne consomme jamais de fruits, très peu de laitages et encore moins de légumes. Cela explique ses carences en calcium, en magnésium et en vitamine C. Nous lui conseillons vivement d'augmenter sa consommation de produits laitiers (pour le calcium). Pour couvrir ses besoins en magnésium et en vitamine C, il devrait manger davantage de légumes et de fruits (oléagineux, frais ou secs).

PHASE TOTALE

Plans journaliers sur 4 semaines – Idées de menus
Les légumes peu sucrés peuvent être consommés à volonté, sans matière grasse.
Attention, à partir de la 3e semaine, certains aliments de votre menu changent.

Journée 1

Petit déjeuner

- Café sans sucre avec 200 ml de lait demi-écrémé/avec 300 ml de lait demi-écrémé (3e et 4e sem.)
- 2 tranches de pain de mie (60 g)
- 10 g de beurre ou margarine ordinaire (2 noisettes)
- 2 œufs sans matière grasse/1 œuf (3e et 4e sem.)

Déjeuner

- 180 g de filet mignon grillé
- 200 g d'épinards à la crème allégée/150 g (3e et 4e sem.)
- 2 yaourts non sucrés à 0 % de MG
- 1 tranche de pain (20 g)/ 1/6 de baguette (40 g) (3e et 4e sem.)

Collation

- 1 tranche de pain (20 g)/ 1/6 de baguette (40 g) (3e et 4e sem.)
- 30 g de fromage allégé

Dîner

- Salade de poulet grillé au curry (carottes, oignons rouges, frisée, poulet au curry, raisins secs)/ ajout d'1 c. à café de sauce (3e et 4e sem.)
- 200 g de fromage blanc à 0 % de MG/pas de fromage (3e et 4e sem.)
- Pas de fruit/1 fruit frais (3e et 4e sem.)

Journée 2

Petit déjeuner

- Café sans sucre avec 200 ml de lait demi-écrémé/avec 300 ml de lait demi-écrémé (3ᵉ et 4ᵉ sem.)
- 2 tranches de pain de mie (60 g)
- 10 g de beurre ou margarine ordinaire (2 noisettes)
- 30 g de fromage allégé/pas de fromage (3ᵉ et 4ᵉ sem.)

Déjeuner

- 6 sushis ou 12 makis ou 2 rouleaux de printemps
- 2 yaourts non sucrés à 0 % de MG

Collation

- 1 tranche de pain (20 g)/ 1/6 de baguette (40 g) (3ᵉ et 4ᵉ sem.)
- 30 g de fromage allégé

Dîner

- 180 g de poulet basquaise*
- 200 g de fonds d'artichauts tièdes et vinaigrette huile d'olive et citron
- 30 g de fromage allégé/pas de fromage (3ᵉ et 4ᵉ sem.)
- 1 tranche de pain (20 g)/ 1/6 de baguette (3ᵉ et 4ᵉ sem.)

Pour information : 1 filet d'huile = 1 c. à café d'huile = 5 g de beurre.
Vous trouverez les recettes de tous les plats avec un astérisque au chapitre 5.

Journée 3

Petit déjeuner

- Petit déjeuner
- Café sans sucre avec 200 ml de lait demi-écrémé/avec 300 ml de lait demi-écrémé (3e et 4e sem.)
- 2 tranches de pain de mie (60 g)
- 10 g de beurre ou margarine ordinaire (2 noisettes)
- 30 g de fromage allégé/pas de fromage (3e et 4e sem.)

Déjeuner

- 180 g de pintade farcie à l'estragon*
- 200 g de purée de carottes avec 10 g de beurre/150 g (3e et 4e sem.)
- 2 yaourts non sucrés à 0 % de MG
- 1 tranche de pain (20 g)/ 1/6 de baguette (40 g) (3e et 4e sem.)

Collation

- 1 tranche de pain (20 g)/ 1/6 de baguette (40 g) (3e et 4e sem.)
- 30 g de fromage allégé

Dîner

- 180 g de blanquette de veau*
- Salade verte avec sauce aux herbes* : à volonté
- 200 g de fromage blanc à 0 % de MG

Journée 4

Petit déjeuner

- Café sans sucre avec 200 ml de lait demi-écrémé/avec 300 ml de lait demi-écrémé (3ᵉ et 4ᵉ sem.)
- 2 tranches de pain de mie (60 g)
- 10 g de beurre ou margarine ordinaire (2 noisettes)
- 30 g de fromage allégé/pas de fromage (3ᵉ et 4ᵉ sem.)

Déjeuner

- Salade niçoise (feuille de chêne, tomates cerises, haricots verts, olives noires, thon) avec 1 c. à soupe de vinaigrette
- 2 yaourts non sucrés à 0 % de MG

Collation

- 1 tranche de pain (20 g)/ 1/6 de baguette (40 g) (3ᵉ et 4ᵉ sem.)
- 30 g de fromage allégé

Dîner

- 180 g de tournedos grillé
- 200 g de purée de brocolis
- 30 g de fromage allégé/pas de fromage (3ᵉ et 4ᵉ sem.)
- 1 tranche de pain (20 g)/ 1/6 de baguette (40 g) (3ᵉ et 4ᵉ sem.)

Journée 5

Petit déjeuner

- Café sans sucre avec 200 ml de lait demi-écrémé/avec 300 ml de lait demi-écrémé (3ᵉ et 4ᵉ sem.)
- 2 tranches de pain de mie (60 g)
- 10 g de beurre ou margarine ordinaire (2 noisettes)
- 30 g de fromage allégé/pas de fromage (3ᵉ et 4ᵉ sem.)

Déjeuner

- 180 g de poulet rôti (sans la peau)
- 200 g de haricots verts persillés avec 1 c. à café d'huile/150 g (3ᵉ et 4ᵉ sem.)
- 2 yaourts non sucrés à 0 % de MG
- 1 tranche de pain (20 g)/ 1/6 de baguette (40 g) (3ᵉ et 4ᵉ sem.)

Collation

- 200 ml de lait demi-écrémé
- 1 tranche de pain (20 g)/ 1/6 de baguette (40 g) (3ᵉ et 4ᵉ sem.)
- 30 g de fromage allégé

Dîner

- 180 g de noix de veau au four
- Salade verte avec sauce aux herbes* : à volonté
- 200 g de fromage blanc à 0 % de MG

Journée 6

Petit déjeuner

- Café sans sucre avec 200 ml de lait demi-écrémé/avec 300 ml de lait demi-écrémé (3ᵉ et 4ᵉ sem.)
- 2 tranches de pain de mie (60 g)
- 10 g de beurre ou margarine ordinaire (2 noisettes)
- 30 g de fromage allégé/pas de fromage (3ᵉ et 4ᵉ sem.)

Déjeuner

- 6 sushis ou 12 makis ou 2 rouleaux de printemps
- 2 yaourts non sucrés à 0 % de MG

Collation

- 1 tranche de pain (20 g)/ 1/6 de baguette (40 g) (3ᵉ et 4ᵉ sem.)
- 30 g de fromage allégé

Dîner

- 180 g de quasi de veau aux oignons*
- 200 g de poêlée de petits pois avec 1 c. à café d'huile
- 200 g de fromage blanc à 0 % de MG

Journée 7

Petit déjeuner

- Café sans sucre avec 200 ml de lait demi-écrémé/avec 300 ml de lait demi-écrémé (3e et 4e sem.)
- 2 tranches de pain de mie (60 g)
- 10 g de beurre ou margarine ordinaire (2 noisettes)
- 30 g de fromage allégé/pas de fromage (3e et 4e sem.)

Déjeuner

- Salade maraîchère (chou-fleur, haricots verts, porc, échalote et estragon) avec sauce mayonnaise mousseline*/ sandwich jambon-beurre (3e et 4e sem.)
- 2 yaourts non sucrés à 0 % de MG

Collation

- 1 tranche de pain (20 g)/ 1/6 de baguette (40 g) (3e et 4e sem.)
- 30 g de fromage allégé

Dîner

- 180 g de rôti de bœuf
- 200 g de tomates provençales avec 1 c. à café d'huile
- 30 g de fromage allégé/pas de fromage (3e et 4e sem.)
- 1 tranche de pain (20 g)/ 1/6 de baguette (40 g) (3e et 4e sem.)

LES BOISSONS AUTORISÉES DE LA SEMAINE :

- Café, thé, infusions non sucrés selon convenance.
- 1,5 l d'eau au minimum par jour.
- Aucun alcool n'est toléré.

PHASE DÉFINITIVE

Plans journaliers – Idées de menus
Les légumes peu sucrés peuvent être consommés à volonté, sans matière grasse.

Journée 1

Petit déjeuner

- Café sans sucre avec 200 ml de lait demi-écrémé
- 2 tranches de pain de mie (60 g)
- 10 g de beurre ou margarine ordinaire (2 noisettes)
- 2 tranches de jambon blanc ou de volaille ou 8 tranches de bacon

Déjeuner

- 120 g de faux-filet grillé
- 200 g de tomates provençales
- 1 laitage peu gras non sucré
- 1 fruit frais
- 1/6 de baguette (40 g)

Collation

- 200 ml de lait demi-écrémé
- 1 croissant, 1 brioche ou 1 pain au lait

Dîner

- Plat allégé du commerce (max. 300 kcal)
- 1 laitage peu gras non sucré
- 1 fruit frais
- 1/6 de baguette (40 g)

Pour information : 1 filet d'huile = 1 c. à café d'huile = 5 g de beurre.
Vous trouverez les recettes de tous les plats avec un astérisque au chapitre 5.

Journée 2

Petit déjeuner

- Café sans sucre avec 200 ml de lait demi-écrémé
- 2 tranches de pain de mie (60 g)
- 10 g de beurre ou margarine ordinaire (2 noisettes)
- 1 œuf brouillé sans matière grasse

Déjeuner

- 1 sandwich poulet et crudités, avec mayonnaise
- 1 laitage peu gras non sucré
- 1 fruit frais

Collation

- 1/6 de baguette (40 g)
- 1 laitage peu gras non sucré

Dîner

- 120 g de filet mignon grillé
- 100 g de gratin dauphinois
- 1 laitage peu gras non sucré
- 1 fruit frais
- 1 dessert sucré (sorbet, entremets…)

Journée 3

Petit déjeuner

- Café sans sucre avec 200 ml de lait demi-écrémé
- 2 tranches de pain de mie (60 g)
- 10 g de beurre ou margarine ordinaire (2 noisettes)
- 2 tranches de jambon blanc ou de volaille ou 8 tranches de bacon

Déjeuner

- 120 g de lapin aux champignons*
- 200 g de jardinière de légumes
- 1 laitage peu gras non sucré
- 1 fruit frais
- 1/6 de baguette (40 g)

Collation

- 200 ml de lait demi-écrémé
- 1 croissant, 1 brioche ou 1 pain au lait

Dîner

- 120 g de sauté de poulet au piment*
- 100 g de riz pilaf aux champignons avec 1 c. à café d'huile
- 1 laitage peu gras non sucré
- 1 fruit frais

Journée 4

Petit déjeuner

- Café sans sucre avec 200 ml de lait demi-écrémé
- 2 tranches de pain de mie (60 g)
- 10 g de beurre ou margarine ordinaire (2 noisettes)
- 2 tranches de jambon blanc ou de volaille ou 8 tranches de bacon

Déjeuner

- 9 sushis ou 18 makis ou 3 rouleaux de printemps
- 1 laitage peu gras non sucré
- 1 fruit frais

Collation

- 1/6 de baguette (40 g)
- 1 laitage peu gras non sucré

Dîner

- 120 g de côte de porc grillée
- 100 g de spaghettis sauce tomate
- 1 laitage peu gras non sucré
- 1 dessert sucré (sorbet, entremets…)

Journée 5

Petit déjeuner

- Café sans sucre avec 200 ml de lait demi-écrémé
- 2 tranches de pain de mie (60 g)
- 10 g de beurre ou margarine ordinaire (2 noisettes)
- 2 tranches de jambon blanc ou de volaille ou 8 tranches de bacon

Déjeuner

- 120 g de poulet rôti
- 200 g de carottes à la crème allégée
- 1 laitage peu gras non sucré
- 1 fruit frais
- 1/6 de baguette (40 g)

Collation

- 200 ml de lait demi-écrémé
- 1 croissant, 1 brioche ou 1 pain au lait

Dîner

- 120 g de poulet basquaise*
- Salade verte avec sauce aux herbes* : à volonté
- 1 laitage peu gras non sucré
- 1 fruit frais
- 1/6 de baguette (40 g)

Journée 6

Petit déjeuner

- Café sans sucre avec 200 ml de lait demi-écrémé
- 2 tranches de pain de mie (60 g)
- 10 g de beurre ou margarine ordinaire (2 noisettes)
- 2 tranches de jambon blanc ou de volaille ou 8 tranches de bacon

Déjeuner

- 1 sandwich mozzarella et tomates, avec huile d'olive
- 1 laitage peu gras non sucré
- 1 fruit frais

Collation

- 1/6 de baguette (40 g)
- 1 laitage peu gras non sucré

Dîner

- 120 g de cailles aux raisins*
- 100 g de purée de pommes de terre avec 10 g de beurre
- 1 laitage peu gras non sucré
- 1 fruit frais

FORTEMENT RECOMMANDÉS :

- Café, thé, infusions non sucrés.
- 1,5 l d'eau au minimum par jour.

Journée 7

Petit déjeuner

- Café sans sucre avec 200 ml de lait demi-écrémé
- 2 tranches de pain de mie (60 g)
- 10 g de beurre ou margarine ordinaire (2 noisettes)
- 2 tranches de jambon blanc ou de volaille ou 8 tranches de bacon

Déjeuner

- 9 sushis ou 18 makis ou 3 rouleaux de printemps
- 1 laitage peu gras non sucré
- 1 fruit frais

Collation

- 1 croissant, 1 brioche ou 1 pain au lait
- 1 laitage peu gras non sucré

Dîner

- 120 g de paupiettes de dinde*
- Salade verte avec 1 c. à café d'huile : à volonté
- 1 laitage peu gras non sucré
- 1 fruit frais
- 1/6 de baguette (40 g)

LES BOISSONS AUTORISÉES ET FACULTATIVES DE LA SEMAINE, À RÉPARTIR SELON VOS PRÉFÉRENCES :

- 2 verres de boissons sucrées.
- 2 verres de vin.
- 1 verre de bière ou cidre.
- 7 morceaux de sucre dans café, thé ou infusion.

ÉQUIVALENCES

ÉQUIVALENCES P. 207
- Pain
- Matières grasses
- Fromage ordinaire et allégé
- Fruits
- Viande – Poisson – Œufs

LAITAGES MAIGRES NON SUCRÉS
Voir Profil Emmanuelle

LISTE 1 : LAITAGES PEU GRAS NON SUCRÉS
• **Choix laitages peu gras non sucrés (nature ou à l'aspartame) avec maximum 4 % de MG :**
– yaourt au lait entier, au bifidus, brassé ou goût bulgare ;
– fromage blanc ;
– petits-suisses ;
– ou toute autre spécialité laitière nature contenant moins de 5 g de lipides et moins de 11 g de glucides par pot.

• **Aliments équivalents**
Vous pouvez remplacer un laitage peu gras/lait demi-écrémé par un des éléments suivants :
– 200 ml de lait demi-écrémé ;
– 4 c. à soupe de lait entier concentré non sucré (80 g) ;
– 30 g de fromage allégé à 15 % de MG maximum sur le produit fini (soit moins de 30 % de MG sur extrait sec) ;

- 60 g de fromage allégé à 5 % de MG maximum sur le produit fini (Cœur de Lion extra-léger®, Bridelight® spécialité fromagère, Carré frais® 0 % de MG, Saint Moret® 0 % de MG, Tartare® 0 % de MG).

Occasionnellement par un des choix* suivants :
- 2 fromages frais* non sucrés de 60 g, de type petit-suisse, à 4 % de MG sur produit fini soit 20 % sur extrait sec ;
- 200 ml de boisson au soja (lait de soja) : attention, cette boisson contient peu de calcium, choisissez-la enrichie en calcium et agitez-la avant emploi ;
- 2 spécialités au soja non sucrées, à choisir également de préférence enrichie en calcium (exemple : Sojasun® nature enrichi en calcium).

* Ces éléments étant relativement pauvres en calcium.

• **Suggestions pour vos achats**
Idées de plats ou d'aliments du commerce :
- fromage blanc battu à 20 % de MG de Jockey® ;
- Velouté nature de Danone® ;
- Activia nature de Danone® ;
- Laitière nature au lait entier de Nestlé®.

LISTE 2 : TRANCHES DE JAMBON

• **Au choix :**
- 2 tranches de jambon blanc au torchon ou cuit à l'étouffée sans couenne ;
- 2 tranches de jambon à l'os braisé ;
- 2 tranches de jambon de volaille ;
- 2 tranches de jambon fumé ;
- 8 tranches de bacon ;
- 12 tranches de viande des Grisons.

- **Suggestions pour vos achats**

Idées de plats ou d'aliments du commerce :
- Filet de poulet aux fines herbes de Fleury Michon® : 2 tranches (60 g) ;
- Filet de dinde fumée de Fleury Michon® : 2 tranches (60 g) ;
- Tendre Noix à la broche de Herta® : 1 tranche (40 g) ;
- Rôti de dinde de Fleury Michon® : 1 tranche (50 g) ;
- Bacon fumé au bois de hêtre de Monoprix® : 4 tranches (50 g) ;
- Viande des Grisons de Monoprix Gourmet® : 6 tranches (50 g).

ŒUFS SANS MATIÈRE GRASSE

Voir Profil Emmanuelle

LISTE 3 : ÉQUIVALENTS SANDWICH + 10 G DE BEURRE

- **Au choix :**
- Sandwich au rôti de porc ou autre viande, avec mayonnaise ;
- Sandwich au jambon avec 10 g de beurre ;
- Sandwich au poulet et crudités, avec mayonnaise ;
- Sandwich au thon et crudités, avec mayonnaise ;
- Sandwich jambon, fromage, crudités ;
- Sandwich au jambon cru et roquefort ;
- Sandwich au saumon fumé et crudités ;
- Sandwich au bacon et fromage de chèvre ;
- Sandwich à la mozzarella et tomates, avec huile d'olive ;
- Sandwich au fromage ;
- Sandwich au saumon fumé, avec beurre ;

- Sandwich au jambon, tomates et mozzarella ;
- Sandwich au thon, crudités et œuf dur ;
- Sandwich aux rillettes ;
- Sandwich au pâté ;
- Sandwich au saucisson, avec beurre ;
- Sandwich au roquefort et noix.

• **Aliments équivalents**
Vous pouvez remplacer 1 sandwich avec matière grasse par un plat principal composé de :
- 60 g de viande ou poisson ou 1 tranche de jambon ou 1 œuf ou 50 g de tofu ;
- avec 200 g poids cuit de féculents (ou 80 g de pain), les légumes verts pouvant être consommés à volonté ;
- et 1 c. à soupe d'huile ou 2 noisettes de beurre ou margarine.

LISTE 4 : PLATS CUISINÉS ALLÉGÉS
• **Suggestions pour vos achats**
Idées de plats ou d'aliments du commerce :
- Fines Tagliatelles tomatées aux petites saint-jacques de Weight Watchers® au rayon surgelés : 1 plat de 380 g ;
- Tajine légumes au boulgour de Monoprix Bien Vivre® : 1 plat de 350 g ;
- Filet de limande à la florentine aux épinards et aux tomates confites, gamme Fine ligne de Leader Price® au rayon surgelés : 1 plat individuel ;
- Filet de poisson au riz et croquants de légumes, gamme Fine ligne de Leader Price® au rayon surgelés : 1 plat individuel.

LISTE 5 : CROISSANT

• **Aliments équivalents**

Vous pouvez remplacer 1 croissant par :
– 1 briochette ou 1 grande tranche de brioche ;
– 3 tranches de pain de mie brioché (60 g) ;
– 1 pain au lait de boulangerie ;
– 2 pains au lait industriels ;
– 50 g de baguette viennoise nature ;
– 40 g de pain avec 10 g de beurre ou margarine ;
– 2 petites crêpes nature ;
– 1 grande galette de blé noir bretonne nature.

• **Suggestions pour vos achats**

Idées de plats ou d'aliments du commerce :
– Pain au lait pur beurre de Monoprix® ;
– Briochette de Pasquier® ;
– Brioche ronde Doo'wap aux pépites de chocolat de Pasquier® (occasionnellement) ;
– Croissant de Pasquier® ;
– Brioche au lait de Harry's®.

LISTE 6 : DESSERT SUCRÉ

• **Au choix :**
– Compote sucrée ;
– Entremets vanille ;
– Fromage blanc à 4 % de MG sucré ;
– Meringue ;
– Gâteau de semoule ;
– Crème anglaise ;
– Sorbet ;
– Yaourt sucré ;
– Équivalent fruit frais ;

- Tartelette aux fruits maison sans sucre ;
- Dessert sucré du commerce à 100 kcal par portion ;
- Pomme au four/confiture ;
- Petits-suisses sucrés ;
- Entremets chocolat ;
- Poire au vin et aux épices ;
- Crêpe sucrée, avec sucre ou confiture ;
- Riz au lait ;
- Madeleine, quatre-quarts, cake ou pain d'épices… ;
- Poêlée de pommes et poires au miel et romarin ;
- Crème de marron ;
- Fruits au sirop ;
- Entremets caramel ;
- Poire pochée safranée ;
- Gâteau de riz ;
- Petits-fours.

• **Suggestions pour vos achats**
Idées de plats ou d'aliments du commerce :
- Flan vanille Flanby de Nestlé® ;
- Mousse au chocolat noir de Monoprix® ;
- Semoule au lait saveur vanille de La Laitière® ;
- Petits macarons de Monoprix Gourmet® au rayon surgelés : 2 pièces ;
- Petits-fours sucrés de Monoprix Gourmet® au rayon surgelés : 2 pièces ;
- Frusi fruits rouges ou mangue/passion de Miko® au rayon surgelés : 1 unité ;
- Crème dessert allégée ferme et fondant au chocolat, caramel, café, pistache ou rocher coco de Sveltesse® : 1 unité ;
- Duetto au chocolat ou au café de Weight Watchers® : 1 unité ;

- Crème dessert allégée au chocolat ou à la vanille de Taillefine® : 1 unité ;
- Riz au lait de Weight Watchers® : 1 unité.

LISTE 7 : CHOIX BOISSON SUCRÉE
- Jus de fruit ;
- Nectar de fruit ;
- Soda : Cola, Orangina®… ;
- Limonade…

Équivalence : Vous pouvez remplacer 100 ml de boisson sucrée par 250 ml de bière sans alcool.

LISTE 8 : BOISSONS ALCOOLISÉES
Voir Profil Emmanuelle

PROFIL 3
LA MÈRE DE FAMILLE APRÈS-BÉBÉ

Camille
Taille : 1,70 mètre
Poids actuel : 67 kilos

OBJECTIF : MOINS 7 KILOS !

> À 35 ans, Camille vient de mettre au monde son troisième enfant. Et quatre mois après l'accouchement, il lui reste quelques laborieux kilos à perdre. Ce n'est pas comme pour après la naissance de Malo, le premier de la tribu. Elle avait retrouvé sa ligne en un mois.
>
> Il faut dire que Camille aime cuisiner, manger, picorer... à toute heure de la journée. Et puis en faisant dîner les deux aînés, comment ne pas résister à leur saucisse-purée, ou ne pas grignoter le bon pain frais. Et qui dit pain dit fromage naturellement...
>
> Dans sa confortable maison parisienne, Camille travaille en freelance, pour pouvoir s'occuper au mieux de ses enfants. Elle organise son temps comme elle l'entend et ne manque pas une occasion de prendre le thé avec les autres mamans de l'école le mercredi après-midi, de suivre son cours de gym un matin par semaine, de déambuler au marché du mardi et du samedi pour respirer les bons produits du terroir... et les cuisiner. Elle tient un blog de cuisine qu'elle entretient presque quotidiennement pour partager ses dernières astuces et inventions. Sa lecture favorite reste les magazines culinaires pour connaître les dernières recettes à la mode. Aucun mystère : sa passion (déguster ses préparations) se retrouve directement dans son tour de taille et de cuisses...

SA CONSOMMATION ET AUTRES TENTATIONS AU COURS D'UNE JOURNÉE TYPE :

- **PETIT DÉJEUNER :** thé, jus d'orange, deux tranches de pain de mie complet, légèrement beurrées, un fruit.
- **DÉJEUNER :** elle mange la même chose que ses enfants pour gagner du temps. À savoir : un steak haché ou poisson pané avec purée mousseline et légumes verts (avec une noix de beurre), un yaourt aux fruits et un fruit.
- **GOÛTER :** dur de ne pas résister au pain perdu, muffins ou autres pâtisseries qu'elle a concoctés pour ses « deux grands ».
- **DÎNER :** une fois les enfants couchés, elle mange avec son mari aussi fin gourmet qu'elle. Leurs plats préférés : un soufflé au fromage, un risotto aux fruits de mer, des lasagnes bolognaise... avec

le verre de vin qui s'y accorde. Mais, avant « son » dîner, elle a largement « piqué » dans l'assiette de ses enfants.

L'ANALYSE DE LA **DIÉTÉTICIENNE**

Le principal problème de Camille est le grignotage... Elle passe beaucoup de temps dans la cuisine soit à concocter de bons plats familiaux, soit pour faire manger ses enfants. En effet, pas facile de ne pas se laisser tenter quand on regarde les autres manger.

Notre conseil : permettre à Camille de ne pas connaître de sensation de faim jusqu'au repas suivant. Il est donc important de bien savoir choisir les aliments qui évitent tout grignotage en dehors des repas.

La satiété à plus long terme sera atteinte en consommant aux repas principaux :
– des aliments qui apportent des glucides complexes (féculents, pain, pommes de terre) ;
– des aliments qui apportent des protéines (viande, poisson, œuf, laitages) ;
– des aliments qui apportent des fibres (fruits, légumes).

Mais attention, Camille doit choisir des aliments qui apportent peu de lipides (matières grasses). Son apport en lipides étant déjà trop important, elle devrait limiter certains aliments gras comme la viande grasse, le fromage ordinaire, les laitages gras... et contrôler son apport en huile, sans pour autant la supprimer.

Enfin, afin de couvrir ses besoins en calcium, nous lui conseillons de consommer davantage de produits laitiers ou de l'eau minérale enrichie en calcium.

PHASE TOTALE

Plans journaliers sur 4 semaines – Idées de menus
Les légumes peu sucrés peuvent être consommés à volonté, sans matière grasse.
Attention, à partir de la 3e semaine, certains aliments de votre menu changent.

Journée 1

Petit déjeuner

- Thé sans sucre
- 2 tranches de pain de mie complet (60 g)
- 10 g de beurre ou margarine ordinaire (2 noisettes)
- 200 g de fromage blanc à 0 % de MG/100 g (3e et 4e sem.)

Déjeuner

- 180 g de rumsteck grillé
- 200 g de purée de brocolis avec 10 g de beurre 40 % / 150 g de purée de pois cassés avec 10 g de beurre (3e et 4e sem.)
- 30 g de fromage allégé/1 yaourt non sucré à 0 % de MG (3e et 4e sem.)
- 1 tranche de pain (20 g)/ pas de pain (3e et 4e sem.)
- Pas de fruit/1 fruit frais (3e et 4e sem.)

Collation

- 4 petits-suisses à 0 % de MG/ 2 petits-suisses à 0 % de MG (3e et 4e sem.)
- 1 fruit frais

Dîner

- 180 g de pot-au-feu de poissons*/ 120 g de merlu citron échalote avec 1 filet d'huile (3e et 4e sem.)
- 100 g de riz pilaf aux champignons avec 1 c. à café d'huile/150 g (3e et 4e sem.)
- 1 yaourt non sucré à 0 % de MG

Journée 2

Petit déjeuner

- Thé sans sucre
- 2 tranches de pain de mie complet (60 g)
- 10 g de beurre ou margarine ordinaire (2 noisettes)
- 200 g de fromage blanc à 0 % de MG/100 g (3e et 4e sem.)

Déjeuner

- 180 g de papillote de cabillaud / 120 g de cabillaud à l'aneth et son filet d'huile d'olive (3e et 4e sem.)
- 200 g de jardinière de légumes avec 1 c. à café d'huile
- 1 yaourt non sucré à 0 % de MG
- Pas de fruit/1 fruit frais (3e et 4e sem.)

Collation

- 4 petits-suisses à 0 % de MG/ 2 petits-suisses à 0 % de MG (3e et 4e sem.)
- Pas de fruit/1 fruit frais (3e et 4e sem.)

Dîner

- 180 g de pintade farcie à l'estragon*/ 180 g de filet mignon en papillote avec 1 filet d'huile d'olive (3e et 4e sem.)
- 100 g de purée de marrons avec 10 g de beurre 40 %/ 150 g de riz pilaf aux champignons avec 1 c. à café d'huile (3e et 4e sem.)
- 1 yaourt non sucré à 0 % de MG

Pour information : 1 filet d'huile = 1 c. à café d'huile = 5 g de beurre.
Vous trouverez les recettes de tous les plats avec un astérisque au chapitre 5.

Journée 3

Petit déjeuner

- Thé sans sucre
- 2 tranches de pain de mie complet (60 g)
- 10 g de beurre ou margarine ordinaire (2 noisettes)
- 200 g de fromage blanc à 0 % de MG/100 g (3e et 4e sem.)

Déjeuner

- 180 g de sauté de poulet au piment*
- 200 g de ratatouille à l'étouffée/150 g de coquillettes avec 10 g de beurre à 40 % (3e et 4e sem.)
- 30 g de fromage allégé/1 yaourt non sucré à 0 % de MG (3e et 4e sem.)
- 1 tranche de pain (20 g)/ pas de pain (3e et 4e sem.)
- Pas de fruit/1 fruit frais (3e et 4e sem.)

Collation

- 4 petits-suisses à 0 % de MG/ 2 petits-suisses à 0 % de MG (3e et 4e sem.)
- 1 fruit frais

Dîner

- 180 g de dorade au sel*/ 120 g de sole poêlée avec 1 c. à café d'huile d'olive (3e et 4e sem.)
- 100 g de pommes de terre au four avec 10 g de beurre à 40 %/ 150 g (3e et 4e sem.)
- 1 yaourt non sucré à 0 % de MG

Journée 4

Petit déjeuner
- Thé sans sucre
- 2 tranches de pain de mie complet (60 g)
- 10 g de beurre ou margarine ordinaire (2 noisettes)
- 200 g de fromage blanc à 0 % de MG/100 g (3e et 4e sem.)

Déjeuner
- 180 g de poisson en papillote*
- 200 g de courgettes vapeur citronnées avec 1 filet d'huile d'olive
- 1 fruit frais (3e et 4e sem.)
- 1/6 de baguette (40 g) (3e et 4e sem.)

Collation
- 4 petits-suisses à 0 % de MG
- Pas de fruit/1 fruit frais (3e et 4e sem.)

Dîner
- 180 g d'émincé de poulet au gingembre*/ 180 g d'émincé de volaille à la crème et au curry (3e et 4e sem.)
- 200 g de fondue de poireaux aux oignons* avec 10 g de beurre allégé/150 g de riz safrané avec 1 filet d'huile d'olive (3e et 4e sem.)
- 30 g de fromage allégé/30 g de fromage ordinaire (3e et 4e sem.)
- 1 tranche de pain (20 g)/ 1/6 de baguette (40 g) (3e et 4e sem.)

Journée 5

Petit déjeuner

- Thé sans sucre
- 2 tranches de pain de mie complet (60 g)
- 10 g de beurre ou margarine ordinaire (2 noisettes)
- 200 g de fromage blanc à 0 % de MG/100 g (3ᵉ et 4ᵉ sem.)

Déjeuner

- 180 g de rôti de bœuf
- 200 g de tomates provençales avec 1 c. à café d'huile/150 g de blé avec 10 g de beurre à 40 % (3ᵉ et 4ᵉ sem.)
- 30 g de fromage allégé/pas de fromage (3ᵉ et 4ᵉ sem.)
- 1 tranche de pain (20 g)/pas de pain (3ᵉ et 4ᵉ sem.)
- Pas de fruit/1 fruit frais (3ᵉ et 4ᵉ sem.)

Collation

- 4 petits-suisses à 0 % de MG/ 2 petits-suisses à 0 % de MG (3ᵉ et 4ᵉ sem.)
- 1 fruit frais

Dîner

- 180 g de cailles aux raisins*/ 180 g d'escalope de dinde aux courgettes et au citron avec 1 filet d'huile d'olive (3ᵉ et 4ᵉ sem.)
- 200 g de fagots de haricots verts vapeur entourés d'une fine tranche de bacon/150 g de polenta poêlée avec 1 c. à café d'huile (3ᵉ et 4ᵉ sem.)
- 30 g de fromage allégé/30 g de fromage ordinaire (3ᵉ et 4ᵉ sem.)
- 1 tranche de pain (20 g)/ 1/6 de baguette (40 g) (3ᵉ et 4ᵉ sem.)

Journée 6

Petit déjeuner

- Thé sans sucre
- 2 tranches de pain de mie complet (60 g)
- 10 g de beurre ou margarine ordinaire (2 noisettes)
- 200 g de fromage blanc à 0 % de MG/100 g (3e et 4e sem.)

Déjeuner

- 180 g de filet de julienne aux fines herbes et son filet de citron
- 200 g de purée de carottes avec 10 g de beurre allégé/ avec 10 g de beurre ou margarine ordinaire
- 1 fruit frais (3e et 4e sem.)
- Pas de pain/ 1/6 de baguette (40 g) (3e et 4e sem.)

Collation

- 4 petits-suisses à 0 % de MG/ 2 petits-suisses à 0 % de MG (3e et 4e sem.)

Dîner

- 180 g de pintade farcie à l'estragon*
- 200 g de haricots verts persillés avec 1 filet d'huile d'olive/150 g de pommes de terre vapeur avec 1 c. à café de crème (3e et 4e sem.)
- 30 g de fromage allégé/30 g de fromage ordinaire (3e et 4e sem.)
- 1 tranche de pain (20 g)/ 1/6 de baguette (40 g) (3e et 4e sem.)

Journée 7

Petit déjeuner
- Thé sans sucre
- 2 tranches de pain de mie complet (60 g)
- 10 g de beurre ou margarine ordinaire (2 noisettes)
- 200 g de fromage blanc à 0 % de MG/100 g (3e et 4e sem.)

Déjeuner
- 180 g de tournedos grillé
- 200 g de fonds d'artichauts tièdes et vinaigrette huile d'olive et citron
- 30 g de fromage allégé
- 1 tranche de pain (20 g)

Collation
- 4 petits-suisses à 0 % de MG/ 2 petits-suisses (3e et 4e sem.)
- 1 fruit frais

Dîner
- 180 g de poulet au concombre*
- 200 g d'endives braisées avec 10 g de beurre
- 30 g de fromage allégé/1 fruit frais (3e et 4e sem.)
- 1 tranche de pain (20 g)/ 1/6 de baguette (40 g) (3e et 4e sem.)

PHASE DÉFINITIVE

Plans journaliers – Idées de menus
Les légumes peu sucrés peuvent être consommés à volonté, sans matière grasse.

Journée 1

Petit déjeuner

- Thé sans sucre
- 200 ml de jus de fruit
- 2 tranches de pain de mie complet (60 g)
- 10 g de beurre ou margarine ordinaire (2 noisettes)
- 1 laitage maigre non sucré

Déjeuner

- 120 g d'escalope de veau poêlée avec 1 c. à café d'huile d'olive
- 150 g de cannellonis à la provençale (poivrons, tomates, ail, oignon…) avec 1 c. à café d'huile d'olive
- 30 g de fromage ordinaire
- 1 fruit frais
- 1/4 de baguette (60 g)

Collation

- 1 croissant, 1 brioche ou 1 pain au lait
- 1 laitage maigre non sucré

Dîner

- 120 g de noix de saint-jacques au vinaigre de framboise
- 150 g de purée de pommes de terre, céleri-rave et avec 5 g de beurre
- 1 laitage maigre non sucré

Pour information : 1 filet d'huile = 1 c. à café d'huile = 5 g de beurre.
Vous trouverez les recettes de tous les plats avec un astérisque au chapitre 5.

Journée 2

Petit déjeuner
- Thé sans sucre
- 2 tranches de pain de mie complet (60 g)
- 10 g de beurre ou margarine ordinaire (2 noisettes)
- 1 laitage maigre non sucré
- 1 fruit frais

Déjeuner
- 1 part de rouelle de homard* (recette du grand chef A. Thiry)
- 30 g de fromage ordinaire
- 1 fruit frais
- 1/4 de baguette (60 g)

Collation
- 1 fruit frais

Dîner
- 120 g de bavette grillée à l'échalote
- 150 g de purée de pommes de terre, carottes avec 10 g de beurre
- 1 laitage maigre non sucré
- 1 fruit frais

Journée 3

Petit déjeuner

- Thé sans sucre
- 200 ml de jus de fruit
- 2 tranches de pain de mie complet (60 g)
- 10 g de beurre ou margarine ordinaire (2 noisettes)
- 1 laitage maigre non sucré

Déjeuner

- 120 g de saucisse grillée aux herbes
- Gratin de macaronis (150 g de macaronis + 30 g fromage ordinaire)
- 1 fruit frais

Collation

- 1 croissant, 1 brioche ou 1 pain au lait
- 1 laitage maigre non sucré

Dîner

- 120 g d'escalope de poulet à la normande avec 1 c. à café de crème
- 150 g de riz pilaf aux champignons avec 1 filet d'huile d'olive
- 1 laitage maigre non sucré
- 1 fruit frais

Journée 4

Petit déjeuner

- Thé sans sucre
- 2 tranches de pain de mie complet (60 g)
- 10 g de beurre ou margarine ordinaire (2 noisettes)
- 1 laitage maigre non sucré
- 1 fruit frais

Déjeuner

- 120 g de filet de julienne aux fines herbes et son filet de citron
- 200 g de courgettes poêlées au basilic avec 1 c. à café d'huile d'olive
- 30 g de fromage ordinaire
- 1/4 de baguette (60 g)

Collation

- 1 fruit frais

Dîner

- 120 g de steak tartare
- 150 g de pommes de terre en robe des champs avec 10 g de beurre
- 1 laitage maigre non sucré
- 1 fruit frais

Journée 5

Petit déjeuner

- Thé sans sucre
- 200 ml de jus de fruit
- 2 tranches de pain de mie complet (60 g)
- 10 g de beurre ou margarine ordinaire (2 noisettes)
- 1 laitage maigre non sucré

Déjeuner

- 120 g de filet mignon en papillote avec 1 filet d'huile d'olive
- 200 g de risotto au parmesan (200 g poids cuit de riz + 30 g de parmesan)
- 1 fruit frais

Collation

- 1 croissant, 1 brioche ou 1 pain au lait

Dîner

- 120 g de papillote de poulet à la moutarde
- 150 g de blé avec 10 g de beurre
- 1 laitage maigre non sucré
- 1 fruit frais

Journée 6

Petit déjeuner

- Thé sans sucre
- 2 tranches de pain de mie complet (60 g)
- 10 g de beurre ou margarine ordinaire (2 noisettes)
- 1 laitage maigre non sucré
- 1 fruit frais

Déjeuner

- 120 g de rôti de veau
- 200 g de ratatouille à l'étouffée*
- 30 g de fromage ordinaire
- 1/4 de baguette (60 g)

Collation

- 1 fruit frais

Dîner

- 120 g de steak de thon grillé
- 150 g de purée de pois cassés avec 10 g de beurre
- 1 laitage maigre non sucré

FORTEMENT RECOMMANDÉS :

- Café, thé, infusions non sucrés.
- 1,5 l d'eau au minimum par jour.

Journée 7

Petit déjeuner

- Thé sans sucre
- 200 ml de jus de fruit
- 2 tranches de pain de mie complet (60 g)
- 10 g de beurre ou margarine ordinaire (2 noisettes)
- 1 laitage maigre non sucré

Déjeuner

- 120 g de gambas grillées
- 200 g de haricots verts persillés avec 10 g de beurre
- 30 g de fromage ordinaire
- 1 fruit frais
- 1/4 de baguette (60 g)

Collation

- 1 fruit frais

Dîner

- 120 g de steak haché maigre poêlé avec 1 c. à café d'huile d'olive et persillé
- 150 g de spaghettis bolognaise*
- 1 laitage maigre non sucré
- 1 fruit frais

LES BOISSONS AUTORISÉES ET FACULTATIVES DE LA SEMAINE, À RÉPARTIR SELON VOS PRÉFÉRENCES :

- 7 verres de vin

ÉQUIVALENCES

ÉQUIVALENCES P. 207

- Pain
- Matières grasses
- Fromage ordinaire et allégé
- Fruits
- Viande – Poisson – Œufs

LAITAGE MAIGRE NON SUCRÉ

Voir profil Emmanuelle.

LISTE 1 : JUS DE FRUIT

- **Au choix**
- Orange pressée ;
- Pamplemousse pressé ;
- 100 % pur jus pressé d'orange sanguine avec pulpe ;
- 100 % pur jus pressé d'orange avec pulpe ;
- 100 % pur jus pressé multivitaminé 12 fruits ;
- Pur jus de clémentine avec pulpe ;
- Pur jus de tomate ;
- Pur jus de pamplemousse rose ;
- 100 % pur jus pressé orange et mangue avec pulpe.

- **Boissons équivalentes**

Vous pouvez remplacer 1 verre de 200 ml de jus de fruit par un des éléments suivants :
- 1 petit fruit frais ;
- 200 g de compote sans sucre ajouté.

- **Suggestions pour vos achats**

Idées de plats ou d'aliments du commerce

Pour 100 ml de jus de fruit prescrit, nous vous suggérons :
- Knorr vie Pomme, carotte, fraise de Knorr® : 1 bouteille de 100 ml ;
- Knorr vie Orange, banane carotte de Knorr® : 1 bouteille de 100 ml (occasionnellement) ;
- Knorr vie Banane, Potiron, Kiwi de Knorr® : 1 bouteille de 100 ml (occasionnellement) ;
- Fruit addict de Andros® : 75 ml ;
- Smoothie ananas, banane, coco de Innocent® : 75 ml ;
- Smoothie mangue, fruits de la passion de Innocent® : 100 ml ;
- Smoothie myrtilles grenade de Innocent® : 75 ml ;
- Smoothie mangue, fraise banane de Innocent® : 100 ml ;
- Vitaduo fraise, framboise, tomate, carotte de Tropicana® : 1 bouteille de 150 ml (occasionnellement) ;
- Vitaduo pêche, banane, potiron, carotte de Tropicana® : 1 bouteille de 150 ml.

CROISSANT

Voir profil Frédéric.

BOISSONS ALCOOLISÉES

Voir profil Emmanuelle.

NOTES

PROFIL 4
LA STRICTE VÉGÉTARIENNE

Sophie
Taille :
1,65 mètre
Poids actuel :
65 kilos

OBJECTIF :
MOINS 8 KILOS !

> Sophie, 45 ans, est végétarienne depuis plus de vingt-cinq ans. Tout a commencé par l'envie de faire un régime vers l'âge de 18 ans, pour éliminer ses rondeurs à la sortie de l'adolescence. Au fur et à mesure, elle a banni de son alimentation la viande et le poisson. Jusqu'à ce qu'elle ne puisse plus les réintégrer par véritable conviction et dégoût. Aujourd'hui, Sophie tente de manger équilibré, mais ressent rapidement des petits coups de fatigue en milieu de matinée et d'après-midi. Pourtant, elle cherche à se ménager. À la rentrée dernière, elle s'est même inscrite à des cours de yoga ! Sophie ne comprend pas réellement comment elle a pu accumuler tous ces kilos : elle ne mange aucune protéine animale et ne succombe presque jamais au sucré... sauf aux fruits, dont elle fait une grande consommation.

SA CONSOMMATION ET AUTRES TENTATIONS AU COURS D'UNE JOURNÉE TYPE :

- **PETIT DÉJEUNER :** un café, une spécialité au soja sucrée, une tranche de pain noir sans beurre ni confiture, un jus d'orange pressé et un fruit.
- **À 10 HEURES,** Sophie prend une pomme pour se caler jusqu'au déjeuner.
- **DÉJEUNER :** une salade généralement composée de lentilles, salade verte, tomates et autres légumes, avec 1 c. à café d'huile d'olive. En dessert, une spécialité au soja et une compote de pomme. Elle accompagne toujours son déjeuner d'un petit pain aux céréales.
- **GOÛTER :** un yaourt sucré et un fruit.
- **DÎNER :** Sophie sort très peu après son cours de yoga. Tous les jours, elle consomme une entrée de crudité, ou un potage. Elle aime se concocter des petits plats individuels : comme des couscous de légumes et tofu, des gratins de pâtes, des soupes de légumes, du quinoa... Comme elle a toujours un peu faim, elle grignote beaucoup de pain, crackers et gressins. Elle termine toujours par un morceau de fromage, une spécialité au soja et une compote sucrée.

L'ANALYSE DE LA **DIÉTÉTICIENNE**

Sophie ne comprend pas pourquoi elle prend du poids, ne mangeant pas de protéines animales, ni de chocolat ni de gâteaux... D'où viennent ses kilos ?

Bien qu'elle ne s'en rende pas compte, Sophie a une alimentation trop riche en sucres simples : au petit déjeuner, yaourt sucré + jus d'orange + un fruit ; à 10 heures, un autre fruit ; au déjeuner, yaourt + compote de pomme ; au goûter, un autre yaourt sucré + un fruit et, pour finir son dîner, à nouveau un yaourt sucré + une compote.

Attention ! Les fruits sont riches en sucre. Sous forme de fructose, ils apportent en moyenne 75 kcal, ce qui n'est pas négligeable vu la quantité consommée. À cela, il faut ajouter le sucre des yaourts et des compotes...

Nous lui conseillons de diminuer sa consommation de fruits et de choisir des laitages peu gras et non sucrés.
Afin de lui éviter cette sensation de faim, elle devrait consommer davantage de glucides complexes qui vont lui fournir l'énergie indispensable à la vitalité et l'amidon nécessaire à la sensation de rassasiement et de satiété en fin de repas.

PHASE TOTALE

Plans journaliers sur 4 semaines – Idées de menus
Les légumes peu sucrés peuvent être consommés à volonté, sans matière grasse.
Attention, à partir de la 3e semaine, certains aliments de votre menu changent.

Journée 1

Petit déjeuner

- Café sans sucre
- 2 tranches de pain de mie aux céréales (40 g)
- 10 g de beurre ou margarine allégés (2 noisettes)
- 2 spécialités au soja non sucrées

Déjeuner

- 3 œufs sans matière grasse/ 2 œufs sans matière grasse (3e et 4e sem.)
- 200 g de ratatouille à l'étouffée*
- 2 spécialités au soja non sucrées
- 1 tranche de pain de mie aux céréales (20 g)/ 2 tranches (40 g) (3e et 4e sem.)

Collation

- 1 tranche de pain de mie aux céréales (20 g)/ 2 tranches (40 g) (3e et 4e sem.)
- 2 spécialités au soja non sucrées
- 1 fruit frais

Dîner

- Artichaut à la vinaigrette aillée
- 150 g de tofu sans matière grasse
- 200 g de printanière de légumes/150 g de purée de pommes de terre sans matière grasse (3e et 4e sem.)
- 2 spécialités au soja non sucrées

Journée 2

Petit déjeuner

- Café sans sucre
- 2 tranches de pain de mie aux céréales (40 g)
- 10 g de beurre ou margarine allégés (2 noisettes)
- 2 spécialités au soja non sucrées

Déjeuner

- Salade printanière (tomates, concombres, cœur de laitue, échalote, basilic, œuf dur mimosa, gruyère) avec sauce indienne au yaourt*
- 2 spécialités au soja non sucrées

Collation

- 1 tranche de pain de mie aux céréales (20 g)/ 2 tranches (40 g) (3e et 4e sem.)
- 2 spécialités au soja non sucrées
- 1 fruit frais

Dîner

- Asperges sauce mousseline*
- 150 g de tofu sans matière grasse
- 200 g de carottes vapeur/150 g de coquillettes à la noix de muscade et pincée de gruyère râpé allégé sans matière grasse (3e et 4e sem.)
- 2 spécialités au soja non sucrées

Pour information : 1 filet d'huile = 1 c. à café d'huile = 5 g de beurre.
Vous trouverez les recettes de tous les plats avec un astérisque au chapitre 5.

Journée 3

Petit déjeuner

- Café sans sucre
- 2 tranches de pain de mie aux céréales (40 g)
- 10 g de beurre ou margarine allégés (2 noisettes)
- 2 spécialités au soja non sucrées

Déjeuner

- 150 g de tofu sans matière grasse/2 œufs sans matière grasse (3e et 4e sem.)
- 200 g de haricots verts wallons*
- 2 spécialités au soja non sucrées
- 1 tranche de pain de mie aux céréales (20 g)/ 2 tranches (40 g) (3e et 4e sem.)

Collation

- 1 tranche de pain de mie aux céréales (20 g)/ 2 tranches (40 g) (3e et 4e sem.)
- 2 spécialités au soja non sucrées
- 1 fruit frais

Dîner

- Chou-fleur en vinaigrette
- 150 g de tofu sans matière grasse
- 200 g de tomates aux herbes de Provence*/ 150 g de riz complet sauce légère* (3e et 4e sem.)
- 2 spécialités au soja non sucrées

Journée 4

Petit déjeuner

- Café sans sucre
- 2 tranches de pain de mie aux céréales (40 g)
- 10 g de beurre ou margarine allégés (2 noisettes)
- 2 spécialités au soja non sucrées

Déjeuner

- Salade forestière (champignons de Paris, mâche, betteraves rouges, tomates, tofu, persil) avec sauce fromage blanc citron
- 2 spécialités au soja non sucrées

Collation

- 1 tranche de pain de mie aux céréales (20 g)/ 2 tranches (40 g) (3e et 4e sem.)
- 2 spécialités au soja non sucrées
- 1 fruit frais

Dîner

- Velouté de tomates*
- 150 g de tofu sans matière grasse
- 200 g de soufflé de courgettes*/ 150 g de blé sans matière grasse (3e et 4e sem.)
- 2 spécialités au soja non sucrées

Journée 5

Petit déjeuner

- Café sans sucre
- 2 tranches de pain de mie aux céréales (40 g)
- 10 g de beurre ou margarine allégés (2 noisettes)
- 2 spécialités au soja non sucrées

Déjeuner

- 150 g de tofu sans matière grasse/100 g (3e et 4e sem.)
- 200 g de purée de brocolis sans matière grasse
- 2 spécialités au soja non sucrées
- 1 tranche de pain de mie aux céréales (20 g)/ 2 tranches (40 g) (3e et 4e sem.)

Collation

- 1 tranche de pain de mie aux céréales (20 g)/ 2 tranches (40 g) (3e et 4e sem.)
- 2 spécialités au soja non sucrées
- 1 fruit frais

Dîner

- Concombre avec huile de colza et vinaigre de cidre
- 150 g de tofu sans matière grasse
- 150 g de gratin d'endives*/ 150 g de cannellonis à la provençale (poivrons, tomates, ail, oignons…) sans matière grasse (3e et 4e sem.)
- 2 spécialités au soja non sucrées

Journée 6

Petit déjeuner

- Café sans sucre
- 2 tranches de pain de mie aux céréales (40 g)
- 10 g de beurre ou margarine allégés (2 noisettes)
- 2 spécialités au soja non sucrées

Déjeuner

- Salade asiatique (germes de soja, carottes râpées, pousses de bambou, coriandre) avec sauce soja
- 2 spécialités au soja non sucrées

Collation

- 1 tranche de pain de mie aux céréales (20 g)/ 2 tranches (40 g) (3e et 4e sem.)
- 2 spécialités au soja non sucrées
- 1 fruit frais

Dîner

- Crème de cèpes
- 150 g de tofu sans matière grasse
- 200 g de brocolis vapeur citronnés/150 g de couscous sans viande (pois chiches, semoule, légumes) sans matière grasse (3e et 4e sem.)
- 2 spécialités au soja non sucrées

Journée 7

Petit déjeuner

- Café sans sucre
- 2 tranches de pain de mie aux céréales (40 g)
- 10 g de beurre ou margarine allégés (2 noisettes)
- 2 spécialités au soja non sucrées

Déjeuner

- 3 œufs sans matière grasse/2 œufs (3e et 4e sem.)
- 200 g de fondue de poireaux aux oignons
- 2 spécialités au soja non sucrées
- 1 tranche de pain de mie aux céréales (20 g)/ 2 tranches (40 g) (3e et 4e sem.)

Collation

- 1 tranche de pain de mie aux céréales (20 g)/ 2 tranches (40 g) (3e et 4e sem.)
- 2 spécialités au soja non sucrées
- 1 fruit frais

Dîner

- Jeunes pousses d'épinards en salade à l'huile d'olive et vinaigre de framboise
- 150 g de tofu sans matière grasse
- 200 g de navets vapeur/150 g de lentilles au jus sans matière grasse (3e et 4e sem.)
- 2 spécialités au soja non sucrées

LES BOISSONS AUTORISÉES DE LA SEMAINE :

- Café, thé, infusions non sucrés selon convenance.
- 1,5 l d'eau au minimum par jour.
- Aucun alcool n'est toléré.

PHASE DÉFINITIVE

Plans journaliers – Idées de menus
Les légumes peu sucrés peuvent être consommés à volonté, sans matière grasse.

Journée 1

Petit déjeuner

- Café sans sucre
- 100 ml de jus de fruit
- 1/4 de baguette aux céréales (60 g)
- 10 g de beurre ou margarine ordinaires (2 noisettes)
- 1 spécialité au soja non sucrée

Déjeuner

- 2 œufs en gelée sans matière grasse
- 200 g de courgettes vapeur citronnées
- 1 spécialité au soja non sucrée
- 1/6 de baguette aux céréales (40 g)

Collation

- 1/6 de baguette aux céréales (40 g)
- 1 spécialité au soja non sucrée
- 1 fruit frais

Dîner

- Crème d'asperges à la crème fraîche
- 100 g de tofu avec 1 c. à café d'huile
- 100 g de pâtes papillon aux dés de tomates séchées, basilic avec un filet d'huile d'olive
- 1 spécialité au soja non sucrée
- 100 g de compote sans sucre ajouté

Pour information : 1 filet d'huile = 1 c. à café d'huile = 5 g de beurre.
Vous trouverez les recettes de tous les plats avec un astérisque au chapitre 5.

Journée 2

Petit déjeuner

- Café sans sucre
- 1/4 de baguette aux céréales = 60 g
- 10 g de beurre ou margarine ordinaires (2 noisettes)
- 1 spécialité au soja non sucrée
- 1 fruit frais

Déjeuner

- Taboulé léger (semoule, tomates, concombre, oignons, poivron vert, olives noires, menthe, persil) sauce citron
- 1 spécialité au soja non sucrée

Collation

- 1/6 de baguette aux céréales (40 g)
- 1 spécialité au soja non sucrée
- 1 fruit frais

Dîner

- Fenouil cru à l'huile sauce aurore*
- 100 g de tofu sans matière grasse
- 100 g de purée de marrons avec 10 g de margarine
- 30 g de fromage ordinaire
- 100 g de compote sans sucre ajouté

Journée 3

Petit déjeuner
- Café sans sucre
- 100 ml de jus de fruit
- 1/4 de baguette aux céréales (60 g)
- 10 g de beurre ou margarine ordinaire (2 noisettes)
- 1 spécialité au soja non sucrée

Déjeuner
- 2 œufs pochés sans matière grasse
- 200 g d'épinards à la crème allégée
- 1 spécialité au soja non sucrée
- 1/6 de baguette aux céréales (40 g)

Collation
- 1/4 de baguette aux céréales (60 g)
- 1 spécialité au soja non sucrée
- 1 fruit frais

Dîner
- Carottes râpées avec huile de soja et jus de citron
- 100 g de tofu avec 1 c. à café d'huile
- 100 g de riz complet avec sauce Béchamel
- 1 spécialité au soja non sucrée
- 100 g de compote sans sucre ajouté

Journée 4

Petit déjeuner
- Café sans sucre
- 1/4 de baguette aux céréales (60 g)
- 10 g de beurre ou margarine ordinaires (2 noisettes)
- 1 spécialité au soja non sucrée
- 1 fruit frais

Déjeuner
- Salade maraîchère (chou-fleur, haricots verts, échalote et estragon) avec sauce mayonnaise mousseline*
- 1 spécialité au soja non sucrée

Collation
- 1/4 de baguette aux céréales (60 g)
- 1 spécialité au soja non sucrée
- 1 fruit frais

Dîner
- Velouté de potiron*
- 100 g de tofu sans matière grasse
- 100 g de pommes de terre au four sauce moutarde*
- 1 spécialité au soja non sucrée
- 100 g de compote sans sucre ajouté

Journée 5

Petit déjeuner

- Café sans sucre
- 100 ml de jus de fruit
- 1/4 de baguette aux céréales (60 g)
- 10 g de beurre ou margarine ordinaires (2 noisettes)
- 1 spécialité au soja non sucrée

Déjeuner

- 100 g de tofu sans matière grasse
- 200 g de jardinière de légumes
- 1 spécialité au soja non sucrée
- 1/6 de baguette aux céréales (40 g)

Collation

- 1/4 de baguette aux céréales (60 g)
- 1 spécialité au soja non sucrée
- 1 fruit frais

Dîner

- Cœurs de palmier sauce aurore*
- 100 g de tofu avec 1 c. à café d'huile
- 100 g de maïs avec 10 g de margarine
- 30 g de fromage ordinaire
- 100 g de compote sans sucre ajouté

Journée 6

Petit déjeuner

- Café sans sucre
- 1/4 de baguette aux céréales (60 g)
- 10 g de beurre ou margarine ordinaires (2 noisettes)
- 1 spécialité au soja non sucrée
- 1 fruit frais

Déjeuner

- Salade végétarienne (lentilles, tomates, oignon rouge, mâche, feta) avec sauce fromage blanc
- 1 spécialité au soja non sucrée

Collation

- 1/4 de baguette aux céréales (60 g)
- 1 spécialité au soja non sucrée
- 1 fruit frais

Dîner

- Endives en vinaigrette à l'huile de noix
- 100 g de tofu sans matière grasse
- Gratin de coquillettes (100 g de coquillettes + 30 g de fromage ordinaire)

Journée 7

Petit déjeuner

- Café sans sucre
- 100 ml de jus de fruit
- 1/4 de baguette aux céréales (60 g)
- 10 g de beurre ou margarine ordinaires (2 noisettes)
- 1 spécialité au soja non sucrée

Déjeuner

- Omelette de 2 œufs sans matière grasse
- 200 g de tomates provençales avec 1 c. à café d'huile d'olive
- 1 spécialité au soja non sucrée
- 1/6 de baguette aux céréales (40 g)

Collation

- 1/4 de baguette aux céréales (60 g)
- 1 spécialité au soja non sucrée
- 1 fruit frais

Dîner

- Soupe de courgettes*
- 100 g de tofu avec 1 c. à café d'huile
- 100 g de semoule avec 10 g de margarine
- 1 spécialité au soja non sucrée
- 100 g de compote sans sucre ajouté

LES BOISSONS AUTORISÉES DE LA SEMAINE

- Café, thé, infusions non sucrés selon convenance.
- 1,5 l d'eau au minimum par jour.

ÉQUIVALENCES

ÉQUIVALENCES P. 207

- Pain
- Matières grasses
- Fromage ordinaire et allégé
- Fruits
- Viande – Poisson – Œufs

JUS DE FRUIT

Voir liste 1 profil Camille.

ŒUFS SANS MATIÈRE GRASSE

Voir liste 3 profil Emmanuelle.

LISTE 1 : COMPOTE

- **Aliments équivalents**

Vous pouvez remplacer 100 g de compote sans sucre ajouté par un des aliments suivants :
- 1 petit fruit frais (100 g) ;
- 1/2 melon ou pamplemousse en entrée ;
- 1 verre de 100 ml de jus de fruit sans sucre ajouté ;
- 20 g de fruits secs (2 abricots secs, 2 pruneaux secs, 2 dattes, 1 petite poignée de raisins secs…).

- **Suggestions pour vos achats**

Idées de plats ou d'aliments du commerce :
Pour 100 g de compote ou fruit cuit sans sucre ajouté prescrit, nous vous suggérons :

- Compote pomme-pêche sans sucre ajouté de Monoprix Bien Vivre® : 1 pot de 100 g ;
- Pomme, mangue, goyave 0 % de sucre ajouté de Andros® : 1 pot de 100 g ;
- Compote de pomme sans sucre ajouté de Materne® : 100 g.

LISTE 2 : SPÉCIALITÉ AU SOJA NON SUCRÉE

• **Aliments équivalents**

Vous pouvez remplacer 1 spécialité au soja non sucrée par un des éléments suivants :
- 200 ml de lait écrémé ;
- 4 c. à soupe de lait écrémé en poudre ;
- 1 yaourt contenant au maximum 2 % de MG non sucré ou à l'aspartame ;
- 100 g de fromage blanc non sucré contenant au maximum 2 % de MG sur le produit fini ;
- 1 spécialité laitière de 125 g non sucrée contenant moins de 2 g de lipides par pot ;
- 1 petite bouteille de lait fermenté à boire 0 % à l'aspartame nature ou aromatisé (ex : Actimel®) ;
- 30 g de fromage allégé à moins de 15 % de MG maximum sur le produit fini : fromages à pâte molle ou dure, fromages fondus ou à tartiner, fromages frais (cancoillotte, carré demi-sel, fromage frais de chèvre…) ;
- 1 fromage frais non sucré de 60 g contenant au maximum 2 % de MG, de type petit-suisse ;
- 1 petit pot individuel de « mousse de fromage blanc ».

NOTES

PROFIL 5
LE SPORTIF FESTIF

Basile
Taille :
1,75 mètre
Poids actuel :
81 kilos

OBJECTIF :
MOINS 5 KILOS !

> Basile, 32 ans, est un grand sportif. Son sport de prédilection : le foot dominical entre amis... et le pub qui s'ensuit ! Au réveil, il ne consacre pas moins de 30 minutes à quelques exercices de musculation (pompes, abdos). Chaque soir, il se vide l'esprit en s'adonnant à 1 heure de jogging. Célibat oblige, il adore sortir avec ses amis, grignoter des choses simples, notamment des plats à emporter – sushis, pizza, pâtes, etc. – plutôt que de perdre du temps derrière les fourneaux. Malgré ses efforts sportifs, il se rend bien compte que sa bedaine devient importante, comme le gras autour de ses hanches qui a une fâcheuse tendance à se développer. Il se retrouve devant le fait accompli : à 32 ans, il ne suffit plus de quelques heures de natation pour maintenir sa ligne musclée...

SA CONSOMMATION ET AUTRES TENTATIONS AU COURS D'UNE JOURNÉE TYPE :

- **PETIT DÉJEUNER :** après ses pompes et abdos, Basile avale uniquement un café noir et un jus d'orange fraîchement pressé.
- **VERS 10 HEURES**, il grignote un petit paquet de madeleines au distributeur de son bureau, pour accompagner sa pause-café.
- **DÉJEUNER :** il déjeune d'un croque-monsieur-frites-salade avec ses collègues à la brasserie du coin, avec une canette de soda. Autrement, un sandwich jambon-crudités-mayonnaise (1/2 baguette) devant son ordinateur. En dessert : un yaourt nature au lait entier ou un fromage blanc au coulis de fruits rouges.
- **DÎNER :** à son retour de jogging il s'arrête prendre des sushis ou une pizza à emporter. Devant la télé, il boit une ou deux bières.
- **AVANT DE COURIR,** il mange une barre de céréales et une banane pour éviter le coup de barre.

L'ANALYSE DE LA **DIÉTÉTICIENNE**

Pour préserver sa masse musculaire tout en perdant son excédent de graisse corporelle, Basile devrait manger plus de protéines. La solution : augmenter sa consommation de viande, poisson, œufs et/ou produits laitiers, sans oublier les protéines végétales comme les légumes secs.

Basile mange très peu de légumes et de fruits. Pourtant les fibres présentent de nombreux avantages :
- elles favorisent le bon fonctionnement du transit intestinal ;
- elles freinent la vidange gastrique et ralentissent ainsi l'absorption des nutriments ;
- elles provoquent un effet de satiété en retardant la sensation de faim.

En augmentant sa consommation de produits laitiers, fruits et légumes, Basile pourra également résorber ses carences en calcium et magnésium.

Enfin, entre les frites, la mayonnaise, les pizzas et tous les plats à emporter généralement très gras, Basile consomme trop de lipides. Il devrait en limiter les apports et augmenter en contrepartie sa consommation de glucides complexes (pain et/ou féculents) qui vont lui fournir l'énergie nécessaire à son activité intense en lui évitant le « coup de pompe » de fin de matinée et d'après-midi. De plus, l'apport d'amidon favorisera une sensation de rassasiement et de satiété en fin de repas.

PHASE TOTALE

Plans journaliers sur 4 semaines – Idées de menus
Les légumes peu sucrés peuvent être consommés à volonté, sans matière grasse.
Attention, à partir de la 3e semaine, certains aliments de votre menu changent.

Journée 1

Petit déjeuner

- Café sans sucre
- 300 ml de lait demi-écrémé
- 6 c. à soupe de céréales nature, au miel, au chocolat…
- Pas de fruit/1 fruit frais (3e et 4e sem.)

Déjeuner

- 180 g de rôti de bœuf/180 g d'escalope de poulet à la normande avec 1 c. à café de crème (3e et 4e sem.)
- 300 g de purée de carottes avec 10 g de beurre à 40 %
- 2 yaourts au lait entier non sucrés
- 1/6 de baguette (40 g)

Collation

- 300 ml de lait demi-écrémé
- 6 c. à soupe de céréales au son/6 c. à soupe de céréales nature, au miel, au chocolat… (3e et 4e sem.)

Dîner

- 9 sushis ou 18 makis ou 3 rouleaux de printemps
- 200 g de fromage blanc nature à 4 % de MG

JOURNÉE 2

PETIT DÉJEUNER

- Café sans sucre
- 300 ml de lait demi-écrémé
- 6 c. à soupe de céréales nature, au miel, au chocolat…

DÉJEUNER

- 180 g de filet mignon grillé/180 g de filet mignon avec 1 filet d'huile d'olive (3ᵉ et 4ᵉ sem.)
- 300 g d'épinards à la crème allégée
- 2 yaourts au lait entier non sucrés
- 1/6 de baguette (40 g)

COLLATION

- 300 ml de lait demi-écrémé
- 6 c. à soupe de céréales au son/6 c. à soupe de céréales nature, au miel, au chocolat… (3ᵉ et 4ᵉ sem.)

DÎNER

- 180 g de sauté de poulet au piment*
- 300 g de haricots beurre persillés avec 1 filet d'huile d'olive
- 200 g de fromage blanc nature à 4 % de MG
- 1/6 de baguette (40 g)

Pour information : 1 filet d'huile = 1 c. à café d'huile = 5 g de beurre.
Vous trouverez les recettes de tous les plats avec un astérisque au chapitre 5.

JOURNÉE 3

Petit déjeuner

- Café sans sucre
- 300 ml de lait demi-écrémé
- 6 c. à soupe de céréales nature, au miel, au chocolat…

Déjeuner

- 180 g de faux-filet grillé/180 g de steak tartare (3e et 4e sem.)
- 300 g de haricots verts persillés avec 10 g de beurre à 40 %
- 2 yaourts au lait entier non sucrés
- 1/6 de baguette (40 g)

Collation

- 300 ml de lait demi-écrémé
- 6 c. à soupe de céréales au son/6 c. à soupe de céréales nature, au miel, au chocolat… (3e et 4e sem.)

Dîner

- 9 sushis ou 18 makis ou 3 rouleaux de printemps
- 200 g de fromage blanc nature à 4 % de MG

JOURNÉE 4

Petit déjeuner

- Café sans sucre
- 300 ml de lait demi-écrémé
- 6 c. à soupe de céréales nature, au miel, au chocolat…

Déjeuner

- Sandwich au jambon et crudités ou salade
- 2 yaourts au lait entier non sucrés

Collation

- 300 ml de lait demi-écrémé
- 6 c. à soupe de céréales au son/6 c. à soupe de céréales nature, au miel, au chocolat… (3e et 4e sem.)

Dîner

- 180 g de poulet basquaise*.
- 300 g de chou-fleur à la sauce tomate avec 1 c. à café d'huile d'olive
- 200 g de fromage blanc nature à 4 % de MG
- 1/6 de baguette (40 g)

JOURNÉE 5

Petit déjeuner

- Café sans sucre
- 300 ml de lait demi-écrémé
- 6 c. à soupe de céréales nature, au miel, au chocolat…

Déjeuner

- 180 g de tournedos grillé/180 g de steak haché maigre poêlé avec 1 c. à café d'huile et persillé (3ᵉ et 4ᵉ sem.)
- 300 g de poêlée de petits pois avec 1 c. à café d'huile
- 2 yaourts au lait entier non sucrés
- 1/6 de baguette (40 g)

Collation

- 300 ml de lait demi-écrémé
- 6 c. à soupe de céréales au son/6 c. à soupe de céréales nature, au miel, au chocolat… (3ᵉ et 4ᵉ sem.)

Dîner

- 180 g de blanquette de veau*
- 300 g de brocolis en persillade avec 1 c. à café d'huile
- 200 g de fromage blanc nature à 4 % de MG
- 1/6 de baguette (40 g)

JOURNÉE 6

PETIT DÉJEUNER
- Café sans sucre
- 300 ml de lait demi-écrémé
- 6 c. à soupe de céréales nature, au miel, au chocolat…

DÉJEUNER
- Sandwich au rôti de porc (ou autre viande) et crudités, avec moutarde
- 2 yaourts au lait entier non sucrés

COLLATION
- 300 ml de lait demi-écrémé
- 6 c. à soupe de céréales au son/6 c. à soupe de céréales nature, au miel, au chocolat… (3ᵉ et 4ᵉ sem.)

DÎNER
- 180 g de poulet rôti (sans la peau)
- 300 g de ratatouille à l'étouffée* avec 1 filet d'huile d'olive
- 200 g de fromage blanc nature à 4 % de MG
- 1/6 de baguette (40 g)

JOURNÉE 7

Petit déjeuner

- Café sans sucre
- 300 ml de lait demi-écrémé
- 6 c. à soupe de céréales nature, au miel, au chocolat…

Déjeuner

- 180 g de quasi de veau aux oignons* 180 g de côte de veau poêlée avec 1 c. à café d'huile d'olive
- 300 g de fonds d'artichaut tiède et vinaigrette huile d'olive et citron
- 2 yaourts au lait entier non sucrés
- 1/6 de baguette (40 g)

Collation

- 300 ml de lait demi-écrémé
- 6 c. à soupe de céréales au son/6 c. à soupe de céréales nature, au miel, au chocolat… (3e et 4e sem.)

Dîner

- 180 g de pintade farcie à l'estragon*
- 300 g de carottes à l'estragon avec 10 g de beurre 40 %
- 200 g de fromage blanc nature à 4 % de MG
- 1/6 de baguette (40 g)

LES BOISSONS AUTORISÉES DE LA SEMAINE

- Café, thé, infusions non sucrés selon convenance.
- 1,5 l d'eau au minimum par jour.
- Aucun alcool n'est toléré.

PHASE DE CROISIÈRE

Plans journaliers – Idées de menus

Les légumes peu sucrés peuvent être consommés à volonté, sans matière grasse.

JOURNÉE 1

Petit déjeuner

- Café sans sucre
- 200 ml de jus de fruit
- 1/3 de baguette (80 g)
- 10 g de beurre ou margarine ordinaires (2 noisettes)
- 1 laitage peu gras non sucré

Déjeuner

- 120 g de steak poêlé au poivre avec 1 c. à café d'huile
- 300 g de haricots verts persillés avec 10 g de beurre
- 1 laitage peu gras non sucré
- 1/3 de baguette (80 g)

Collation

- 1 barre de céréales
- 1 fruit frais

Dîner

- 9 sushis ou 18 makis ou 3 rouleaux de printemps
- 1 laitage peu gras non sucré
- 1 fruit frais

JOURNÉE 2

Petit déjeuner

- Café sans sucre
- 200 ml de jus de fruit
- 1/3 de baguette (80 g)
- 10 g de beurre ou margarine ordinaires (2 noisettes)
- 1 laitage peu gras non sucré

Déjeuner

- Sandwich au rôti de porc ou autre viande, avec mayonnaise
- 1 laitage peu gras non sucré

Collation

- 1 barre de céréales
- 1 fruit frais

Dîner

- 120 g de poulet rôti
- 300 g de gratin d'aubergines
- 1 laitage peu gras non sucré
- 1 fruit frais
- 1/3 de baguette (80 g)

Pour information : 1 filet d'huile = 1 c. à café d'huile = 5 g de beurre.
Vous trouverez les recettes de tous les plats avec un astérisque au chapitre 5.

JOURNÉE 3

PETIT DÉJEUNER

- Café sans sucre
- 200 ml de jus de fruit
- 1/3 de baguette (80 g)
- 10 g de beurre ou margarine ordinaires (2 noisettes)
- 1 laitage peu gras non sucré

DÉJEUNER

- 120 g de saumon à la sauce tomate et basilic
- 300 g de tomates à la provençale avec 1 filet d'huile d'olive
- 1 laitage peu gras non sucré
- 1/3 de baguette (80 g)

COLLATION

- 1 barre de céréales
- 1 fruit frais

DÎNER

- 9 sushis ou 18 makis ou 3 rouleaux de printemps
- 1 laitage peu gras non sucré
- 1 fruit frais

JOURNÉE 4

Petit déjeuner

- Café sans sucre
- 200 ml de jus de fruit
- 1/3 de baguette (80 g)
- 10 g de beurre ou margarine ordinaires (2 noisettes)
- 1 laitage peu gras non sucré

Déjeuner

- Sandwich au poulet et crudités, avec mayonnaise
- 1 laitage peu gras non sucré

Collation

- 1 barre de céréales
- 1 fruit frais

Dîner

- 120 g de cabillaud à l'aneth et son filet d'huile d'olive
- 300 g de purée de brocolis avec 10 g de beurre
- 1 laitage peu gras non sucré
- 1 fruit frais
- 1/3 de baguette (80 g)

JOURNÉE 5

Petit déjeuner

- Café sans sucre
- 200 ml de jus de fruit
- 1/3 de baguette (80 g)
- 10 g de beurre ou margarine ordinaires (2 noisettes)
- 1 laitage peu gras non sucré

Déjeuner

- Sandwich au bacon et fromage de chèvre
- 1 laitage peu gras non sucré

Collation

- 1 barre de céréales
- 1 fruit frais

Dîner

- 9 sushis ou 18 makis ou 3 rouleaux de printemps
- 1 laitage peu gras non sucré
- 1 fruit frais

JOURNÉE 6

Petit déjeuner

- Café sans sucre
- 200 ml de jus de fruit
- 1/3 de baguette (80 g)
- 10 g de beurre ou margarine ordinaires (2 noisettes)
- 1 laitage peu gras non sucré

Déjeuner

- Sandwich au jambon, avec beurre
- 1 laitage peu gras non sucré

Collation

- 1 barre de céréales
- 1 fruit frais

Dîner

- 120 g de faux-filet grillé
- 300 g de courgettes au basilic poêlées avec 1 c. à café d'huile d'olive
- 1 laitage peu gras non sucré
- 1 fruit frais
- 1/3 de baguette (80 g)

JOURNÉE 7

Petit déjeuner
- Café sans sucre
- 200 ml de jus de fruit
- 1/3 de baguette (80 g)
- 10 g de beurre ou margarine ordinaires (2 noisettes)
- 1 laitage peu gras non sucré

Déjeuner
- Sandwich au jambon, tomates et mozzarella
- 1 laitage peu gras non sucré

Collation
- 1 barre de céréales
- 1 fruit frais

Dîner
- 120 g de canard rôti
- 300 g de purée de céleri avec 10 g de beurre
- 1 laitage peu gras non sucré
- 1 fruit frais
- 1/3 de baguette (80 g)

LES BOISSONS AUTORISÉES ET FACULTATIVES DE LA SEMAINE À RÉPARTIR SELON VOS PRÉFÉRENCES :

- 7 verres de bierre ou de cidre.

LES BOISSONS RECOMMANDÉES :

- Café, thé, infusions non sucrés selon convenance.
- 1,5 l d'eau au minimum par jour.

ÉQUIVALENCES

ÉQUIVALENCES P. 207
- Pain
- Matières grasses
- Fromages ordinaire et allégé
- Fruits
- Viande – Poisson – Œufs

LAIT DEMI-ÉCRÉMÉ/LAITAGES PEU GRAS
Voir liste 1 Profil Frédéric.

LISTE 1 : PRODUITS CÉRÉALIERS
- **Suggestions pour vos achats**

Idées de plats ou d'aliments du commerce :
- **Céréales nature, au miel, au chocolat...**
– Pétales de maïs (Corn-Flakes®) ;
– Pétales de céréales au blé complet (Fitness®) ;
– Pétales de riz et de blé complet (Spécial K®) ;
– Pétales de riz-blé complet fruits rouges (Spécial K®) ;
– Pétales de blé croustillants au chocolat (Chocos®) ;
– Grains de riz soufflés au chocolat (CocoPops®) ;
– Grains de blé soufflés au caramel (Smacks®) ;
– Pétales de riz-blé complet pêche abricot (Spécial K®) ;
– Pétales de riz-blé complet mûres-myrtilles-cassis (Spécial K®).

- **Céréales au son :**
– Céréales au son, type All Bran®.

- **Barres de céréales :**
- Barre grany pomme verte ;
- Barre grany chocolat ;
- Barre de céréales et fruits rouges (Spécial K®) ;
- Barre de céréales à l'abricot (Fitness®) ;
- Barre de céréales chocolat figue et pruneau (Sveltesse®) ;
- Barre de céréales pomme-poire (Spécial K®) ;
- Barre de céréales chocolat-amande (Spécial K®) ;
- Barre de céréales abricot et thé vert (Sveltesse®) ;
- Choco barre (Prince®) ;
- Barre grany chocolat-riz ;
- Barre grany noisettes.

JUS DE FRUIT
Voir liste 1 Profil Camille.

LISTE 2 : SANDWICH SANS MATIÈRE GRASSE
- **Au choix :**
- Sandwich au jambon et crudités ou salade ;
- Sandwich au jambon, avec fromage 0 % de MG à tartiner ;
- Sandwich au rôti de porc (ou autre viande) et crudités, avec moutarde ;
- Sandwich au thon et crudités, avec sauce au fromage blanc à 0 % de MG ;
- Sandwich tomates-mozzarella ;
- Sandwich avec œuf et crudités, avec sauce au fromage blanc à 0 % de MG ;
- Sandwich poulet et crudités (salade, tomates…), avec sauce au fromage blanc à 0 de MG % ;
- Sandwich aux tomates, mozzarella et jambon cru ;
- Sandwich au bacon avec moutarde ;

- Sandwich au jambon avec moutarde ;
- Sandwich au fromage allégé ;
- Sandwich au bacon et chèvre.

• **Aliments équivalents**

Vous pouvez remplacer 1 sandwich sans matière grasse par un des choix suivants :
- un plat principal sans matière grasse, composé de : 60 g de viande ou poisson ou 1 tranche de jambon ou 1 œuf ou 50 g de tofu, accompagné de 200 g poids cuit de féculents (ou 80 g de pain), les légumes verts pouvant être consommés à volonté ;
- un plat principal composé de : 60 g de viande ou poisson ou 1 tranche de jambon ou 1 œuf ou 50 g de tofu, accompagné de 150 g poids cuit de féculents (ou 60 g de pain) avec 1 c. à café d'huile, les légumes verts pouvant être consommés à volonté ;
- 2 rouleaux de printemps ;
- occasionnellement : 1 hot-dog.

SANDWICH AVEC 10 G DE BEURRE
Voir liste 3 Profil Frédéric.

BOISSONS ALCOOLISÉES
Voir liste 4 Profil Emmanuelle.

ÉQUIVALENCES POUR LES 5 PROFILS

- Pain
- Matières grasses
- Fromages ordinaire et allégé
- Fruits
- Viande – Poisson – Œufs

PAIN – CÉRÉALES

- **Aliments équivalents :**
- 40 g de pain (baguette, pain de campagne, complet, au son, de seigle, aux céréales, au sésame, au pavot, bis ou sans sel) ;
- 3 biscottes (au froment, aux céréales, complètes, au son, au germe de blé) ou 3 petits pains suédois (nature ou complet) ;
- 1 grande tranche de pain grillé industriel ;
- 4 petites tranches de pain de mie de 10 g ;
- 2 tranches moyennes de pain de mie de 20 g ;
- 1 grande tranche de pain de mie de 40 g (pain de mie nature, complet ou aux céréales) ;
- 1 pita de 40 g ;
- 1/2 muffin nature non sucré (30 g) ;
- 5 cracottes ;
- 3 petits pains grillés suédois ;
- 1 paquet de crackers, soit 5 rectangles ;
- 4 galettes de riz ;
- 4 Wasa® ;

- 2 plaques ou 1 galette de pain azyme (50 g) ;
- 9 c. à soupe de céréales au son (45 g) ;
- 6 c. à soupe de céréales nature ou sucrées (30 g) ;
- 3 c. à soupe de muesli (30 g) ;
- 25 g de flocons d'avoine à cuire ;
- 100 g (poids cuit) de féculents : pommes de terre, céréales, légumes secs, maïs… ;
- 50 g de marrons ou châtaignes (2 unités).

MATIÈRE GRASSE

- **Aliments équivalents :**
- 1 c. à café d'huile = 1 filet d'huile ;
- 5 g de beurre doux ou salé, soit 1 noisette ;
- 5 g de margarine ordinaire, soit 1 noisette ;
- 10 g de beurre à 41 % de MG, soit 2 noisettes ;
- 15 g de beurre à 25 % de MG, soit 3 noisettes ;
- 20 g de beurre à 10 % de MG, soit 4 noisettes ;
- 1 c. à café de crème fraîche épaisse à 30 % de MG ;
- 2 c. à café de crème fraîche liquide à 30 % de MG ;
- 2 c. à café de crème fraîche épaisse à 15 % de MG ;
- 4 c. à café de crème fraîche épaisse à 8 % de MG ;
- 4 c. à café de crème fraîche liquide à 15 % de MG ;
- 8 c. à café de crème fraîche liquide à 8 % de MG ;
- 4 c. à café de vinaigrette allégée ;
- 2 c. à café (ou 1 c. à soupe) de vinaigrette ordinaire ;
- 1 c. à café de mayonnaise allégée (10 g) ;
- 1/2 c à café de mayonnaise ordinaire ;
- 100 g de sauce tomate cuisinée titrant moins de 5 g de lipides aux 100 g ;
- 1 c. à soupe rase de pesto vert (10 g) ;
- 1 c. à soupe bombée de pesto rosso (15 g) ;

- 1 c. à soupe de gomasio (sésame grillé + sel de Guérande) ;
- 20 ml de lait de coco ;
- 2 c. à soupe de crème de soja (20 ml).

• **Suggestions pour vos achats**
Idées de plats ou d'aliments du commerce
Pour 1 c. à café d'huile prescrite, nous vous suggérons :
- Gomasio (1 c. à soupe) ;
- Sauce Pesto Rosso de Barilla® : 1 c. à soupe bombée = 15 g ;
- Sauce Basilico Tomate Basilic de Barilla® : 50 g à 100 g ;
- Sauce Spaghetto Pesto de Panzani® : 1 c. à soupe rase = 10 g ;
- Sauce italienne à la viande rôtie de Buitoni® : 50 g ;
- Sauce bordelaise à l'échalote de Picard® : 50 g = 1 galet ;
- Sauce aux morilles de Picard® : 50 g = 1 galet ;
- Sauce tomate, huile d'olive vierge extra, oignons de Picard® : 50 à 100 g ;
- Sauce aux champignons au porto de Picard® : 50 g = 1 galet ;
- Soja cuisine de Bjorg® : 2 c. à soupe = 20 g.

Pour 5 g de beurre ou de margarine ordinaires prescrits nous vous suggérons :
- Beurre doux de Normandie de Elle & Vire® : 5 g ;
- Beurre demi-sel extra-fin de Monoprix® : 5 g ;
- Beurre de baratte d'Isigny doux de Monoprix Gourmet® : 5 g ;
- Matière grasse diététique spéciale cuisine de Primevère® : 5 g ;
- Pro-active tartine et cuisson de Fruit d'Or® : 5 g.

Pour 5 g de beurre ou de margarine allégés prescrits nous vous suggérons :
- Beurre léger doux à 15 % de Bridelight® : 10 g ;
- Beurre léger demi-sel au sel de mer à 15 % de Bridelight® : 10 g ;
- Beurre léger doux à 40 % de Bridélice® : 5 g ;
- Matière grasse allégée, tartine et cuisson de Fleurier® : 5 g ;
- Matière grasse allégée tartine et cuisson de Fruit d'Or® : 5 g ;
- Margarine demi-sel allégée de Planta Fin® : 10 g ;
- Matière grasse allégée à tartiner de Saint Hubert 41® : 5 g.

FROMAGE ALLÉGÉ

• **Au choix :**
Carré Frais Gervais ou Saint-Moret à 0 % de MG, bleu allégé, chèvre frais, mozzarella allégée, fromage à pâte molle allégée (type camembert allégé, Merzer, tomme allégée, cancoillotte).

Vous pouvez remplacer 30 g de fromage allégé par un des éléments suivants :
- 60 g de fromage entre 0 % et 5 % de MG sur le produit fini : (Cœur de Lion® extra léger, Bridelight® spécialité fromagère, Carré Frais® 0 % de MG, Saint Moret® 0 % de MG, Tartare® 0 % de MG) ;
- 1 yaourt au lait entier ;
- 1 yaourt brassé ;
- 1 yaourt au bifidus ;

- 100 g de fromage blanc avec maximum 2 % de MG sur le produit fini (un pot individuel) ;
- 1 spécialité laitière de 125 g non sucrée contenant 2 % de MG sur le produit fini ;
- 4 c. à soupe de lait entier concentré non sucré (80 g).

- **Occasionnellement par un des éléments suivants :**
- 2 fromages frais* non sucrés de 60 g, de type petit-suisse, à 2 % de MG ;
- 200 ml de boisson au soja (lait de soja) ;
- 2 spécialités au soja non sucrées (exemple : Sojasun® nature enrichi en calcium).

* Ces choix étant relativement moins riches en calcium.

FROMAGE ORDINAIRE

- **Au choix :**

Camembert, brie, gorgonzola, comté, chèvre, tomme, mozzarella, feta, gruyère, emmental, brebis, roquefort, neufchâtel, Saint Moret, coulommiers, livarot, cantal, beaufort, gouda, édam, munster, carré de l'Est, bleu de Bresse, pont-l'évêque, reblochon, fromage à raclette, bleu, Boursin, Tartare, Boursault, mascarpone, saint-nectaire.

Vous pouvez remplacer 30 g de fromage ordinaire par un des choix suivants :
- 200 ml de lait entier ;
- 100 g de fromage blanc à 8 % de MG ;
- 1 yaourt grec non sucré ;
- 1 spécialité laitière norvégienne non sucrée ;
- 1 crème au lait non sucrée ;
- 1 spécialité laitière de 125 g contenant entre 5 % et 8 % de MG ;

– 60 g de fromage allégé à 15 % de MG maximum sur le produit fini.

Occasionnellement par :
– 2 fromages frais de 60 g non sucrés, de type petit-suisse, à 10 % de MG, les petits-suisses étant relativement pauvres en calcium.

FRUIT
- **Au choix :**
- 1 pomme (150 g) ;
- 1 poire (150 g) ;
- 1 pêche (150 g) ;
- 1 nectarine (150 g) ;
- 3 prunes (150 g) ;
- 12 mirabelles (150 g) ;
- 3 abricots (150 g) ;
- 3 petites clémentines (150 g) ;
- 1/4 d'ananas (150 g) ;
- 2 kiwis (150 g) ;
- 1/2 melon (200 g) ;
- 1 orange (200 g) ;
- 1 pamplemousse (300 g) ;
- 300 g de pastèque ;
- 1/2 mangue (100 g) ;
- 1 poignée de cerises (100 g) ;
- 20 grains de raisins (100 g) ;
- 2 figues fraîches (100 g) ;
- 1 barquette de fraises ou de framboise (250 g) ;
- 10 litchees (125 g) ;
- 1 petite banane (80 g).

VIANDE MAIGRE – POISSON MAIGRE – ŒUFS – TOFU

- **Aliments équivalents :**
- 120 g de viande maigre ;
- 120 g de poisson maigre ou fruits de mer ;
- 2 tranches de jambon blanc découenné, dégraissé (100 g) ;
- 2 œufs, évitez cependant de dépasser 6 œufs par semaine ;
- 100 g de tofu nature ;
- 12 tranches de viande des Grisons (100 g) ;
- 8 tranches de bacon (120 g).

OU un des produits laitiers suivants :
- 300 g de fromage blanc maigre non sucré ;
- 100 g de fromage à tartiner à 0 % de MG ;
- 3 yaourts maigres non sucrés ;
- 1/2 litre de lait écrémé ;
- 100 g de fromage allégé (10 % de MG maximum), par exemple : mozzarella ou feta allégées…

OU occasionnellement un des éléments suivants :
- 120 g de surimi* (7 bâtonnets) ;
- 100 g de saumon fumé ;
- 2 fines tranches de jambon de pays (50 g).

* Le surimi est composé de chair de poisson, d'huile et de fécule de pomme de terre. Il est donc plus gras et moins riche en protéines qu'un poisson maigre. Il contient par ailleurs des glucides.

VIANDE GRASSE - POISSON GRAS - ŒUFS - TOFU

- **Au choix :**
- 120 g de viande grasse ;
- 120 à 150 g de poisson gras ;
- 120 g de viande maigre + 1 c. à soupe de matière grasse ;
- 2 tranches de jambon blanc découenné, dégraissé (100 g) + 10 g de beurre ;
- 2 œufs + 1 cuillerée à soupe de matière grasse ;
- 200 g de tofu nature ;
- 200 g de surimi (12 bâtonnets) ;
- 120 g de saumon fumé ;
- 120 g de jambon de pays ou de jambon cru (Bayonne, Aoste…) ;
- 120 g de bacon maigre + 10 g de beurre.

OU un des produits laitiers suivants :
- 300 g de fromage blanc demi-écrémé (4 % de MG maximum) non sucré ;
- 100 g de fromage à tartiner allégé (15 % de MG maximum) ;
- 3 yaourts au lait entier non sucrés ;
- 1/2 l de lait entier ;
- 100 g de mozzarella ou feta ordinaires (20 % de MG) ;
- 90 g de fromage ordinaire (30 % de MG maximum).

OU occasionnellement par :
- 100 g de boudin noir.

Partie 4
L'INDISPENSABLE DE L'ALIMENTATION

DES SURPOIDS EN SURNOMBRE

Vous avez quelques kilos à perdre : comme vous vous en doutez, vous n'êtes pas un cas isolé. Il peut ne s'agir que de quelque 5, 10 voire 15 kilos mal logés qu'il est encore temps de vite éliminer au lieu de vous laisser aller… Si vous en êtes là, ce n'est sûrement pas le fruit du hasard… Prenez conscience que cela peut être le résultat d'une gourmandise exagérée mais que, le plus souvent, il s'agit de petites erreurs quotidiennes qui mois après mois vont être responsables d'une prise de poids. Au cours de ces douze dernières années, le poids moyen des Français a augmenté de 3,1 kilos pour atteindre 72 kilos ! Pire, leur tour de taille a pris 4,7 centimètres pour se situer à 89,9 centimètres, selon l'étude épidémiologique ObEpi-Roche réalisée en 2009.

Le surpoids est devenu une épidémie mondiale. À tel point qu'en 2004, pour la première fois, on a compté davantage de gros que de victimes de malnutrition. D'ici à 2015, leur nombre pourrait même dépasser les 2 milliards ! Outre le fait qu'une personne en surpoids se sent souvent mal dans sa peau et donc dans sa tête, le surpoids peut entraîner de graves complications de santé. Pour preuve : il existe presque 2,5 fois plus de personnes traitées pour hypertension artérielle chez les individus en surpoids et 4 fois plus chez les obèses que dans la population générale ; on constate également 3 fois plus de diabètes de type 2 en cas de surpoids, 7 fois plus chez les obèses. En cause : l'environnement, la méconnaissance de certaines règles alimentaires, l'excès de sucre, l'abondance de graisse, le manque d'exercice…

UNE ALIMENTATION EXCESSIVE ?

Vous pensez sûrement trop manger. Pourtant, sachez que nous mangeons moins que nos arrière-grands-parents ! Nous absorbons exactement 30 % de calories en moins. En réalité, nous mangeons trop… par rapport à ce que nous brûlons. Et comment dépensons-nous nos calories ? L'essentiel de nos dépenses énergétiques a deux origines : le maintien de notre température corporelle à 37 °C et notre activité physique.

Tournons-nous vers le passé. Nos ancêtres n'avaient ni climatisation ni chauffage à plein volume pour assurer leur confort thermique. Leur « machine corporelle » était donc davantage mise à contribution pour assurer leur refroidissement ou leur réchauffement. Quant à l'activité physique, nos grands-parents partaient travailler à pied et ne sortaient pas leur voiture pour la moindre emplette. Il est évident que transports en commun, voitures et parkings ne favorisent plus aujourd'hui l'exercice quotidien.

> Pour booster votre perte de poids, n'hésitez pas à préférer les escaliers à l'ascenseur

La sédentarité est devenue un véritable fléau dans la lutte contre le surpoids. Aux États-Unis, dans certaines villes, les habitants marchent en moyenne un peu moins de 100 mètres par jour ! Alors, pour booster votre perte de poids, n'hésitez pas à préférer les escaliers à l'ascenseur, à baisser votre chauffage, à sauter une station de métro pour finir à pied, à vous activer dans votre jardin, à marcher au moins 30 minutes par jour, à enfourcher votre vélo pour aller chez le boulanger, à vous rendre au supermarché plutôt que d'effectuer les commandes sur Internet… et à pratiquer une activité sportive régulière.

En conclusion, il est indispensable de bannir cette fâcheuse tendance à la sédentarisation pour optimiser les chances de brûler ce que l'on mange. L'équation est simple : bougez plus pour brûler plus ! C'est exactement comme le moteur d'une voiture qui consomme son carburant en roulant.

Autre différence par rapport à nos ancêtres : il y a des milliers d'années, les graisses n'existaient pas. Huile, beurre, crème, sucres complexes étaient tout simplement absents de la nourriture. Nous sommes des omnivores. Il faut intégrer que les fruits et les légumes font davantage partie de notre histoire que les graisses. Notre organisme n'est pas naturellement programmé pour digérer celles-ci en grande quantité. Et ce n'est pas près d'arriver… Selon l'anthropologie moderne, il faut compter entre 500 000 et 1 million d'années pour qu'une mutation importante survienne dans notre évolution. Ce n'est donc pas demain que notre corps s'adaptera aux excès !

Enfin, côté cuisine, votre arrière-grand-mère consacrait pas moins de 20 heures par semaine à préparer des petits plats, prenant le temps de varier les menus, suffisamment copieux pour ne pas avoir de fringales entre les repas. Aujourd'hui, nous ne disposons que de 3 heures par semaine en moyenne pour nous activer derrière les fourneaux. Il est donc normal que vous cherchiez la facilité en vous tournant vers les plats tout prêts ou industriels, les charcuteries, les fromages… généralement gras et sucrés. Pour y remédier, LeDietCARE vous permet de varier vos menus en vous proposant des recettes simples, saines et rapides à concocter.

En conclusion, il est nécessaire de reprendre le temps de manger varié… en limitant les graisses. Notre corps n'est pas programmé pour les accepter en excès !

DES CALORIES EN STOCK

Quoi que l'on mange, notre organisme constitue des stocks. Vous ne pouvez pas y échapper, que vous mangiez trop gras ou de manière parfaitement équilibrée. Une partie infime seulement est utilisée à brève échéance – il s'agit des sucres rapides ; le reste est mis de côté pour une utilisation ultérieure. En clair, l'organisme utilise uniquement ce dont il a besoin. Or, plus les réserves stockées sont importantes, plus on accumule les kilos. Problème : ces réserves sont essentiellement constituées de graisses ! Pourquoi notre organisme réagit-il ainsi ? C'est en s'adaptant qu'il est devenu prévoyant. Il s'est programmé pendant six millions d'années pour affronter la malnutrition, résister à la famine, braver la disette. Si en temps normal 2 000 calories par jour en moyenne peuvent suffire, notre corps est capable de supporter des seuils inférieurs.

> Méfiez-vous du morceau de pain à chaque repas

En un mot, nous sommes programmés pour résister au manque… pas à l'excès !

PETITS EXCÈS, GROS KILOS

Trois kilos supplémentaires sur la balance… Vous inculpez spontanément ces deux dîners festifs où vous vous êtes vraiment lâché en reprenant deux… trois fois du dessert ! Pourtant, sachez que ce sont principalement les excès à répétition qui se veulent redoutables et pas tant les écarts d'une seule soirée ou deux (à condition de faire attention le lendemain). Méfiez-vous du morceau de pain à chaque repas, du carré de chocolat avec le café (même s'il est petit !), de la cuillerée de confiture en plus sur la tartine du matin, de la poignée de cacahuètes à l'apéro… Ce sont tous ces excès de gourmandise – bien que limités, pensez-vous – qui sont déterminants dans la constitution du surpoids. À la Clinique du Poids, nous en avons eu un parfait exemple. Il s'agissait de deux sœurs jumelles, en parfait équilibre alimentaire depuis des années. L'une d'elles, par simple gourmandise, prenait

> **Mieux vaut donc s'offrir un bon festin de temps en temps**

LES MÉCANISMES DE L'AMAIGRISSEMENT : MODE D'EMPLOI

Avant de comprendre comment on enclenche la perte de poids, sachez vous situer. La médecine établit des frontières précises pour classer les individus par catégories : normal, gros, obèse. Pour cela, on utilise l'IMC (indice de masse corporelle) comme méthode de calcul. À savoir : poids (en kilogrammes)/ taille (en mètres) au carré.
• Pour un IMC compris entre 18 et 25 : votre poids est considéré comme entrant dans les limites recommandées par la science médicale, autrement dit sans risque pour la santé.
• Pour un IMC compris entre 25 et 30 : vous êtes en surpoids.
• Pour un IMC supérieur à 30 : vous êtes considéré(e) comme obèse.
Les fourchettes sont larges, la notion de « trop » par rapport à la « norme » varie selon les régions, les cultures, les environnements familiaux, sociaux et, bien sûr, l'époque.

une portion de fromage supplémentaire chaque soir. Résultat, au bout de deux ans, elle avait pris 6 kilos, tandis que sa jumelle n'avait pas bougé d'un gramme !

Comme le démontre notre base de données, dans la plupart des cas, la prise de poids est lente… et le résultat dramatique ! Elle se construit sournoisement sur des années à un rythme de 4 à 6 kilos par an en moyenne pour les femmes – soit entre 10 et 15 grammes par jour ; entre 6 et 8 kilos pour les hommes – soit de 15 à 20 grammes quotidiens. Mieux vaut donc s'offrir un bon festin de temps en temps plutôt que des petits plaisirs hebdomadaires que l'on paie beaucoup plus cher.

D'un côté, cela est rassurant. Cela signifie en effet qu'il peut suffire d'une réduction calorique modeste pour perdre du poids et arriver à son but. Il n'est pas nécessaire – ce serait même dangereux – d'attaquer (un régime) « classique » imposant souffrances et privations à outrance. Il est complètement aberrant de se lancer dans une réduction calorique quelconque sans avoir préalablement évalué la situation de départ. La prescription inadaptée, généralement parce qu'elle n'est pas personnalisée, représente certainement une des causes majeures des ratages des régimes. C'est pourquoi nous vous offrons d'analyser précisément votre comportement alimentaire pour vous prescrire une solution sur-mesure. Il vous suffit de prendre 10 minutes de votre temps pour remplir notre questionnaire gratuit sur le site www.ledietcare. Vous mangez trop, trop sucré, trop gras ou encore pas assez ? Nous vous apporterons une réponse en temps réel.

Par conséquent, ne vous lancez pas dans un régime quelconque tête baissée, en pensant naïvement que le « tout vapeur » mettra fin à vos problèmes. Non, en analysant votre situation de départ, vous obtiendrez une prescription adaptée. Vous pourrez même vous permettre une petite gâterie de temps en temps, mais surtout, il est important d'apprendre à les gérer et à les intégrer en fonction du reste de votre alimentation !

QU'EST-CE QUE LE BILAN ÉNERGÉTIQUE ?

Afin de mieux comprendre le mécanisme de l'amaigrissement, comprenez que le poids est le résultat d'un bilan énergétique. Il s'agit du rapport entre ce que vous mangez et ce que vous éliminez. Il y a donc l'énergie que vous apportez à votre corps en consommant des aliments et celle que votre organisme va éliminer. Pour garder un poids stable, vous vous en doutez, il faut maintenir un juste équilibre entre « dépenses de calories » et « entrées de calories ». **Si vous avez grossi, c'est parce que vous vous êtes nourri au-delà de vos besoins biologiques…**

Les apports correspondent aux calories apportées par les aliments consommés. Mais attention, comme nous le détaillons dans l'explication du bilan nutritionnel, il est fondamental de tenir compte de l'origine des calories. Manger 100 grammes de viande ou 100 grammes de biscuits au chocolat n'aura pas le même effet sur l'organisme ! Il est prouvé que 100 calories fournies par du sucre blanc, de l'huile, des céréales ou du poisson ne sont pas traitées de la même façon par l'organisme. Après digestion, le profit de ces calories varie énormément en fonction de leur origine. Le seul décompte calorique des aliments ingurgités lors d'un régime est donc à bannir. C'est l'échec assuré.

Les dépenses, quant à elles, s'effectuent de plusieurs manières. Passons-les à la loupe.

> ### SAVEZ-VOUS COMBIEN DE CALORIES VOUS DÉPENSEZ EN DIGÉRANT ?
>
> • Pour 100 calories de protéines ingérées (soit 100 grammes de blanc de poulet, 150 grammes de poisson maigre ou 200 grammes de fromage blanc maigre non sucré) : 20 à 25 calories sont dépensées lors de la digestion.
> • Pour 100 calories de glucides (soit une pomme de terre moyenne de 100 grammes ou un petit pain de 40 grammes) : la digestion élimine 4 à 7 calories.
> • Pour 100 calories de lipides (soit une cuillerée à soupe d'huile d'olive) : l'organisme brûle 2 à 4 calories.
> En conclusion, pour maigrir, il faut privilégier les protéines, puis les glucides, tout en consommant peu de lipides.

• *Les dépenses liées à la digestion*

Bonne nouvelle : dès que nous mangeons, nous brûlons déjà une partie de ce que nous sommes en train de consumer. Avant même la fin du repas, l'apport calorique est réduit ! Certains aliments demandent une dépense énergétique plus importante que d'autres pour être digérés et transformés par l'organisme. Ils ne sont pas sur un pied d'égalité. Dans les trois catégories d'aliments, la digestion des protéines se veut la plus longue : pas moins de trois heures sont nécessaires pour assimiler viandes, poissons, œufs et produits laitiers. Autre effet bénéfique de la consommation de protéines et de leur longue digestion : la sensation de satiété est prolongée. Il est donc important d'en consommer chaque jour. Gare toutefois à ne pas en abuser. Cela engendrerait une fatigue générale et rénale en particulier.

- *Les dépenses liées au métabolisme (fonctionnement de l'organisme)*

Battements cardiaques, respiration, fonctionnement des reins, du foie, du cerveau… À chaque instant, vous dépensez sans vous en rendre compte. Encore une bonne nouvelle ! Votre métabolisme brûle une grande partie de l'énergie consommée.

Petite injustice : le métabolisme est variable d'un individu à l'autre. Il est plus élevé chez les hommes que chez les femmes et, d'une manière générale, chez les personnes grandes et musclées, les muscles consommant beaucoup d'énergie. D'où l'importance encore une fois de pratiquer une activité physique longue et régulière. Sachez aussi que le métabolisme diminue quelque peu avec l'âge, d'environ 2 % tous les dix ans.

- *Les dépenses engendrées par l'activité physique*

Actif ou sédentaire, marathonien ou sportif du dimanche… Les calories brûlées par l'activité physique varient beaucoup d'un individu à l'autre. Une partie de l'énergie peut être dépensée quotidiennement par le biais de l'activité physique. Vous savez ce qu'il vous reste à faire pour optimiser vos chances de réussite…

- *Les dépenses liées à la thermorégulation*

Ce mécanisme permet le maintien de la température corporelle à 37-37,5 °C. Là encore, l'efficacité du processus varie d'une personne à l'autre et ralentit avec l'âge.

- *Les dépenses liées à des périodes spécifiques*

Vous êtes en pleine croissance, enceinte ou en train d'allaiter ? Votre organisme met les bouchées doubles. Vous brûlez davantage !

UN MÉTABOLISME MIS À RUDE ÉPREUVE

Votre métabolisme est sensible. Il risque d'être perturbé par divers facteurs extérieurs comme le stress, la fatigue, un mauvais fonctionnement thyroïdien, la ménopause, certaines maladies ou certains traitements (hormonaux, antidépresseurs…). En un mot : chouchoutez-vous ! Là encore, on constate le besoin de pratiquer une activité sportive, formidable anti-stress pour réguler son métabolisme. Autre élément perturbateur du métabolisme : une alimentation insuffisante. Contrairement aux idées reçues, **moins vous mangez, moins vous brûlez de calories** ! En effet, face à l'insuffisance de calories reçues, l'organisme cherche automatiquement à se protéger. Il diminue la combustion de l'énergie reçue et entre ainsi dans un cycle de ralentissement. C'est d'ailleurs une des raisons pour lesquelles les régimes hypocaloriques sont à bannir.

IDÉE REÇUE ?
J'ai trop mangé la veille au soir, je dois sauter mon petit déjeuner

Faux ! Même si vous vous sentez encore ballonné de votre dîner, vous ne devez en aucun sauter de repas. Soumettez-vous à une journée « détox » (mais pas une de plus) en éliminant : les boissons sucrées et alcoolisées, les aliments gras et sucrés, les matières grasses d'assaisonnement, le pain, les céréales, les féculents et les fruits. Ne commettez pas l'erreur d'éliminer les protéines au profit des fruits. Ces derniers apportent du sucre (fructose)… ce qui est contraire à un régime de lendemain de fête.

QUEL EST VOTRE MÉTABOLISME DE BASE ?

Il correspond à l'énergie – mesurée en calories – que votre organisme dépense pour maintenir en activité vos fonctions vitales, à température modérée, à jeun, dans une situation de repos musculaire et de calme émotionnel. On le calcule généralement en prenant en compte la taille, le poids, le sexe et l'âge.

Exemples : Un homme de 40 ans, mesurant 1,80 mètre et pesant 85 kilos dépense environ 1 783 calories par jour sans même s'en rendre compte, pour le seul maintien en activité de ses organes. Une femme de 30 ans, mesurant 1,60 mètre et pesant 65 kilos dépensera quant à elle 1 398 calories par jour grâce à son métabolisme de base.

Si votre masse maigre est fondamentale, le gras est votre ennemi. La masse grasse (la graisse) est inerte, elle ne fait que stocker l'énergie excédentaire, c'est-à-dire ce que vous mangez en plus de vos besoins. **Seule la masse maigre dépense de l'énergie.** Par conséquent, plus vous êtes musclé, plus vous dépensez !

On peut aussi déterminer votre métabolisme de base à partir de votre masse maigre : os, viscères, sang, muscles, eau.

Vous êtes tenté de connaître votre masse grasse ? Une astucieuse balance – vendue dans le commerce – calcule votre taux de graisse corporelle, votre masse hydrique et votre masse maigre !

ZOOM SUR VOS BESOINS CALORIQUES

Vous n'avez pas les mêmes besoins que votre fils, que votre meilleure copine et encore moins que votre vieille voisine. Comme nous l'avons vu, vos besoins en calories dépendent principalement de votre métabolisme. En excluant toute activité physique, ils varient selon votre composition corporelle. Si vous êtes musclé, vos besoins sont plus importants que si vous ne l'êtes pas.

Pour maintenir un poids stable :
• *L'homme (de musculature moyenne) a besoin de :*
– 2 200 à 2 400 kilocalories s'il est inactif ;
– 2 500 à 2 700 kilocalories s'il exerce une activité moyenne ;
– 3 000 à 3 500 kilocalories s'il pratique une activité physique importante.
• *La femme (de musculature moyenne) a besoin de :*
– 1 800 à 1 900 kilocalories si elle est inactive ;
– 2 000 à 2 200 kilocalories si elle exerce une activité moyenne ;
– 2 300 à 2 600 kilocalories pour une activité physique importante.

À L'ASSAUT DES CALORIES

Votre objectif est d'éliminer 3, 10, voire 20 kilos ou plus ? Le nombre de calories que vous devez absorber quotidiennement au cours de votre phase d'amaigrissement reste le même. Contrairement aux idées reçues, le niveau de calories ne varie pas en fonction du nombre de kilos à perdre. Il est établi à partir de l'analyse de votre bilan nutritionnel de départ, de votre composition corporelle (masse grasse/masse maigre) et de votre métabolisme. **C'est la durée du régime qui compte** et non pas l'intensité de la restriction calorique.

Pour maigrir, il ne faut surtout pas se baser sur un niveau calorique standard. Ce niveau calorique est spécifique à chaque individu. Il doit être calculé à partir de l'analyse de votre alimentation et de votre composition corporelle.

Les régimes standard permettent certes de maigrir en temps limité, mais ils créent souvent un déficit calorique trop important et inutile. La sensation de faim et de frustration en devient dominante, le régime est alors abandonné… et les kilos rapidement repris.

En conclusion, mettons en évidence les principes phares d'un bon amaigrissement :
• Vous devez manger équilibré en privilégiant les protéines qui favorisent la sensation de satiété et qui appellent une dépense énergétique importante.
• Prenez soin de votre hygiène de vie afin de limiter le stress, le manque de sommeil et la sédentarité… tant de facteurs qui nuisent à votre bon métabolisme et donc à votre dépense d'énergie.
• Mieux vaut succomber à un bon festin une fois de temps en temps plutôt qu'à de petites gâteries régulièrement.

ÉTAT DES LIEUX ET OBJECTIFS

On distingue trois situations responsables de surpoids. On vous apporte trois solutions pour y mettre fin. Pourquoi avez-vous cumulé ces kilos en trop ?

1er CAS : VOUS NE MANGEZ PAS ASSEZ…

Pour maigrir ou pour stabiliser votre poids en évitant l'effet yo-yo, vous aurez paradoxalement besoin « d'augmenter » votre consommation calorique et de vérifier votre équilibre alimentaire.

Votre apport calorique doit en effet couvrir au minimum vos dépenses caloriques brûlées au repos, c'est-à-dire celles liées à votre métabolisme, celles qui sont utilisées pour maintenir vos fonctions vitales actives (respiration, battements cardiaques, renouvellement de vos cellules…).

Si vous mangez insuffisamment depuis une longue période, votre corps réagit, se défend et réduit ses dépenses. Automatiquement, votre organisme devient prévoyant. Il se constitue des réserves en transformant en graisse une partie du peu de nourriture que vous consommez.

Il n'est donc pas conseillé de suivre un régime trop restrictif, c'est-à-dire inférieur à votre métabolisme de base. Votre organisme aura alors tendance à puiser en priorité l'énergie dont il a besoin dans vos muscles, et non pas dans vos stocks de graisse.

2ᵉ CAS : VOUS MANGEZ TROP

Pour maigrir, il y aura bien sûr une réduction calorique à réaliser. Seules quelques modifications de votre alimentation permettront de l'atteindre sans qu'il y ait frustration puisque vos habitudes alimentaires seront respectées. Grâce à notre suivi et à l'éducation alimentaire du programme LeDietCARE, sur le long terme, « bien manger » deviendra naturel.

3ᵉ CAS : VOUS MANGEZ NI TROP NI TROP PEU, MAIS MAL

Pour maigrir, vous n'avez pas besoin de modifier l'apport calorique de votre alimentation. En revanche, il conviendra d'analyser vos habitudes alimentaires afin de trouver un meilleur équilibre.

BOOSTEZ VOTRE MÉTABOLISME !

On a tous une amie grande et mince qui mange comme quatre… sans prendre un gramme. C'est injuste, pensez-vous… ça vous énerve, vous irrite même ! Vous savez désormais que c'est parce que son métabolisme carbure qu'il brûle beaucoup d'énergie.

Vous aussi, vous pouvez augmenter vos dépenses d'énergie pour maigrir. Nous vous donnons quelques astuces non alimentaires.

LUTTEZ CONTRE LE FROID

Utilisez le froid comme un allié dans le contrôle de votre poids. C'est une technique inédite, fortement originale et efficace. Le constat est navrant : l'Occidental ne sait pas s'adapter au froid. Il accumule pull et chauffage au moindre frisson. Changez vos habitudes. Apprenez à vous servir du froid pour atteindre votre objectif de poids ! Appliquez une série de mesures simples, non contraignantes ni frustrantes.

• *Maigrir chez soi*
Une température ambiante de 25 °C, température considérée comme normale, favorise le surpoids. C'est trop ! Abaissez le chauffage à 23 °C, deux degrés seulement. Votre corps sera contraint de s'adapter.

• *Maigrir en s'habillant*
Dès le retour des vacances d'été, la rentrée sonne pour la plupart comme l'arrivée immédiate de l'hiver. Vous réorganisez votre armoire, reléguant les vêtements légers au fond du placard. Plus par habitude que par nécessité, au pull vous succombez. Sans parler de la couverture supplémentaire pour dormir et du plaid pour regarder la télé… Réfléchissez-y à deux fois avant d'endosser un sous-vêtement synthétique, un pull de laine, ou de vous envelopper dans une couverture ou un plaid de laine polaire ! Supprimez ces petits plaisirs de confort quasi inutiles.

• *Maigrir en se lavant*
On vous l'accorde, ce n'est pas facile de commencer la journée par un jet d'eau glacé… Ne vous infligez pas l'intolérable. Nous vous conseillons seulement de conclure votre douche par une eau plus fraîche, au moins sur les cuisses, mollets, pieds et fessier, des zones moins sensibles.

• *Maigrir en mangeant froid*
Comme nous l'avons vu, la température de votre corps a besoin d'être maintenue autour de 37 °C pour vous

permettre de vivre. Dès lors, lorsque vous avalez un aliment ou une boisson froide, l'organisme doit le ramener à la température intérieure de votre corps avant de le laisser passer dans le sang. Ce mécanisme demande de l'énergie. Et qui dit dépense d'énergie dit dépense de calories. Autre astuce de bon sens : préférez le cru au cuit. Le travail de digestion est plus intense si vous croquez dans une pomme que si vous avalez une cuillerée de compote. Or plus la digestion est longue, plus la sensation de satiété est prolongée. Il ne s'agit pas de tomber dans l'extrême en mangeant des soupes froides en plein hiver, des salades composées tout l'été, ou de sucer des glaçons à longueur de journée ! Mais dès que vous le pouvez, préférez un plat froid à un plat chaud, une glace à un gâteau…

En conclusion, le froid n'est pas un passage obligé faisant partie intégrante du plan de régime LeDietCARE. Il s'agit seulement de quelques conseils méritant d'être appliqués pour booster votre métabolisme. Cela devrait donner un petit coup de pouce à votre balance qui s'évertuait à stagner ces derniers jours…

ADOPTEZ UNE VIE SAINE

Stress et régime ne font pas bon ménage… En effet, la fatigue ajoutée à la nervosité ralentit le métabolisme et donc la dépense de calories. En un mot : prenez soin de vous.

• *Maigrir en dormant*

Respectez votre temps de sommeil ! Car, si on maigrit en bougeant, on maigrit aussi en dormant ! Un manque de sommeil ralentit de façon notable le métabolisme.

• *Maigrir en se relaxant*
Nous ne disons pas que tourner les pages d'un livre produit une dépense d'énergie. Toutefois, s'accorder un moment de lecture ou un temps pour se délasser dans son bain permettent de se vider la tête, d'éliminer le stress. Gardez à l'esprit que plus vous êtes zen, plus votre organisme travaille en harmonie pour brûler les calories.

• *Maigrir en boycottant la paresse*
Établissez la liste des moyens que vous utilisez chaque jour pour vous faciliter la vie, au détriment de votre dépense physique. Difficile de résister à l'ascenseur ? Insurmontable de laisser sa voiture au parking ? Trop fatigant d'aller au supermarché à pied ? Impensable de renoncer au bus ou au métro ? Réfléchissez-y bien… Vous constaterez qu'avec une pincée de volonté et une once de motivation vous vous déshabituerez bien vite de ces commodités. Tant de petits efforts qui, cumulés, feront pencher la balance du bon côté. Trente minutes de marche, six étages à pied et un pack de lait porté en une journée dopent votre musculature en douceur. Or qui dit muscles dit métabolisme actif, dit dépenses de calories… même en dormant ! Idéalement, pratiquez une demi-heure de sport par jour. Un régime ne peut pas être efficace si vous ne faites pas l'effort de bouger votre corps.

En conclusion, afin de terrasser vos kilos, apprenez à prendre conscience de votre corps, réapprenez à l'utiliser.

CONSOMMEZ CIBLÉ

• *À table à heures régulières*
Grâce au mécanisme de la digestion, le simple fait de manger brûle des calories. Cela serait dommage de s'en

priver ! Ce n'est pas non plus une raison pour s'adonner à ce plaisir avec excès… Il est toutefois démontré qu'une ration calorique répartie en quatre repas dans la journée demande une plus grande dépense calorique que si elle est répartie en une ou deux fois. Raison de plus pour ne surtout pas sauter de repas. Prenez chaque jour un petit déjeuner, un déjeuner, un dîner et, si possible, une ou deux collations. Attention à ne pas accroître pour autant l'apport en calories. Il convient uniquement de mieux répartir vos besoins au cours de la journée.

• *Faire le plein de protéines*
Viandes, poissons, œufs et laitages : les aliments riches en protéines sont primordiaux pour l'amaigrissement ! Contrairement aux aliments gras et sucrés, ils demandent du temps pour être digérés, mais surtout un gros travail de la part de l'organisme. Pour 100 calories de protéines ingérées, 25 sont automatiquement brûlées par la digestion ! LeDietCARE vous recommande une à deux portions moyennes de viande, œufs ou poisson et trois à quatre produits laitiers par jour. N'oubliez pas les protéines végétales, apportées par le pain et les féculents notamment.

• *Adopter le chrome*
Késako ? Il s'agit d'un oligo-élément qui facilite la stabilisation de la glycémie, soit du taux de sucre dans le sang. Conséquence : manger du chrome aide à éviter le stockage des graisses. On comprend donc son importance… Où le trouve-t-on ? Dans les viandes, le foie de veau, les brocolis, les haricots verts, les champignons, les asperges, les pommes de terre, les prunes, le gruyère, les céréales

complètes, les germes de blé et la levure de bière. De quoi optimiser de bons repas équilibrés.

- *Consommer de la caféine*

... à dose contrôlée bien sûr. En plus de vous maintenir en forme grâce à l'excitant qu'elle contient, la caféine favorise la sécrétion d'adrénaline qui elle-même booste le métabolisme. Résultat, consommer entre 100 et 150 milligrammes de caféine par jour (dose à ne pas dépasser !) permet de brûler 50 calories supplémentaires, soit une tranche de pain de 20 grammes ou un yaourt nature. Attention à ne pas vous gaver de café, thé, cola et autres boissons énergisantes. Pour info :
- une tasse de café contient 60 à 120 milligrammes de caféine ;
- une tasse de décaféiné : 1 à 5 milligrammes ;
- une tasse de thé peu infusé : 60 à 70 milligrammes – attention : un thé trop infusé freine l'absorption de la caféine ;
- une canette de cola : 40 à 50 milligrammes.

En conclusion, vous constatez qu'il est aisé d'optimiser ses repas sans contrainte. Votre métabolisme n'est donc pas une fatalité. Il vous suffit de rééquilibrer votre alimentation en appliquant des bases simples : en introduisant régulièrement les protéines, en consommant de la caféine, des aliments à base de chrome ; de manger régulièrement, peut-être même plus qu'avant votre régime si vous mangiez trop peu ! Indispensable : maintenez-vous en forme par ces petites actions qui rythment le quotidien.

> **DES ASTUCES QUI PAYENT**
>
> - 1 h de promenade = 198 calories
> - 1 h de marche rapide = 276 calories
> - 1 h de rando à pied = 316 calories
> - Une portion de viande ou une portion de poisson sans matière grasse = 176 calories

Bientôt, vous ne vous en rendrez même plus compte, la douche fraîche ne sera plus qu'une formalité ! Restez debout quand vous le pouvez, marchez, prenez les escaliers… Bref, saisissez toutes les occasions qui vous permettent de renforcer votre musculature… pour maigrir même en dormant !

NOTIONS DE NUTRITION
GLUCIDES, LIPIDES, PROTÉINES : UN TRIO INSÉPARABLE

Pour maigrir intelligemment, encore faut-il savoir ce qu'il y a dans votre assiette…

Chaque aliment n'est constitué que de trois nutriments : les glucides, les lipides et les protéines. Un fromage de 70 calories n'équivaut pas pour autant à une barre de chocolat « pesant » elle aussi 70 calories. La seule valeur calorique d'un aliment ne doit pas constituer la base d'un régime. Se nourrir uniquement de frites pour un équivalent de 2 000 calories par jour n'aura pas le même effet que de consommer 2 000 calories de viande ou de poisson. Les nutriments qui composent ces aliments ne sont pas traités de la même manière par l'organisme. Les régimes amaigrissants se positionnant sur le seul décompte calorique sont donc erronés. C'est l'échec assuré. L'efficacité de notre programme LeDietCARE se base notamment sur la sélection et l'association de l'origine des calories, c'est-à-dire des trois nutriments glucides, lipides et protides. Pour comprendre comment les employer, il nous semble indispensable de les passer à la loupe.

BILAN GLUCIDES

Les glucides, ou hydrates de carbone, sont des nutriments indispensables au bon fonctionnement du corps humain.

Apprenez à les reconnaître ! Ils sont présents dans la nature sous plusieurs formes :

Les **glucides simples** se trouvent dans les produits sucrés : confiserie, confiture, pâtisserie, sucre blanc (sous forme de glucose et saccharose), mais aussi dans les fruits, les légumes verts (sous forme de fructose) et dans le lait et les laitages (sous forme de lactose). Ils sont assimilés très rapidement par l'organisme.

Les **glucides complexes**, quant à eux, aussi appelés sucres lents, induisent une digestion bien plus longue offrant une sensation de satiété prolongée. Intéressons-nous de plus près au glucose, produit final de la digestion des glucides (simples ou complexes), car c'est lui qui va être utilisé par l'organisme. Le glucose est un aliment énergétique privilégié, puisque toutes les cellules peuvent l'utiliser.

Il est indispensable aux organes qui en dépendent, certaines cellules (cellules cérébrales, médullaires rénales et les globules rouges) ne peuvent, dans des conditions normales, utiliser que du glucose. Il est donc dangereux de trop réduire les apports en glucides.

POURQUOI CONSOMMER DES GLUCIDES COMPLEXES ?

Par ignorance, on se méfie des aliments contenant des sucres complexes. Ils sont victimes de la crainte obsessionnelle de prendre du poids ! Pourtant, ils apportent bien des avantages :
– ils sont la principale source d'énergie de l'organisme ;
– ils apportent l'amidon nécessaire à la sensation de satiété en fin de repas ;
– ils évitent le « coup de pompe » de fin de matinée et d'après-midi ;

– ils sont riches en protéines végétales, fibres, minéraux (potassium, magnésium, fer) et vitamines B…, autant de constituants nécessaires à une bonne santé ;
– ils contribuent à la prévention du surpoids et des maladies cardio-vasculaires par le biais d'une alimentation équilibrée.

En conclusion, ne vous fiez pas aux idées reçues. Le pain, les céréales et les féculents ne sont pas très caloriques, c'est ce que l'on met dessus (beurre, confiture, huile, sauce…) qui en augmente l'addition calorique !

IDÉE REÇUE ?
Les produits « complets » sont meilleurs que ceux « raffinés »

Vrai ! Pâtes, riz et pain doivent plutôt être consommés complets que fabriqués avec une farine « raffinée », surtout dans le cadre d'un régime amaigrissant. Ça tombe bien : les étalages du supermarché en sont désormais bondés ! Et pour cause : les aliments complets se veulent bien plus riches en fibres. Ils permettent ainsi au taux de sucres dans le sang de diffuser progressivement, permettant d'éviter les pics d'hyperglycémie… souvent suivis d'une hypoglycémie déclenchant la sensation de faim. Par ailleurs, les aliments riches en fibres favorisent un bon transit.

QUELS SONT NOS BESOINS ?

Les glucides doivent représenter **50 à 55 % de la ration énergétique totale.** Ce pourcentage varie en fonction de l'activité et augmente lors de dépenses énergétiques importantes. Il est recommandé de privilégier les glucides complexes par rapport aux glucides simples dans les proportions suivantes : **2/3 de glucides complexes,** 1/3 de glucides simples.

Il existe un besoin minimal en glucides totaux (complexes et simples), de l'ordre de **100 à 150 g par jour**, pour apporter le glucose nécessaire aux organes qui en dépendent, en particulier le cerveau. Cependant, les muscles et le foie sont capables de stocker le glucose sous forme de glycogène, nous pouvons donc nous passer de glucides à certains repas : l'organisme utilise alors ses réserves. Attention ! Ces réserves ne peuvent nous fournir de l'énergie que pendant quelques heures.

L'organisme n'a pas de besoin en sucre ou produits sucrés, les glucides complexes suffisent pour apporter le glucose nécessaire à l'organisme, ils vont être découpés en molécules de plus en plus petites, pour arriver, au stade du glucose.

Cependant, si vous ne pouvez pas vous passer de ces petites douceurs sucrées (confiserie, biscuits, chocolat), votre consommation ne devrait pas dépasser **10 % de la ration énergétique totale.**

NOS CONSEILS « SUCRÉS » ÉQUILIBRÉS

- Idéalement chacun de vos repas devrait comporter des glucides complexes :
– soit des féculents : légumes secs (lentilles, haricots secs, pois chiches, pois cassés…), pommes de terre, pâtes, riz, semoule, blé, maïs, marrons… ;
– soit du pain ou dérivés : biscottes, crackers, céréales pour petit déjeuner…
- Parmi les féculents, privilégiez les légumineuses (haricots secs, lentilles…) :
– elles ont un index glycémique bas ;

- elles sont riches en protéines végétales, en fibres, fer, magnésium…
- Préférez le pain à la farine complète, au son ou aux céréales (plutôt que le pain blanc). La richesse en son confère en effet un index glycémique plus bas, régularise le transit intestinal et complète l'apport en vitamines et minéraux…
- Les fruits, les légumes, le lait et les laitages sont également bénéfiques sinon indispensables à votre santé. Ils apportent des glucides simples, sans être pour autant très caloriques. Les fruits et les légumes sont nécessaires pour leur apport en fibres, vitamines et minéraux.
- Le lait et les laitages sont importants pour leur apport en calcium et protéines…

BILAN LIPIDES

Les lipides, autrement dit les graisses, incarnent clairement votre ennemi numéro 1. C'est ce que vous cherchez à radier de votre corps, alors pourquoi en consommer ? S'arrêter à ce constat est limitatif. En effet, malgré leur valeur énergétique élevée – 9 calories pour 1 gramme –, les lipides restent des nutriments indispensables au bon fonctionnement du corps humain. On en a besoin à hauteur d'environ 30 % de notre ration calorique quotidienne.

Apprenons d'abord à les repérer. Où les trouve-t-on ?
- Dans les **graisses d'origine animale** : sous forme de lard, dans la charcuterie, dans certaines viandes comme le mouton, l'oie ou le canard, le beurre, la crème fraîche, certains poissons comme le saumon, le maquereau, le thon et le hareng.
- Dans les **graisses d'origine végétale** : les huiles, la margarine, les oléagineux (noix, cacahuètes, amandes…). La

plupart des lipides sont donc invisibles ! Méfiez-vous, ils se cachent dans bon nombre d'aliments dont on raffole facilement comme les biscuits et les pâtisseries.

S'ils sont si gras, pourquoi en a-t-on besoin, vous demandez-vous ? Sachez tout d'abord que tous les lipides ne se valent pas…

Ainsi, l'organisme n'a **aucun besoin en acides gras saturés**. De quoi s'agit-il ? Ils sont principalement apportés par les graisses animales : beurre, crème fraîche, produits laitiers non écrémés, saindoux, lard, graisse de bœuf, viandes grasses (mouton, agneau, porc), et par certaines graisses végétales comme l'huile de noix de coco ou la Végétaline®. Dilemme : certains de ces aliments restent importants pour l'organisme car ils contiennent d'autres propriétés. À savoir : le beurre pour sa richesse en vitamine A, les produits laitiers pour le calcium, les œufs, le beurre et le

À INTERCHANGER À VOLONTÉ !

1 petit pain individuel de 40 grammes équivaut à...
- 3 biscottes
- 1 grande tranche de pain de mie de 40 grammes
- 40 grammes de pita
- 1/2 muffin nature non sucré (30 grammes)
- 5 Cracottes, 3 petits pains grillés suédois
- 4 galettes de riz, 4 Wasa®
- 2 plaques ou 1 galette de pain azyme (50 grammes)
- 30 grammes de céréales
- 100 grammes (poids cuit) de féculents : pommes de terre, céréales, légumes secs, maïs…
- 50 grammes de marrons ou châtaignes (2 unités)

Chacun de ces aliments apporte la même quantité de glucides complexes (soit 20 grammes).

lait pour leur richesse en vitamine D. Pour ces aliments, il convient alors de les consommer avec modération.

Autre forme de lipides : les acides gras mono-insaturés. Présents dans les huiles d'olive, de colza, etc., ils sont indispensables à une nutrition équilibrée. Leurs bienfaits sont prouvés. Ils abaissent le « mauvais cholestérol », tout en augmentant le « bon cholestérol ».

Enfin, distinguons les **acides gras poly-insaturés**, plus connus comme acides gras « essentiels », car ils ne peuvent pas être synthétisés par l'organisme et doivent être obligatoirement apportés par l'alimentation. Ils regroupent

IDÉE REÇUE ?
Les olives noires sont plus grasses que les olives vertes

Vrai ! Les olives noires dont deux fois plus grasses que les vertes. Évitez-les en période de régime. Très riches en lipides (graisses), leur valeur calorique est élevée. Au pire, consommez-les en remplacement d'un aliment gras.

Pour info, elles ont l'avantage d'être riches en fibres. Quinze olives apportent autant de fibres que 100 grammes de légumes.

Mémo : retrouver le bon équilibre

- Haro sur les graisses : charcuteries, viandes grasses, plats en sauce, assaisonnement...
- On élargit ses modes de cuisson sans matière grasse : gril, four, vapeur, papillote, court-bouillon...
- On remplace les matières grasses d'assaisonnement par des épices. Idéal pour donner du goût !
- Oui à la matière grasse crue – à ajouter sur les plats prêts à être consommés – afin de préserver ses qualités nutritionnelles.

les oméga-6 et les oméga-3. Pour couvrir vos besoins quotidiens, consommez 1 à 2 cuillerées à soupe d'huile de tournesol, de colza ou de soja par jour et 100 à 150 grammes de poisson gras par semaine.

Ne boycottez pas complètement les lipides. Ne craignez pas le mot gras (sauf pour La Phase Totale !). Sur le long terme, un apport insuffisant de lipides entraîne une carence en acides gras essentiels, ce qui engendre des troubles cardio-vasculaires, neurologiques, cutanés (sécheresse de la peau, vieillissement prématuré des cellules), mais aussi des troubles de la vision, de la coagulation sanguine, de la reproduction...

IDÉE REÇUE ?
L'huile d'olive est la moins grasse des huiles

Faux ! Contrairement à ce que laisse croire sa bonne réputation, l'huile d'olive est aussi grasse qu'une autre huile.
Toutes sans exception sont composées uniquement de lipides, c'est-à-dire de graisses à 100 %. Une cuillerée à soupe coûte cher : 90 calories !
Reste que l'huile d'olive jouit d'une excellente qualité nutritionnelle : elle abaisse le « mauvais » cholestérol, tout en augmentant le « bon ».

ON NE PEUT PAS S'EN PASSER...

Pour un apport calorique journalier de 2 000 kilocalories, LeDietCARE suggère la répartition des matières grasses de la manière suivante :
– 10 grammes de beurre pour les tartines du petit déjeuner. Idéal pour l'apport en vitamines A et E ;

- 1 cuillerée à soupe d'huile de colza ou de noix, pour les salades. Parfait pour un apport en oméga-3 ;
- 1 cuillerée à soupe d'huile d'olive pour l'assaisonnement et/ou la cuisson des aliments. Excellent pour les besoins en acides gras mono-insaturés ;
- 1 cuillerée à soupe d'huile de soja ou de pépins de raisins. Parfait pour l'apport en vitamine E et en acides gras poly-insaturés.

Le complément en lipides est apporté par certains aliments gras : viande, fromage, etc., eux aussi nécessaires à la santé.

À INTERCHANGER À VOLONTÉ !

1 cuillerée à soupe d'huile équivaut à...
- 1 noix de beurre de 10 g
- 1 cuillerée à soupe (20 g) de crème fraîche
- 10 amandes, noisettes, pistaches ou 5 noix
- 1 portion de 30 g de fromage ordinaire
- 1 laitage gras (fromage blanc gras...)
- 1 portion de 50 g de charcuterie (saucisson peu gras, pâté...)
- 1/2 portion (25 g) de charcuterie très grasse : foie gras, rillettes...
- 1/2 avocat nature

Chacun de ces aliments apporte environ 10 g de lipides.

BILAN PROTÉINES

Il s'agit du troisième nutriment.

Les aliments les plus riches en protéines sont ceux **d'origine animale** : viandes, poissons, crustacés, mollusques, œufs, lait et produits laitiers. Attention, les viandes comme le mouton, l'agneau, le canard, l'oie et le porc sont grasses et ne sont donc pas à privilégier, mais plutôt à éviter dans le cadre d'un régime amaigrissant, dans un premier temps au moins. Les poissons blancs, mollusques et blanc d'œuf, aliments dépourvus de graisses et de glucides, représentent une mine de protéines à l'état pur ! Adoptez aussi les abats d'animaux : très maigres, ils offrent une grande dose de protéines. Heureusement pour les végétariens, on trouve aussi des protéines **d'origine végétale**. On les consomme dans les céréales (orge, blé, avoine, seigle…) et dans les légumineuses (soja, lentilles, haricots secs, pois chiches, pois cassés…). Même si celles-ci sont de moins bonne qualité nutritionnelle, elles n'en restent pas moins nécessaires. Il suffit de les associer pour faire jouer leur complémentarité. Par exemple : semoule + pois chiches / soja + riz / maïs + haricots rouges / lentilles + riz.

Les protéines jouent un rôle fondamental pour les bienfaits de l'organisme. Elles assurent :
– la construction et l'entretien de nos os, muscles, peau, cheveux, ongles, poils et membranes cellulaires ;
– l'action de nos hormones et de nos enzymes nécessaire à notre digestion et à notre métabolisme ;
– l'interconnexion de nos neurones ;
– le transport de substances comme le fer, l'hémoglobine, les triglycérides, le cholestérol, les médicaments ;
– le renforcement du système immunitaire.

Les protéines sont un excellent allié dans le cadre d'un régime amaigrissant. Rappelons-le, leur digestion demande beaucoup d'efforts à l'organisme. Résultat : il évince des calories apportées par les protéines, à peine ont-elles été consommées ! Autre atout, elles assurent une sensation de satiété prolongée. Adieu, coups de barre et grignotages incontrôlés ! Les protéines se veulent aussi intéressantes pour leur faible apport calorique : 1 gramme de protéine n'apporte que 4 calories.

Idéalement, un homme doit consommer au moins 70 grammes de protéines par jour, une femme, 60 grammes. (Pour savoir à quoi cela correspond, consultez l'encadré en page suivante.)

Sachez qu'au moins 25 % des protéines quotidiennes doivent être d'origine animale (viande, poisson, œufs).

Attention, si votre consommation en protéines est insuffisante et que vous maigrissez ! Certes l'aiguille de votre balance pointera vers le bas, mais il s'agira d'une fonte musculaire et non d'une perte de graisse. Par ailleurs, vous risqueriez de ressentir une grande fatigue physique, psychique, sexuelle, une diminution de la résistance aux infections et même une modification de votre comportement social !

Gare toutefois à ne pas tomber dans l'excès inverse. Les régimes protéinés sont pour cela inefficaces sur le long terme, voire dangereux. Et pour cause : une consommation quasi exclusive en protéines entraîne un déséquilibre alimentaire (manque de glucides, d'acides gras essentiels, de minéraux, vitamines…) à l'origine de certains effets secondaires graves tels que des troubles digestifs, des malaises hypoglycémiques, des maux de tête, des crampes musculaires, une fatigue des reins, perte des cheveux, sécheresse de la peau…

De plus, les protéines animales sont pour la plupart accompagnées de graisses animales et de cholestérol (ex : viande, œufs, fromage…).

À INTERCHANGER À VOLONTÉ !

100 g de viande équivaut à...

• **Parmi les protéines animales :**
- 100 g de poisson
- 2 tranches de jambon (100 g)
- 2 œufs
- 100 g de tofu
- 3 laitages (yaourt, fromage blanc...) en les choisissant écrémés ou demi-écrémés, ils sont moins gras : 3 à 4 yaourts, 300 g de fromage blanc
- 3 grands verres de 200 ml de lait, en préférant le lait demi-écrémé pour limiter les graisses = 1/2 litre de lait
- 60 g de fromage à pâte cuite, soit le volume de 2 petites boîtes d'allumettes...
- 90 g de fromage à pâte molle, soit 3 portions de camembert...
- 100 g de mozzarella, soit 1 boule
- 100 g de feta
- 60 g de chèvre sec
- 400 g de chèvre frais ou autre fromage frais

• **Parmi les protéines végétales :**
- 250 g (poids cuit) de légumes secs, soit 75 g poids sec : lentilles, haricots secs, pois chiches...
- 250 g (poids cuit) de quinoa
- 500 g (poids cuit) de pâtes, riz, semoule, soit 150 g poids sec
- 250 g de pain, soit 1 baguette

ATTENTION : les équivalences ci-dessus ne concernent que l'apport en protéines mais pas du tout l'apport en calories. Par exemple, parmi ces équivalences protéiques :
- 100 g de poisson maigre = 50 kcal, essentiellement sous la forme de protéines
- 250 g de pain = 640 kcal, essentiellement sous la forme de glucides
- 100 g de mozzarella = 280 kcal, essentiellement sous la forme de lipides

> **MÉMO : METTEZ TOUTES
> LES CHANCES DE VOTRE CÔTÉ**
>
> • Consommez une portion de viande, poisson, œufs ou équivalent au moins 1 à 2 fois par jour dans le cadre d'un régime amaigrissant. Cela protégera votre masse musculaire.
>
> • Mangez du poisson le plus souvent possible (au moins 3 fois par semaine).
>
> Les poissons maigres (blancs en général) apportent moins de graisse que les viandes, mais sont tout aussi riches en protéines et en fer. Les poissons gras (saumon, maquereau, hareng...) sont plus caloriques que les viandes maigres mais ils sont intéressants pour leur apport en oméga-3, protecteurs du système cardiovasculaire.
>
> • Consommez au moins trois produits laitiers par jour. Ils sont d'excellentes sources de protéines et vous apportent l'indispensable calcium.
>
> Pour maigrir, préférez les laitages maigres ou demi-écrémés sans sucre et les fromages allégés.
>
> • N'oubliez pas les légumes secs. Ils sont riches en protéines végétales, en fibres, vitamines et minéraux.
>
> • Ne faites jamais de repas exclusivement à base de protéines !

Une consommation abusive de ces aliments gras pourrait également augmenter les risques de maladies cardiovasculaires. Par ailleurs, vous reprendrez rapidement vos kilos perdus !

PARTIE 5
CARNET PRATIQUE

UNE TECHNIQUE INÉDITE ET INNOVANTE

L'atout majeur du programme LeDietCARE réside dans une technique inédite et innovante : la personnalisation du régime et le suivi individualisé de chaque candidat à l'amaigrissement. L'une des causes de l'échec des régimes hypocalorique, hyperprotéinés ou autres diètes farfelues naît du fait qu'ils restent standardisés alors que chaque personne en surpoids est différente, ses kilos en trop résultant de facteurs qui lui sont inhérents. D'où l'importance de respecter l'individu en tant que tel pour lui attribuer SON régime. Comment ça marche ? Suivez notre mode d'emploi LeDietCARE.

VOS HABITUDES À LA LOUPE

Quand vous vous rendez sur le site de la Clinique du Poids – www.ledietcare.fr –, nous apprenons à vous connaître, ce qui vous permet de la même façon d'en savoir plus sur vous-même !

• Étape 1

Commencez par insérer votre taille, poids, sexe et objectif à atteindre. Cette étape permettra d'établir votre **Indice de masse corporelle.**

Attention, ne vous fixez pas d'objectif excessif ! Un IMC élevé chez un sportif ou un très musclé est normal, les muscles étant plus lourds que la graisse. Gare à ne pas chercher non plus à atteindre un IMC inférieur à 18. Vous dépasseriez les limites du raisonnable en tombant dans la maigreur, dangereuse pour votre santé.

- **Étape 2**

Une fois votre objectif chiffré, il est temps de remplir notre **questionnaire d'investigation**. Il s'agit d'une série de questions basées sur votre alimentation et votre mode de vie : quels sont les aliments que vous consommez le matin, le midi, le soir ? À quelle fréquence ? En quelle quantité ? Privilégiez-vous l'allégé ? Quels assaisonnements ? Quelles boissons ? etc. Tous vos usages rythmant votre quotidien sont passés au crible.

Le but : déterminer une photographie de vos habitudes alimentaires, analyser ces dernières, vous apporter LA meilleure réponse à votre amaigrissement. Il s'agira de VOTRE programme. Vos réponses nous aideront à établir votre niveau calorique moyen quotidien actuel, vos apports en lipides, protéines et glucides. Nous déterminerons si vous mangez trop peu, trop, ou encore normalement mais de façon déséquilibrée.

Comme solution, nous vous proposerons la ration calorique la plus haute à consommer, tout en vous permettant de maigrir. Parce qu'il est intolérable d'avoir faim, nous vous l'éviterons. Par ailleurs, nous corrigerons vos excès ou vos carences en certaines catégories d'aliments. Pourquoi vous priver de fromage si votre surpoids est dû à un excès de sucres ?

En conclusion, pointer vos éventuelles erreurs alimentaires vous aidera à mieux comprendre leurs incidences sur votre poids, votre santé, votre bien-être… et la façon d'y remédier.

- **Étape 3**

Le poids des habitudes alimentaires est tel que LeDietCARE s'y adaptera. Vous êtes ainsi invité à préciser les aliments que vous ne souhaitez ou ne pouvez pas du tout intégrer au programme soit par aversion, soit par allergie ou intolérance.

Votre questionnaire sera soumis au scanner LeDietCARE. Celui-ci balaie l'ensemble des réponses pour les qualifier. Il analyse toutes vos habitudes alimentaires, notamment au regard de l'expérience acquise auprès des millions de patients étudiés avant vous.

Après analyse, le scanner recompose vos habitudes selon quatre directions :

C – une habitude à conserver ;
A – une habitude à conserver mais à adapter (fréquences, quantité) ;
R – une habitude à remplacer ;
E – une nouvelle habitude contribuant à équilibrer l'ensemble.

Chaque individu est soumis à une cinquantaine d'habitudes alimentaires. Il suffit d'en modifier 10 à 20 % seulement pour maigrir et se stabiliser.

> **IDÉE REÇUE ?**
> **Un jus de fruits pressés est moins calorique qu'un jus de fruits industriel**
>
> Faux ! Et pour cause, ils ont la même teneur en sucre naturel du fruit (le fructose). Toutefois, le jus fraîchement pressé est bien plus intéressant sur le plan nutritionnel : il se montre plus riche en fibres et en vitamines (à condition d'être bu rapidement). Attention à choisir des jus de fruits sans sucres ajoutés !

> **IDÉE REÇUE ?**
> **Le chocolat noir est moins calorique que le chocolat au lait**
>
> Faux ! Qu'ils soient noirs, au lait ou blancs..., tous les chocolats sont aussi caloriques les uns que les autres. Seule différence : le chocolat noir est fort en cacao (70 %, 80 % ou plus encore), celui au lait en est peu riche, le chocolat blanc en est totalement dépourvu. Quelle que soit leur teneur en cacao, tous les chocolats apportent environ 500 à 550 calories par tablette.
> Plus un chocolat est riche en cacao, moins il est sucré... mais plus il est gras !
> Ainsi 10 grammes de chocolat à 74 % de cacao (deux petits carrés ou un grand carré) confèrent l'équivalent d'une cuillerée à café d'huile, pas moins du double d'un chocolat noir à croquer à 40 % de cacao !

Par conséquent, ce n'est pas le nutritionniste qui décide arbitrairement de ce que vous mangerez. C'est vous qui choisissez. LeDietCARE se veut un régime réaliste, découlant du bon sens : il est impossible de se soumettre à des restrictions sur le long terme. Nous nous interdisons de créer une rupture entre ce que vous mangiez avant votre amaigrissement, ce que vous consommez pendant et ce que vous savourerez après. Une seule solution : respecter vos habitudes alimentaires tout en vous inculquant la notion du « manger équilibré ».

- **Étape 4**

Choisissez votre plan préféré ! Nous vous offrons un programme hebdomadaire. Il ne reste plus qu'à choisir vos menus en sélectionnant les aliments qui vous sont proposés. Pour un plus grand encadrement, vous pouvez aussi choisir un programme en sept plans journaliers. Parmi les sept propositions, choisissez votre favorite pour la journée.

- **Étape 5**

Si vous le souhaitez, **imprimez vos menus.** Cela peut toujours être nécessaire d'en avoir le mémo sur le frigo. Plus utile encore dans votre poche, vous pourrez optimiser vos courses au supermarché.

- **Étape 6**

À l'assaut des calories, calculez votre activité physique et les calories ainsi brûlées.

Quel sport ? Avec quelle intensité ? Quelle activité physique ? Faible ou intense ? Vos habitudes sont passées au crible. Que vous fassiez le ménage énergiquement tous les jours, que vous portiez de lourds paquets de courses, que vous pratiquiez un fastidieux travail ou que vous restiez cloué à votre siège devant un ordinateur à toute heure… précisez si votre mode de vie est actif, ultra-actif, moyennement actif, un peu mou ou totalement sédentaire. Chaque jour, nous vous permettons de calculer le nombre de calories brûlées grâce à vos efforts physiques. Ski, alpinisme, tennis, shopping, bricolage, jardinage… il suffit d'indiquer l'activité pratiquée et sa durée. Nous calculons instantanément les dépenses énergétiques qui en découlent (sans prendre en considération les calories brûlées par votre métabolisme). De quoi se motiver pour toujours plus bouger !

COACHING QUOTIDIEN

Vous ne vous retrouverez jamais livré à vous-même. Derrière notre site Internet, toute notre équipe vous soutient au quotidien. Notre suivi diététique se veut interactif. C'est l'une des clés de notre réussite. Une question ? Besoin d'un conseil ou d'encouragements ? Votre diététicienne est à votre disposition par courriel ou par téléphone.

Chaque matin, vous trouverez notre soutien dans votre boîte mail : conseils, astuces, informations… En somme, une série de recommandations pour continuer sur votre juste lignée.

> **Notre suivi diététique se veut interactif**

Chaque soir, vous êtes invité à indiquer les aliments consommés au cours de la journée. Cela nous permettra **d'adapter votre régime quotidiennement, notamment en cas d'écart de votre part ou d'une modification de votre activité physique.** Nous élaborons quotidiennement « l'analyse de votre journée » : un encouragement à la bonne observance de votre régime.

Si vous jugez avoir mis la barre trop haut, basculez d'un régime à l'autre. N'hésitez pas à reconnaître vos limites dans le suivi du programme Express, peut-être inadapté, car trop restrictif à votre goût. Pour vous satisfaire, nous adapterons aussitôt votre plan d'alimentation suivant les critères du programme Liberté.

En conclusion, notre suivi et coaching quotidien nous permet de ne jamais vous laisser seul, de vous booster en cas de « baisse de régime », mais, surtout, de peaufiner nos recommandations et d'adapter votre programme minceur quotidiennement. Petit plus : hebdomadairement, vous êtes invité à consulter l'analyse de votre semaine. Nous vous expliquons alors les conséquences de vos écarts éventuels sur votre santé et sur votre poids.

IDÉE REÇUE ?
Le vin est à bannir pour maigrir

Faux, mais... Les calories contenues dans le vin viennent essentiellement de l'alcool. Plus le degré est faible et moins la bouteille contiendra de calories. Reste que ces calories favorisent le stockage des mauvaises graisses... Un gramme d'alcool confère 7 calories ! En clair, un verre de 125 millilitres à 12° contient près de 70 calories. À savoir : les vins blancs liquoreux et les vins doux naturels sont les plus caloriques. Les apéritifs alcoolisés, le vin, la bière, les digestifs... peuvent continuer à faire partie de vos habitudes alimentaires puisque LeDietCARE s'engage à les respecter. Attention toutefois à vous limiter aux normes de la toxicité* et à l'apport calorique qui vous convient.

L'apport en alcool ne doit pas dépasser 10 % de l'apport calorique total de la journée.

* 13 grammes d'alcool par jour pour une femme, soit 9 verres (de 10 centilitres) de vin à 12° par semaine ; 15 grammes d'alcool par jour pour un homme, soit 11 verres (de 10 centilitres) de vin à 12° par semaine.

L'ALCOOLÉMIE

L'alcoolémie correspond à la présence d'alcool dans le sang. On la mesure par un taux d'alcoolémie exprimé en grammes par litre. Attention, l'alcoolémie autorisée par le code de la route est de 0,5 g d'alcool par litre de sang ce qui correspond par exemple :
- pour un homme de 70 kg à :
  - 2 verres de vin pris à jeun ou avec quelques amuse-gueule,
  - 3 verres de vin pris au sein d'un repas complet,
- pour une femme de 50 kg à :
  - 1 verre de vin pris à jeun ou avec quelques amuse-gueule,
  - 2 verres de vin pris au sein d'un repas complet.

Si la consommation de vin est double (soit 1 g d'alcool par litre de sang), il faudra attendre 3 à 4 heures après l'ingestion avant de retrouver une alcoolémie de 0,5 pour pouvoir prendre la route !

LE SPORT : UNE ARME INCONTOURNABLE POUR MAIGRIR

Suivre à la lettre notre programme LeDietCARE est excellent… mais insuffisant. Un vrai régime d'amaigrissement ne peut être efficace que si vous êtes actif. Pour cela, vous devez faire preuve de bonne volonté et bouger (sauf contre-indication médicale). C'est une condition complémentaire de l'astreinte alimentaire, un effort obligatoire pour attaquer la masse grasse, une exigence incontournable pour ne pas regresser. Il s'agit d'un pouvoir dont vous êtes détenteur. Comme il serait dommage de ne pas l'utiliser !

AGIR EN PROFONDEUR

Tapoter sur votre clavier, vous lever, vous asseoir, balayer, repasser, grimper des escaliers, vous brosser les dents, vous hisser dans votre voiture, en descendre, porter vos paquets du marché… Chacun de vos mouvements fait travailler vos muscles avec plus ou moins d'intensité. Chacun de vos gestes brûle des calories. Imaginez le résultat lorsque vous y mettez un peu plus d'ardeur…

C'est indéniable : l'activité physique agit directement sur l'organisme. Elle attaque vos kilos dans le vif, en plein dans la graisse. Explication en huit points.

1. Vous brûlez mieux ce que vous mangez.
L'activité physique régulière favorise une meilleure activité cardiaque et cellulaire. Elle augmente ainsi l'oxydation des graisses et des sucres circulant dans le sang, après la digestion d'un repas.

2. Vous conservez vos muscles.
L'amaigrissement s'accompagne généralement d'une légère fonte musculaire. L'activité permet au contraire de l'entretenir, voire de la développer. Résultat : votre silhouette est remodelée de telle sorte que le muscle prend le pas sur la graisse !

3. Vous augmentez votre dépense énergétique.
Dans la chaudière qu'est votre corps, les premiers consommateurs d'énergie sont vos muscles. Ainsi, plus vous êtes musclé, plus vous exterminez les calories et plus vite vous maigrissez. Cela vous permettra notamment de tolérer plus facilement d'éventuels écarts de conduite auxquels vous auriez succombé…

4. C'est bon pour le moral.
Sans aucun doute, le sport évacue le stress, vide la tête, décharge les tensions… pour procurer un sentiment de bien-être et d'équilibre, très important pour le moral.

5. Le sport en lui-même ne fait pas « maigrir » mais « mincir ».
À moins qu'il ne soit pratiqué de manière intensive et très régulièrement, il n'entraîne pas nécessairement une perte de poids significative sur la balance. Mais ne vous fiez pas

aux apparences. C'est uniquement parce que vous renforcez votre masse musculaire, celle-ci se substituant à la graisse. Or le muscle pèse plus lourd que le gras. Rassurez-vous : vous constaterez un résultat immédiat dans vos vêtements ! Votre corps sera tonifié, affiné, votre silhouette remodelée.

6. C'est un anti « peau distendue ».
Super, vous perdez du poids… mais dégonflez comme un ballon ! Le risque de l'amaigrissement au niveau esthétique est d'avoir une peau de plus en plus lâche… Les zones à risque : le ventre, les bras, les cuisses, les fesses. Une activité physique régulière vous permet de raffermir vos chairs au fur et à mesure que vos kilos vous quittent.

7. Un coup de pouce aux kilos récalcitrants.
Après quelques semaines de régime, il se peut que votre balance peine à pointer vers le bas. Elle se montre paresseuse malgré votre persévérance. La solution n'est surtout pas de moins manger ! L'activité physique boostera votre organisme en le forçant à s'activer pour puiser dans vos réserves de graisse.

8. Une stabilisation assurée.
La Phase Définitive enfin atteinte, vous voilà désormais plus libre de vos choix alimentaires, comme le sous-entend le programme Liberté. Affranchi de contrôle alimentaire, avec la liberté de quelques gâteries supplémentaires, c'est grâce au sport que vous pourrez maintenir votre poids. Il vous servira en quelque sorte de « canne » de soutien, de point d'équilibre en cas d'écart, d'assurance pérenne.

> **IDÉE REÇUE ?**
> **Des compléments alimentaires pendant mon régime m'aident à rester en forme**
>
> Faux... Si vous suivez le régime LeDietCARE à la lettre ! La prévention contre les carences en vitamines, minéraux ou oligo-éléments passe davantage par une réorganisation des repas pour équilibrer au mieux les apports.

LE TOP DES SPORTS

Le sport le plus efficace pour maigrir est sans aucun doute celui que vous aimez pratiquer. Rien de tel que le plaisir pour maintenir une meilleure régularité. Relevons :

• Les sports athlétiques : gymnastique, course de vitesse, tennis, football, rugby et autres sports d'équipe

Intenses mais de courte durée, ces sports forcent l'organisme à brûler ses réserves de sucres (glucides) contenus dans les muscles sous la forme de glycogène.

Ils favorisent le remodelage de votre silhouette en faisant « grossir » le muscle. Ce sont les fibres musculaires qui augmentent le volume des muscles.

• Les sports d'endurance : marche sportive, jogging, randonnée pédestre, natation de fond, cyclisme, ski de fond, jeux de ballon...

De longue durée, ces sports obligent l'organisme à puiser dans ses réserves de graisse. Ils sont favorables à un amaigrissement.

- **L'idéal : si vous le pouvez, combinez deux types de sport, à savoir un sport d'endurance et un sport athlétique, comme le jogging et la gymnastique.**

Autre solution : pratiquez un sport d'endurance additionné à de la marche à pied quotidienne. Pour cela, astreignez-vous à laisser votre voiture au parking !

ASTUCE LEDIETCARE

Tâchez de privilégier les sports pratiqués dans une atmosphère froide, notamment dans l'eau. Ils entraînent une déperdition énergétique plus importante et donc une fonte de masse grasse encore plus efficace. En effet, rappelons que l'organisme puise dans les graisses pour lutter contre le froid.

UNE ALIMENTATION DE CHAMPION

Pour tenir le coup face à l'effort, la pratique d'un sport nécessite avant tout une alimentation équilibrée, suffisamment riche en glucides (sucres simples et complexes) et bien répartis au cours de la journée.

Distinguons deux cas de figure :

• Si vous privilégiez l'amaigrissement sur la performance sportive

Le moment clé de la journée pour se dépenser est le matin à jeun, ou tout au moins sans avoir absorbé d'aliments sucrés. Pour éviter le coup de barre, vous pouvez consommer un aliment riche en protéines (tranche de jambon maigre, œuf dur, fromage blanc non sucré). Mieux vaut réserver les aliments riches en glucides (pain, céréales, fruits ou produits sucrés) pour après l'effort.

> **IDÉE REÇUE ?**
> **Si le produit est allégé, je peux en consommer le double**
>
> Faux ! Certes beurre, margarine, crème fraîche, yaourts, etc., sont plus pauvres en graisses que leurs homologues non allégés, mais ces produits contiennent malgré tout des lipides. Par ailleurs, les mentions « sans sucre », « light » ou « allégé » peuvent se révéler trompeuses. Déchiffrez les étiquettes !
> • Les confiseries dites sans sucre et contenant des polyols (mannitol, sorbitol, polyalcool...) ne sont pas exemptes de calories... Bien qu'elles soient deux fois plus légères que des gâteries traditionnelles, en consommer à longueur de journée est dangereux !
> • Le chocolat dit sans sucre est en réalité plus gras qu'une tablette de chocolat normale !
> • La mention « allégé en graisses » figurant sur les yaourts, biscuits ou crèmes dessert ne concerne que la partie grasse de ces aliments. Bien souvent, la diminution des graisses est compensée par une augmentation des sucres !

• **Si vous préférez le « bien-être » à l'amaigrissement**
Le dernier repas doit être pris au moins trois heures avant votre activité physique, afin d'éviter tout inconfort digestif. Préférez des aliments faciles à digérer et suffisamment riches en sucres lents ou amidon : féculents, pain, céréales...
Pensez à boire de l'eau, nature ou citronnée.
Évitez les aliments lourds à digérer : viandes et poissons gras, plats en sauce, charcuterie, légumes secs, choux...

Au contraire, le pain brioché et autres dérivés (pain de mie, biscuits, même dits allégés...) ont reçu une bonne dose de sucre et sont fabriqués avec de la farine raffinée. Ce qui leur vaut d'être assimilés trop rapidement par l'organisme. Ils sont donc à boycotter en période de régime ! De la même façon, gare aux pains fantaisie (aux noix, olives, lardons, fromage…), beaucoup plus gras donc plus caloriques que les pains composés uniquement de farine complète, levure, sel et eau.

AVANT L'EFFORT… PEU DE RÉCONFORT

Le repas précédant l'activité sportive doit absolument rester léger. À défaut, vous risqueriez d'avoir du mal à bouger de façon dynamique.

Afin de rendre la digestion plus facile, évitez sauces, fritures et tous les aliments habituellement lourds à digérer.

Petit déjeuner type
• Si l'activité sportive a lieu le matin
(à prendre le plus tôt possible)
– café/thé léger (évitez le mélange café au lait souvent indigeste) ;
– pain beurré ou céréales ;
– protéines au choix : jambon, œufs, yaourt ou fromage blanc ;
– glucides au choix : fruit frais, jus de fruit sans sucre ajouté ou compote non sucrée.

Déjeuner type
• Si l'activité sportive a lieu l'après-midi (3 à 4 heures avant l'activité sportive, le temps de la digestion)
– crudités avec huile autorisée et citron ;
– viande maigre grillée/poisson grillé ou poché ;
– féculents (pommes de terre, pâtes, riz…) ;
– pain ;
– produit laitier ;
– fruit frais.

Conseils anti-fringale

… pour éviter les grignotages incongrus avant le sport.

• Ne soyez pas à jeun plus de quatre heures avant de vous adonner à une activité physique.

• Consommez une ration de féculents et de pain lors du repas précédent. Le but : éloigner une crise d'hypoglycémie au cours de l'activité sportive (sensation de fatigue, vertige…).

• Ajoutez si besoin un aliment protéique juste avant l'activité physique (œuf dur, laitage sans sucre…).

RAPPEL 0 GLUCIDE !

Dans le but d'un amaigrissement, ne consommez pas d'aliments glucidiques (sucreries, boissons sucrées, fruits, pain, féculents…) juste avant de pratiquer un sport.

En effet, sans glucides ingérés, les muscles se retrouvent partiellement privés de glycogène (réserve de sucres). L'organisme est alors contraint de puiser directement l'énergie nécessaire dans la masse grasse.

IDÉE REÇUE ?
Une confiture allégée reste plus calorique qu'une confiture dite sans sucre

Faux ! La confiture sans sucre n'existe pas. Toutes les confitures en contiennent un minimum, les fruits étant par essence riches en « sucres ».

Les confitures sans sucre ajouté ou contenant 100 % de fruits sont sucrées par des jus de fruits concentrés.

Une confiture dite « sans sucre » est donc équivalente à une confiture dite « allégée ».

Attention : une confiture ordinaire est deux fois plus calorique qu'une confiture « allégée » ou « sans sucre ».

À savoir : 1 cuillerée à café de confiture équivaut à 2 cuillerées à café de confiture « allégée » ou « sans sucre ».

À VOS GOURDES

Pour éviter crampes et fatigue musculaire, pensez à :
- boire 1,5 litre d'eau par jour au minimum (eau plate, thé ou tisane non sucrés) ;
- ne pas trop boire pendant le repas précédant l'activité sportive ;
- boire au moins 1/2 litre d'eau dans la demi-heure qui précède le repas ou une à deux heures après le repas ;
- vous réhydrater régulièrement. Et pour cause : dès vingt minutes d'exercice physique, les besoins hydriques augmentent avec l'intensité de l'activité et la température ambiante.

PENDANT L'EFFORT

Pensez à boire de l'eau afin d'éviter la déshydratation. C'est indispensable.
Pour les efforts plus soutenus dans l'intensité comme dans la durée, LeDietCARE vous accorde une petite collation glucidique (barre de céréales, fruits secs, pâte d'amande).

APRÈS L'EFFORT... LE RÉCONFORT

Votre séance sportive finie, vous devez éliminer les toxines et reconstituer vos réserves d'énergie. Pour cela, mangez léger, sans négliger les féculents.
- Pensez à boire de l'eau, du bouillon ou du potage de légumes (riche en minéraux). L'idéal est de commencer par 1/4 de litre d'eau très minéralisée (Vichy Saint-Yorre), puis de prendre de l'eau plate afin de vous réhydrater.
- Préférez à la viande : les œufs, le poisson maigre, les laitages. Ces derniers créent moins de déchets azotés.
- Préférez les cuissons sans matière grasse (gril, vapeur, papillote).

Après l'exercice, ne vous jetez pas sur des boissons sucrées, croissants ou barres chocolatées ! Vous ne voudriez pas voir tant d'efforts anéantis…

Bonne nouvelle : le corps puise dans les réserves de graisse jusqu'à une heure après la fin de l'exercice… à condition que les muscles ne soient pas réalimentés en sucres.

REPAS TYPE APRÈS L'EFFORT

Afin de faciliter l'élimination des toxines et de l'acide urique libérés lors de l'effort, vous pouvez remplacer la viande prescrite par des produits laitiers (plus pauvres en déchets azotés). Vous conserverez ainsi l'apport protéique nécessaire à l'amaigrissement. Pour un repas complet vous pouvez consommer :
– du bouillon de légumes ;
– des féculents (pommes de terre, pâtes, riz…) ou pain ;
– des crudités/salade (huile et citron) ;
– un fruit cru ou cuit sans sucre.

En conclusion, pensez-y à deux fois avant d'appuyer sur le bouton d'appel de l'ascenseur ! Vous savez à présent que le moindre mouvement fait travailler vos muscles. Vous allez sûrement découvrir l'existence de muscles que vous ne connaissiez pas ! Vous n'avez pas le choix, c'est indispensable pour attaquer la graisse en profondeur.

À défaut d'une activité intense régulière, MARCHEZ. Trente minutes de promenade peuvent faire l'affaire. Une heure entière coûtera plus cher… à votre graisse ! La marche permet en effet d'entretenir votre masse musculaire et de booster votre métabolisme quotidiennement. Bonne nouvelle : tout le monde peut trouver le temps de crapahuter dans une journée. Voyez vous-même :

Faites le calcul :
– 15 minutes de lèche-vitrines ;
– 10 minutes en boycottant une seule station de métro ou un arrêt de bus pour faire le trajet à pied ;
– 2 minutes pour monter les escaliers jusqu'à votre bureau ;
– 2 minutes de promenade après la pause déjeuner ;
– 15 minutes (minimum) pour faire les courses ;
– 20 minutes de promenade digestive le soir avant de vous coucher (incontournable si vous avez un chien à promener !).

C'est la promesse d'une stabilisation de poids assurée. Rassurez-vous : une fois que vous en aurez pris l'habitude, vous dépenser deviendra une nécessité.

CARNET DE RECETTES

SOMMAIRE DES RECETTES

Sauces froides
Sauce indienne au yaourt 276
Sauce aux herbes 276
Sauce moutarde 277
Sauce au poivre vert 277
Sauce au crabe 278
Mayonnaise mousseline 278
Sauce aurore 279
Sauce au chèvre frais 279
Sauce tomate et menthe 280
Sauce aïoli 280
Sauce rose 281

Sauces chaudes
Coulis de tomates 281
Sauce blanche allégée 282
Sauce légère 282
Sauce moutarde 283
Sauce charcutière 283
Sauce bourguignonne 284
Sauce bolognaise 284

Entrées et potages
Asperges sauce mousseline 285
Courgettes aux crevettes roses 285
Champignons à la grecque 286
Champignons montagnards 287
Légumes farcis 287
Chou-fleur tricolore 288

Soupes chaudes
Soupe de champignons 289
Soupe de carottes et curry 289
Soupe de courgettes 290
Soupe potiron-courgettes 290
Velouté de potiron 291
Soupe verte 291
Velouté de tomates 292
Potage provençal 292
Soupe au chou 293
Soupe aux brocolis 293
Soupe aux choux de Bruxelles 294
Soupe de potimarron 294

Soupes froides
Soupe glacée de tomates 295
Soupe glacée carottes-pamplemousse 295
Soupe glacée au concombre 296

Viandes et volailles
Blanquette de veau 297
Lapin aux champignons 298
Quasi de veau aux oignons 298
Filet de biche rôti aux girolles 299
Pintade farcie à l'estragon 299
Sauté de poulet au piment 300
Émincé de poulet au gingembre 301
Poulet au concombre 302
Terrine de poulet 303
Paupiettes de dinde 303
Poulet basquaise 304
Cailles aux raisins 304

Poissons, crustacés et coquillages
Filets de sole à l'oseille 305
Pot-au-feu de poissons 306
Poisson en papillotes 306
Dorade au sel 307
Cassolette de cabillaud 308
Lotte à l'espagnole 308
Dos de cabillaud épais poêlé 309
Rouelles de homard cuit au court-bouillon 310
Rouleaux d'été 311
Coquilles Saint-Jacques à la nage 312
Calamars à la provençale 313

Légumes et féculents
Soufflé de courgettes 314
Gratin d'endives 315
Mousse de chou-fleur 315
Aubergines farcies 316
Choucroute 316
Chou rouge aux pommes 317
Fenouil à la provençale 317
Fondue de poireaux aux oignons 318
Haricots verts wallons 318
Ratatouille à l'étouffée 319
Tomates aux herbes de Provence 319
Céleri-rave à la menthe 320
Salade de pâtes 321
Salade au crabe 322
Salade de pâtes aux deux saumons 323
Pâtes aux seiches 324
Spaghettis bolognaise 324

**Salades composées et pizzas,
quiches, tartes salées...**

Salade de tomates au roquefort 325
Salade printanière sauce au crabe 325
Salade composée avec fromage et œuf 326
Salade composée avec jambon ou viande 327
Salade composée avec poisson ou fruits de mer 328
Salade composée avec féculents 329
Salade composée avec fromage 330
Pizza aux légumes/jambon 331
Pizza mozzarella/tomates 332
Pizza ricotta/légumes grillés 333
Pizza océane 334
Quiche lorraine allégée 335

Desserts

Soupe de fruits rouges 336
Sorbet aux fraises ou aux framboises 337
Sorbet au jus de fruit 337
Sorbet aux fruits 338
Mousse aux fruits 338
Mousse au citron ou à l'orange 339
Poires aux groseilles 339
Pommes au four sauce à l'orange 340
Œufs à la neige 341
Crème renversée 342
Glace vanille, café ou chocolat 343
Flan 344
Fromage blanc aux pommes 344
Fruits à la gelée d'amandes 345
Fromage blanc au coulis de fruits rouges 346

SAUCE INDIENNE AU YAOURT

INGRÉDIENTS

Pour 4 personnes

- 2 yaourts maigres
- 1 cuillerée à soupe de jus de citron ou de vinaigre
- 1 cuillerée à café de moutarde
- curry, cumin ou paprika
- sel et poivre

Préparation
- Mélangez tous les ingrédients.
- Mettez au frais.

Vous pouvez remplacer les yaourts par 4 petits-suisses maigres ou 200 g de fromage blanc maigre. Vous obtiendrez une consistance plus moelleuse.

Informations nutritionnelles
Une part de cette recette apporte : 27 kcal, 3 g de protéines, 0 g de lipides, 3 g de glucides, 125 mg de potassium, 94 mg de calcium.

Conseil
Une part de cette recette peut être consommée en plus de votre prescription pour agrémenter des crudités, salades, chou-fleur froid, viandes ou poissons.

SAUCE AUX HERBES

INGRÉDIENTS

Pour 4 personnes

- 200 g de fromage blanc maigre
- 1 cuillerée à soupe de vinaigre
- 1 cuillerée à café de moutarde
- fines herbes (estragon, ciboulette, basilic, persil, cerfeuil...)
- sel et poivre

Préparation
- Mélangez les ingrédients.
- Mettez au frais.
- Variez le vinaigre (cidre, balsamique, de framboise...), ou remplacez-le par du jus de citron. Variez également la moutarde (Dijon, à l'estragon, à l'ancienne...).
- Vous pouvez aussi améliorer cette recette en ajoutant à la sauce des échalotes ou des cornichons finement hachés.

Vous pouvez remplacer le fromage blanc par 2 yaourts maigres ; vous obtiendrez une consistance plus souple – assaisonnement de concombre ou de tomates par exemple.

Informations nutritionnelles
Une part de cette recette apporte : 27 kcal, 3 g de protéines, 0 g de lipides, 3 g de glucides, 125 mg de potassium, 94 mg de calcium.

Conseil
Une part de cette recette peut être consommée en plus de votre prescription pour agrémenter des crudités, salades, chou-fleur froid, viandes ou poissons.

SAUCE MOUTARDE

INGRÉDIENTS

Pour 4 personnes

- 2 jaunes d'œufs
- 1 cuillerée à soupe de moutarde
- 1 cuillerée à soupe de vinaigre
- 200 ml de lait écrémé
- fines herbes (estragon, ciboulette, basilic...)
- sel et poivre

Préparation
- Battez les jaunes avec la moutarde et le vinaigre.
- Faites chauffer le lait jusqu'à frémissement.
- Versez le lait chaud, mais non bouillant, sur les jaunes d'œufs.
- Reportez sur la flamme. Remuez sans cesse jusqu'à obtenir un mélange onctueux, comme une crème anglaise.
- Laissez refroidir.
- Ajoutez selon votre convenance les fines herbes (ciboulette, estragon, basilic...), le sel et le poivre.

Informations nutritionnelles
Une part de cette recette apporte : 52 kcal, 3 g de protéines, 3 g de lipides, 2 g de glucides, 97 mg de potassium, 70 mg de calcium.

Conseil
Une part de cette recette peut être consommée en plus de votre prescription. Elle s'utilise comme une mayonnaise ou comme une sauce mousseline.

SAUCE AU POIVRE VERT

INGRÉDIENTS

Pour 4 personnes

- 200 g de fromage blanc maigre
- 4 cuillerées à café de poivre vert en boîte
- le jus d'un citron
- fleur de sel

Préparation
- Dans un hachoir à fines herbes, réduisez le poivre vert en poudre.
- Mélangez-le au fromage blanc, en y ajoutant le jus de citron et une pincée de fleur de sel.
- Mettez au frais.

Informations nutritionnelles
Une part de cette recette apporte : 23 kcal, 4 g de protéines, 0 g de lipides, 2 g de glucides, 55 mg de potassium, 63 mg de calcium.

Conseil
Une part de cette recette peut être consommée en plus de votre prescription pour agrémenter vos viandes.

SAUCE AU CRABE

INGRÉDIENTS

Pour 4 personnes

- 100 g de chair de crabe
- 150 g de fromage blanc maigre
- 1 cuillerée à café de jus de citron
- persil haché
- 1 pincée de curry
- sel et poivre

Préparation
- Émiettez la chair de crabe.
- Mélangez-la au fromage blanc pour obtenir une pâte homogène.
- Ajoutez le jus de citron, le persil et le curry.
- Salez et poivrez.
- Mettez au frais 30 minutes minimum avant de servir.

Informations nutritionnelles
Une part de cette recette apporte : 42 kcal, 8 g de protéines, 0,5 g de lipides, 2 g de glucides, 14 mg de magnésium, 84 mg de potassium, 71,5 mg de calcium.

Conseil
Une part de cette recette peut être consommée en plus de votre prescription pour agrémenter des crudités, crustacés ou poissons froids.

MAYONNAISE MOUSSELINE

INGRÉDIENTS

Pour 4 personnes

- 2 œufs
- 150 g de fromage blanc maigre
- 1 cuillerée à soupe de moutarde
- 1 cuillerée à soupe de vinaigre
- 1 échalote hachée
- sel et poivre
- persil haché

Préparation
- Faites durcir 1 œuf et réservez le jaune.
- Montez le blanc du deuxième œuf en neige ferme.
(Vous pouvez aussi n'utiliser qu'un seul œuf en faisant durcir le jaune au micro-onde – piqué avec une pointe de couteau – ou dans un ramequin à l'autocuiseur.)
- Écrasez le jaune dur et mélangez-le au fromage blanc pour obtenir une pâte homogène. Ajoutez la moutarde, le vinaigre, l'échalote, le sel, le poivre et le persil. Incorporez, à la fin et délicatement, le blanc d'œuf monté en neige.
- Servez frais.

Informations nutritionnelles
Une part de cette recette apporte : 54 kcal, 6 g de protéines, 3 g de lipides, 2 g de glucides, 72,5 mg de potassium, 61 mg de calcium.

Conseil
Une part de cette recette peut être consommée en plus de votre prescription pour agrémenter des crudités, œufs durs, viandes et poissons froids.

SAUCE AURORE

INGRÉDIENTS

Pour 4 personnes

- 1 yaourt maigre
- 2 cuillerées à soupe (25 g) de crème liquide allégée (15 % de MG)
- 1 cuillerée à soupe de concentré de tomates
- sel et poivre
- 1 pincée de curry en poudre

Préparation
- Mélangez le yaourt et la crème liquide.
- Assaisonnez avec le concentré de tomates, le sel, le poivre et le curry.
- Mettez au frais.

Informations nutritionnelles
Une part de cette recette apporte : 27 kcal, 2 g de protéines, 1 g de lipides, 3 g de glucides, 5 mg de magnésium, 62,5 mg de potassium, 47 mg de calcium.

Conseil
Une part de cette recette peut être consommée en plus de votre prescription pour agrémenter des crudités, œufs durs, crustacés, viandes et poissons froids.

SAUCE AU CHÈVRE FRAIS

INGRÉDIENTS

Pour 4 personnes

- 30 g de chèvre frais
- 150 g de fromage blanc maigre
- sel et poivre
- ciboulette hachée
- 1 cuillerée à soupe de vinaigre

Préparation
- Écrasez le chèvre frais avec une fourchette.
- Salez, poivrez et mélangez la ciboulette aux miettes de fromage ainsi obtenues.
- Diluez avec le vinaigre.
- Incorporez au fromage blanc de façon à obtenir une pâte homogène.
- Mettez au frais.

Informations nutritionnelles
Une part de cette recette apporte : 23 kcal, 13 g de protéines, 4 g de lipides, 6 g de glucides, 5,5 mg de magnésium, 41 mg de potassium, 55 mg de calcium.

Conseil
Une part de cette recette peut être consommée en plus de votre prescription pour agrémenter des crudités.

SAUCE TOMATE ET MENTHE

INGRÉDIENTS

Pour 4 personnes

- 400 g de tomates fraîches pelées
- 1 oignon émincé
- sel et poivre
- 5 feuilles de menthe fraîche

Préparation
- Graissez le fond d'une casserole antiadhésive avec une goutte d'huile que vous étalez à l'aide de papier absorbant.
- Faites-y blondir l'oignon émincé à feu très doux, puis ajoutez les tomates coupées en petits cubes.
- Laissez cuire à feu doux et à couvert, pendant 15 minutes.
- Ajoutez les feuilles de menthe hachées.
- Servez frais.

Informations nutritionnelles
Une part de cette recette apporte : 21 kcal, 1 g de protéines, 0 g de lipides, 1 g de glucides, 13 mg de magnésium, 260 mg de potassium, 19 mg de calcium, 14 mg de vitamine C.

Conseil
Une part de cette recette peut être consommée en plus de votre prescription pour agrémenter des œufs durs, viandes et poissons froids.

SAUCE AÏOLI

INGRÉDIENTS

Pour 4 personnes

- 2 gousses d'ail
- 1 jaune d'œuf
- 150 g de fromage blanc maigre
- 1 cuillerée à café de moutarde
- sel et poivre

Préparation
- Pelez et hachez menu l'ail.
- Ajoutez le jaune, la moutarde, le sel, le poivre, puis le fromage blanc.
- Faites tiédir au bain-marie tout en remuant jusqu'à ce que le mélange épaississe.
- Servez frais.

Informations nutritionnelles
Une part de cette recette apporte : 35 kcal, 4 g de protéines, 2 g de lipides, 1 g de glucides, 46 mg de potassium, 54 mg de calcium.

Conseil
Une part de cette recette peut être consommée en plus de votre prescription pour agrémenter des grillades et poissons pochés.

SAUCE ROSE

INGRÉDIENTS

Pour 4 personnes

- 200 g de fromage blanc maigre
- 1 cuillerée à soupe de concentré de tomates
- 1 cuillerée à soupe de vinaigre de framboise ou autre
- 1 cuillerée à café de moutarde
- sel et poivre

Préparation
- Mélangez la moutarde, le concentré de tomates et le vinaigre au fromage blanc pour obtenir une pâte homogène.
- Salez et poivrez.
- Servez bien frais.

Informations nutritionnelles
Une part de cette recette apporte : 28 kcal, 4 g de protéines, 0 g de lipides, 3 g de glucides, 55 mg de potassium, 63 mg de calcium.

Conseil
Une part de cette recette peut être consommée en plus de votre prescription pour agrémenter des viandes et légumes froids.

COULIS DE TOMATES

INGRÉDIENTS

Pour 4 personnes

- 500 g de tomates fraîches sans peau et épépinées
- 1 oignon et 2 échalotes
- 1 bouquet garni (1 branche de thym, de l'origan et 1 feuille de laurier)
- 1 gousse d'ail
- quelques feuilles de basilic et 1 bouquet de ciboulette et de persil
- sel et poivre

Préparation
- Versez une goutte d'huile dans le fond d'une casserole antiadhésive, et étalez-la à l'aide de papier absorbant.
- Faites blondir l'oignon et les échalotes émincés à feu très doux, puis ajoutez les tomates écrasées, le thym, le laurier et l'origan. Laissez mijoter à découvert pendant 15 minutes.
- Ajoutez en fin de cuisson l'ail, le basilic, le persil et la ciboulette hachés. Salez et poivrez.

Informations nutritionnelles
Une part de cette recette apporte : 30 kcal, 1 g de protéines, 0,5 g de lipides, 5 g de glucides, 2 g de fibres, 15 mg de magnésium, 304 mg de potassium, 14 mg de calcium, 12 mg de vitamine C.

Conseil
Une part de cette recette peut être consommée en plus de votre prescription pour agrémenter des pâtes, riz, haricots secs, chou-fleur, céleri, courgettes, viandes grillées.

SAUCE BLANCHE ALLÉGÉE

INGRÉDIENTS

Pour 4 personnes

- 200 ml de lait écrémé
- 1 cuillerée à soupe rase de maïzena ou de fécule de pomme de terre
- noix de muscade râpée, curry ou safran
- sel et poivre
- 1 pincée de gruyère râpé (facultatif)

Préparation
- Dans un récipient creux, délayez peu à peu la maïzena ou la fécule de pomme de terre dans le lait froid.
- Faites épaissir le mélange dans une casserole à feu doux en tournant continuellement pour éviter les grumeaux.
- Retirez du feu au premier bouillon.
- Ajoutez selon votre goût de la muscade, du curry ou du safran, du sel et du poivre, et éventuellement 1 pincée de gruyère râpé si vous voulez faire gratiner votre plat.

Informations nutritionnelles
Une part de cette recette apporte : 20 kcal, 1,5 g de protéines, 0 g de lipides, 3 g de glucides, 22,5 mg de sodium, 5 mg de magnésium, 87 mg de potassium, 56 mg de calcium.

Conseil
Une part de cette recette peut être consommée en plus de votre prescription pour agrémenter des viandes blanches, poissons pochés, légumes chauds (chou-fleur, courgettes), pâtes, riz.

SAUCE LÉGÈRE

INGRÉDIENTS

Pour 4 personnes

- 1/4 de cube de bouillon de légumes ou de bouillon de viande dégraissé ou de court-bouillon de poisson
- 20 g de lait écrémé en poudre
- 1 cuillerée à soupe rase de Maïzena
- noix de muscade râpée, éventuellement du curry ou du safran
- sel et poivre

Préparation
- Dans un récipient creux, mélangez le bouillon et le lait puis délayez peu à peu la Maïzena.
- Faites épaissir le mélange dans une casserole à feu doux en tournant continuellement pour éviter les grumeaux.
- Ajoutez-y en fin de cuisson, selon votre goût, de la muscade, du curry ou du safran, puis salez et poivrez.
- Laissez refroidir.

Informations nutritionnelles
Une part de cette recette apporte : 27 kcal, 2 g de protéines, 0,2 g de lipides, 4 g de glucides, 5,5 mg de magnésium, 77 mg de potassium, 65 mg de calcium.

Conseil
Une part de cette recette peut être consommée en plus de votre prescription pour agrémenter des viandes blanches, poissons pochés, légumes chauds.

SAUCE MOUTARDE

INGRÉDIENTS

Pour 4 personnes

- 1 oignon haché
- 2 jaunes d'œufs
- 1 cuillerée à soupe de moutarde forte
- 1 cuillerée à soupe de bouillon de légumes ou d'eau
- 100 g de fromage blanc maigre
- fines herbes
- sel et poivre

Préparation
- Versez une goutte d'huile dans le fond d'une casserole antiadhésive, et étalez-la à l'aide de papier absorbant.
- Faites blondir l'oignon haché à feu très doux.
- Dans une jatte, mettez l'oignon blondi, les jaunes d'œufs, la moutarde, le bouillon de légumes ou l'eau, les fines herbes hachées et le fromage blanc.
- Mélangez bien et faites épaissir au bain-marie.
- Salez et poivrez.

Informations nutritionnelles
Une part de cette recette apporte : 29 kcal, 2,5 g de protéines, 1,25 g de lipides, 2 g de glucides, 5 mg de magnésium, 52,5 mg de potassium, 40 mg de calcium.

Conseil
Une part de cette recette peut être consommée en plus de votre prescription pour agrémenter des viandes, poissons grillés et pochés, abats (langue, rognons...).

SAUCE CHARCUTIÈRE

INGRÉDIENTS

Pour 4 personnes

- 2 grosses échalotes
- 1 verre de vin blanc
- 1 verre de bouillon de légumes
- 1 branche de thym, 1 feuille de laurier
- 1 cuillerée à soupe rase de maïzena
- 10 cornichons moyens
- sel et poivre

Préparation
- Versez une goutte d'huile dans le fond d'une casserole antiadhésive, et étalez-la à l'aide de papier absorbant.
- Faites blondir les échalotes hachées à feu très doux. Ajoutez le vin blanc, le bouillon de légumes, le thym et le laurier. Salez, poivrez puis laissez mijoter 15 minutes environ.
- Délayez la maïzena dans un peu d'eau avant de l'ajouter à la sauce. Laissez cuire encore quelques minutes tout en mélangeant bien pour éviter les grumeaux.
- Coupez les cornichons en fines rondelles et ajoutez-les à la sauce en fin de cuisson.

Informations nutritionnelles
Une part de cette recette apporte : 18 kcal, 0,5 g de protéines, 0,2 g de lipides, 3,5 g de glucides, 6,5 mg de magnésium, 64 mg de potassium, 8 mg de calcium.

Conseil
Une part de cette recette peut être consommée en plus de votre prescription pour agrémenter des viandes blanches rôties ou bouillies, du bœuf (viande de pot-au-feu) ou de la langue.

SAUCE BOURGUIGNONNE

INGRÉDIENTS

Pour 4 personnes

- 2 grosses échalotes
- 1 jaune d'œuf
- 1 verre de bouillon de légumes
- 1 verre de vin rouge
- 1 cuillerée à soupe rase de farine
- sel et poivre

Préparation
- Versez une goutte d'huile dans le fond d'une casserole antiadhésive et étalez-la à l'aide de papier absorbant.
- Faites blondir les échalotes pelées et hachées à feu très doux.
- Dans une jatte, battez le jaune d'œuf dans le bouillon de légumes et le vin, ajoutez-y les échalotes.
- Salez, poivrez et faites épaissir au bain-marie tout en mélangeant.
- Délayez la farine dans un peu d'eau avant de l'ajouter à la sauce.
- Poursuivez la cuisson, sans cesser de remuer jusqu'à l'obtention d'une sauce onctueuse.

Informations nutritionnelles
Une part de cette recette apporte : 26 kcal, 1 g de protéines, 1 g de lipides, 3,5 g de glucides, 7,5 mg de magnésium, 69,5 mg de potassium, 9 mg de calcium.

Conseil
Une part de cette recette peut être consommée en plus de votre prescription pour agrémenter des viandes.

SAUCE BOLOGNAISE

INGRÉDIENTS

Pour 4 personnes

- 100 g de veau maigre haché ou reste de bœuf bouilli haché
- 1 petit oignon et 1 gousse d'ail
- 4 tomates
- 1 feuille de laurier, quelques feuilles de sauge
- sel et poivre

Préparation
- Graissez légèrement le fond d'une casserole antiadhésive avec une goutte d'huile étalée à l'aide de papier absorbant.
- Faites revenir l'ail et l'oignon pelés et émincés à feu très doux. Ajoutez la viande, laissez rissoler 5 minutes.
- Pendant ce temps, pelez et épépinez les tomates, émincez-les puis mettez-les dans la casserole contenant déjà la viande. (Vous pouvez remplacer les tomates fraîches par des tomates en conserve au naturel, pelées ou en purée.)
- Ajoutez les herbes, le sel, le poivre, et remuez le tout. Laissez mijoter 30 minutes.

Informations nutritionnelles
Une part de cette recette apporte : 47 kcal, 23,5 g de protéines, 9 g de lipides, 5 g de glucides, 16 mg de magnésium, 273 mg de potassium, 13,5 mg de calcium, 7 mg de vitamine C.

Conseil
Une part de cette recette peut être consommée en plus de votre prescription pour agrémenter des pâtes, riz, légumes vapeur...

ENTRÉES & POTAGES

Les recettes proposées sont peu caloriques. Vous pouvez consommer une part de ces recettes, 3 à 4 fois par semaine, en remplacement de toute entrée prescrite.

ASPERGES SAUCE MOUSSELINE

INGRÉDIENTS

Pour 4 personnes

- 400 g d'asperges blanches ou vertes
- sauce mayonnaise mousseline (cf. recette p. 278)

Préparation
- Cuisez les asperges à la vapeur. (Vous pouvez aussi utiliser des asperges en conserve.)
- Servez-les tièdes ou froides et la sauce à part.
- Vous pouvez agrémenter la sauce mousseline de ciboulette ciselée et de 4 cornichons hachés.

Informations nutritionnelles
Une part de cette recette apporte : 75 kcal, 9 g de protéines, 3 g de lipides, 3 g de glucides, 1,5 g de fibres, 48,5 mg de sodium, 17,5 mg de magnésium, 272,5 mg de potassium, 82 mg de calcium, 10 mg de vitamine C.

Conseil
Une part de cette recette peut remplacer une entrée prescrite.

COURGETTES AUX CREVETTES ROSES

INGRÉDIENTS

Pour 4 personnes

- 400 g de courgettes
- 150 g de crevettes roses décortiquées
- 150 g de fromage blanc maigre
- 2 cuillerées à soupe de jus de citron
- fines herbes (persil, ciboulette...)
- sel et poivre

Préparation
- Lavez les courgettes, coupez-les aux deux extrémités et séparez-les en deux dans le sens de la longueur, puis creusez le centre à l'aide d'une petite cuillerée.
- Cuisez les demi-courgettes 5 minutes dans de l'eau bouillante, égouttez-les et laissez-les refroidir au réfrigérateur.
- Dans une terrine, mélangez le fromage blanc, 1 cuillerée à soupe de jus de citron, les fines herbes, le sel et le poivre.
- Garnissez les courgettes de crevettes roses, arrosez-les avec 1 cuillerée à soupe de jus de citron, puis nappez-les de la sauce au fromage blanc.
- Servez frais.

Informations nutritionnelles
Une part de cette recette apporte : 70 kcal, 11,5 g de protéines, 1 g de lipides, 4 g de glucides, 1 g de fibres, 88 mg de sodium, 42 mg de magnésium, 340 mg de potassium, 96,5 mg de calcium, 21 mg de vitamine C.

Conseil
Une part de cette recette peut remplacer une entrée prescrite.

CHAMPIGNONS À LA GRECQUE

INGRÉDIENTS

Pour 4 personnes

- 500 g de petits champignons de Paris
- 1 citron pressé
- 1 cuillerée à café de grains de coriandre
- 1/2 cuillerée à café de poivre mignonnette
- 1 feuille de laurier
- 1 cuillerée à soupe de persil
- 1 pointe de couteau de piment ou de paprika

Préparation

- Versez 500 ml d'eau dans une casserole, ajoutez le jus de citron (en réservant 3 à 4 cuillerées à soupe), la feuille de laurier, les grains de coriandre et le poivre.
- Portez à ébullition douce, et laissez mijoter 10 minutes.
- Ôtez la partie terreuse des champignons, lavez-les rapidement et coupez-les en fines lamelles.
- Jetez les champignons dans la casserole, laissez reprendre l'ébullition 1 minute, puis éteignez le feu.
- Ajoutez le persil, le piment ou le paprika, mélangez délicatement et laissez refroidir dans le liquide de cuisson.
- Au moment de servir, égouttez les champignons, mettez-les dans le plat de service et arrosez-les du reste du jus de citron.

Informations nutritionnelles

Une part de cette recette apporte : 21 kcal, 3 g de protéines, 0,5 g de lipides, 1 g de glucides, 7,5 mg de sodium, 15 mg de magnésium, 146 mg de potassium, 29 mg de calcium, 3 mg de vitamine C.

Conseil

Une part de cette recette peut remplacer une entrée prescrite.

Remarque : De la même manière, vous pouvez cuire et servir d'autres légumes à la grecque : poireaux émincés, carottes ou navets en bâtonnets, petits bouquets de chou-fleur, concombres et fonds d'artichauts émincés.

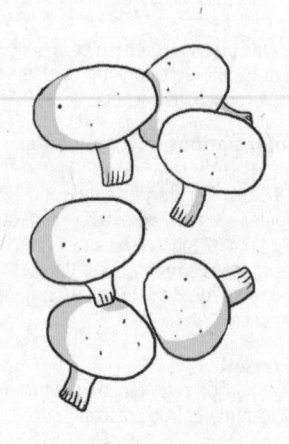

CHAMPIGNONS MONTAGNARDS

INGRÉDIENTS

Pour 4 personnes

- 400 g de petits champignons de Paris
- 2 petits oignons
- 1 gousse d'ail
- 100 ml de vinaigre de vin
- 200 g de tomates
- 1 bouquet garni
- sel et poivre

Préparation
- Coupez le bout des champignons, lavez-les rapidement et coupez-les en quatre.
- Faites-les fondre dans une cocotte à revêtement antiadhésif. Arrêtez la cuisson dès que l'eau est évaporée.
- Dans une poêle antiadhésive, faites revenir sans matière grasse les oignons et l'ail pelés et hachés. Mouillez avec le vinaigre et faites réduire de moitié à feu vif.
- Ajoutez les tomates pelées, épépinées et hachées, le bouquet garni, le sel et le poivre. Laissez cuire à feu doux 25 minutes à découvert. Ôtez le bouquet garni, ajoutez les champignons à cette fondue de tomates.
- Servez frais.

Informations nutritionnelles
Une part de cette recette apporte : 30 kcal, 3 g de protéines, 1 g de lipides, 3 g de glucides, 13 mg de sodium, 19 mg de magnésium, 250 mg de potassium, 30,5 mg de calcium, 11,5 mg de vitamine C.

Conseil
Une part de cette recette peut remplacer une entrée prescrite.

LÉGUMES FARCIS

INGRÉDIENTS

Pour 4 personnes

- 1/2 pied de céleri-branche
- 2 grosses tomates
- 1/2 concombre
- sauce aux herbes ou sauce au chèvre frais (cf. recette p. 276 et 279)
- ail et échalote selon votre convenance

Préparation
- Lavez les branches de céleri, coupez-les en tronçons.
- Lavez les tomates. Coupez-les en deux, évidez-les, coupez le concombre épluché en deux dans le sens de la longueur, évidez-le à l'aide d'une petite cuillère.
- Remplissez les bâtonnets de céleri et de concombre et les demi-tomates de sauce au chèvre frais ou de sauce aux herbes.
- Vous pouvez ajouter ail et échalote pelés et hachés pour assaisonner.
- Servez frais.

Informations nutritionnelles
Une part de cette recette apporte : 47 kcal, 5 g de protéines, 0,5 g de lipides, 5,5 g de glucides, 3 g de fibres, 129 mg de sodium, 29 mg de magnésium, 500 mg de potassium, 125,5 mg de calcium, 17 mg de vitamine C.

Conseil
Une part de cette recette peut remplacer une entrée prescrite.

CHOU-FLEUR TRICOLORE

INGRÉDIENTS

Pour 4 personnes

- 6 tomates cerises
- 1 petit chou-fleur
- 1 petit poivron vert
- 200 g de fromage blanc maigre
- 1 citron non traité
- 1 petite échalote
- 1 pincée de cumin
- sel et poivre

Préparation

- Faites bouillir de l'eau dans une casserole, plongez-y les tomates quelques secondes, égouttez-les, rafraîchissez-les, pelez-les entières.
- Lavez le chou-fleur, égouttez-le et séparez-le en bouquets.
- Lavez le poivron, ôtez le pédoncule, les graines et les filaments blancs. Coupez la pulpe en petits dés.
- Mettez les bouquets de chou-fleur dans un plat creux.
- Préparez la sauce au fromage blanc : lavez le citron, râpez-en le zeste. Pelez l'échalote, coupez-la finement. Mettez le zeste de citron et l'échalote émincée dans un bol, ajoutez le cumin et le fromage blanc. Salez, poivrez et battez le tout au fouet pour bien émulsionner la sauce.
- Nappez le chou de cette sauce et mélangez bien.
- Placez les tomates entières parmi les bouquets de chou-fleur, ajoutez les dés de poivron et servez.

Informations nutritionnelles

Une part de cette recette apporte : 40 kcal, 5 g de protéines, 0,5 g de lipides, 4 g de glucides, 2 g de fibres, 26 mg de sodium, 16,5 mg de magnésium, 282 mg de potassium, 75,5 mg de calcium, 59 mg de vitamine C.

Conseil

Une part de cette recette peut remplacer une entrée prescrite.

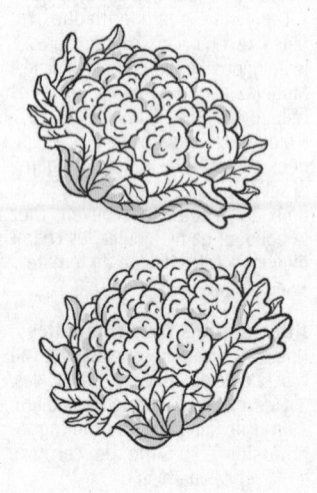

SOUPE DE CHAMPIGNONS

INGRÉDIENTS

Pour 4 personnes

- 500 g de champignons
- 1 bouillon cube dégraissé
- 100 g de fromage blanc à 0 % de MG ou 2 gros petits-suisses à 0 % de MG
- 1 jus de citron
- sel, poivre

Préparation
- Lavez, nettoyez et coupez les champignons en morceaux.
- Citronnez-les.
- Mettez-les dans une casserole avec 3/4 de litre d'eau et le bouillon cube.
- Une fois que les champignons sont cuits, ajoutez le fromage blanc ou les gros petits-suisses et mixez.
- Salez, poivrez selon votre goût et servez.
- Vous pouvez remplacer une partie de l'eau par du lait écrémé.

Informations nutritionnelles
Une part de cette recette apporte : 40 kcal, 5 g de protéines, 1 g de lipides, 2,5 g de glucides, 40 mg de calcium.

Conseil
Une part de cette recette peut remplacer une entrée prescrite.

SOUPE DE CAROTTES ET CURRY

INGRÉDIENTS

Pour 4 personnes

- 1 kg de carottes
- 2 oignons
- 3/4 de litre d'eau ou de bouillon de légumes
- 1 cuillerée à café de curry en poudre
- poivre

Préparation
- Épluchez et émincez les oignons et les carottes.
- Dans une casserole, mettez les carottes, les oignons, le bouillon et le curry.
- Portez à ébullition et laissez mijoter à couvert pendant 30 minutes jusqu'à ce que les carottes soient très tendres.
- Laissez refroidir un peu, puis mixez.
- Ajoutez du poivre selon votre goût, mélangez et servez.
- Vous pouvez compléter avec une tasse de lait écrémé jusqu'à obtention de la consistance voulue.

Informations nutritionnelles
Une part de cette recette apporte : 90 kcal, 2,5 g de protéines, 1 g de lipides, 18 g de glucides, 7 g de fibres, 81 mg de calcium.

Conseil
Une part de cette recette peut remplacer une entrée prescrite.

SOUPE DE COURGETTES

INGRÉDIENTS

Pour 4 personnes

- 1 kg de courgettes
- 2 oignons
- huile d'olive
- 2 verres de lait écrémé
- 1 verre d'eau
- 3 pincées de cumin
- sel, poivre

Préparation
- Épluchez et coupez les oignons et les courgettes en rondelles.
- Graissez le fond d'une casserole antiadhésive avec une goutte d'huile d'olive que vous essuyez à l'aide de papier absorbant. Faites-y revenir les oignons et les courgettes.
- Ajoutez ensuite le lait, l'eau, le cumin, le sel et le poivre.
- Lorsque les courgettes sont cuites, mixez le tout et servez.

Informations nutritionnelles
Une part de cette recette apporte : 80 kcal, 7 g de protéines, 1 g de lipides, 10 g de glucides, 3 g de fibres, 138 mg de calcium.

Conseil
Une part de cette recette peut remplacer une entrée prescrite.

SOUPE POTIRON-COURGETTES

INGRÉDIENTS

Pour 6 personnes

- 1 kg de potiron
- 250 g de tomates
- 1 navet
- 500 g de courgettes
- 1 petit poireau
- 1 branche de céleri
- 1 oignon
- 1 gousse d'ail
- 1 bouquet garni
- sel, poivre
- 1 tasse (100 ml) de lait écrémé

Préparation
- Lavez, épluchez et détaillez les légumes en dés.
- Portez à ébullition de l'eau salée dans une cocotte. Mettez-y les légumes ainsi que le bouquet garni, l'oignon et l'ail. Laissez mijoter environ 30 minutes jusqu'à ce que les légumes soient bien tendres.
- Mixez.
- Servez chaud et assaisonnez selon votre goût de poivre et d'un peu de lait écrémé.

Informations nutritionnelles
Une part de cette recette apporte : 68 kcal, 4 g de protéines, 0,5 g de lipides, 13 g de glucides, 4 g de fibres, 55 mg de calcium.

Conseil
Une part de cette recette peut remplacer une entrée prescrite.

VELOUTÉ DE POTIRON

INGRÉDIENTS

Pour 4 personnes

- 1 belle tranche de potiron
- lait écrémé
- sel, poivre

Préparation
- Épluchez, épépinez et coupez en petits morceaux le potiron.
- Mettez-le dans une casserole et recouvrir aux trois quarts de lait écrémé.
- Ajoutez du sel et du poivre.
- Faites cuire à feu vif jusqu'à ébullition et poursuivez celle-ci pendant 5 minutes.
- Couvrez et poursuivez encore la cuisson à feu très doux pendant environ 40 minutes.
- Passez ensuite au mixeur, rectifiez l'assaisonnement et servez.
- Vous pouvez ajouter, si vous aimez, une pincée de cannelle ou de « quatre épices ».

Variante
Remplacez le lait par du bouillon dégraissé.

Informations nutritionnelles
Une part de cette recette apporte : 50 kcal, 3 g de protéines, 0,5 g de lipides, 8 g de glucides, 218,5 mg de calcium.

Conseil
Une part de cette recette peut remplacer une entrée prescrite.

SOUPE VERTE

INGRÉDIENTS

Pour 4 personnes

- 2 poireaux
- 1 poignée de haricots verts
- 2 courgettes
- 1 cube de bouillon de volaille dégraissé
- 1 gousse d'ail
- lait écrémé ou demi-écrémé selon goût
- sel, poivre

Préparation
- Lavez, épluchez et coupez les légumes finement.
- Faites bouillir 1 litre d'eau, ajoutez 1 cube de bouillon de volaille dégraissé.
- Plongez-y les haricots verts et l'ail.
- Au bout de 15 minutes, ajoutez les poireaux et les courgettes. Faites cuire pendant 15 minutes.
- Mixez le tout.
- Ajoutez petit à petit du lait écrémé ou demi-écrémé pour arriver à la consistance souhaitée.
- Rectifiez l'assaisonnement et servez.

Informations nutritionnelles
Une part de cette recette apporte : 50 kcal, 3,5 g de protéines, 1 g de lipides, 6 g de glucides, 2,5 g de fibres, 79,5 mg de calcium.

Conseil
Une part de cette recette peut remplacer une entrée prescrite.

VELOUTÉ DE TOMATES

INGRÉDIENTS

Pour 4 personnes

- 1 kg de tomates
- 4 gousses d'ail
- 3/4 de litre de bouillon de volaille dégraissé
- 2 oignons
- sel de céleri
- poivre

Préparation
- Lavez, épluchez et épépinez les tomates puis coupez-les en quartiers.
- Épluchez et émincez les oignons. Pelez et pilez l'ail.
- Mettez les oignons et quelques quartiers de tomates à fondre dans une casserole sans matière grasse.
- Ajoutez le bouillon de volaille puis le reste de tomates. Faites cuire pendant 30 minutes puis mixez.
- Ajoutez l'ail pilé, du poivre et du sel de céleri. Servez aussitôt.
- Vous pouvez agrémenter de fines herbes ciselées au choix : persil, cerfeuil, ciboulette et, selon votre goût, de quelques feuilles de menthe ciselées.

Informations nutritionnelles
Une part de cette recette apporte : 65 kcal, 2,5 g de protéines, 1 g de lipides, 11 g de glucides, 3,5 g de fibres, 27,5 mg de calcium.

Conseil
Une part de cette recette peut remplacer une entrée prescrite.

POTAGE PROVENÇAL

INGRÉDIENTS

Pour 6 personnes

- 1 carotte
- 1 branche de céleri
- 1 oignon
- 4 tomates
- 3 courgettes
- 1 fenouil
- 1 poireau
- 1 gousse d'ail
- sel, poivre

Préparation
- Lavez, épluchez et coupez les légumes en quartiers.
- Dans une casserole, plongez les légumes et l'ail pilé dans 1,5 litre d'eau. Faites chauffer et cuire pendant 1 heure à feu doux.
- Mixez, rectifiez l'assaisonnement et servez aussitôt.

Informations nutritionnelles
Une part de cette recette apporte : 40 kcal, 2,5 g de protéines, 0,5 g de lipides, 6 g de glucides, 4 g de fibres, 53 mg de calcium.

Conseil
Une part de cette recette peut remplacer une entrée prescrite.

SOUPE AU CHOU

INGRÉDIENTS

Pour 10 personnes

- 1 chou vert frisé
- 4 poireaux
- 2 aubergines ou 2 courgettes
- 1 branche de céleri
- 4 tomates ou 1 boîte de concentré de tomate
- 2 poivrons rouges
- 2 oignons
- 2 gousses d'ail
- thym, laurier, persil
- sel, poivre

Préparation
- Coupez les légumes en petits morceaux, pilez l'ail.
- Mettez le tout avec les aromates dans un autocuiseur avec 4 litres d'eau.
- Faites cuire 1 heure.
- Mixez, assaisonnez et servez.

Informations nutritionnelles
Une part de cette recette apporte : 90 kcal, 5,5 g de protéines, 1 g de lipides, 14 g de glucides, 8,5 g de fibres, 93,5 mg de calcium.

Conseil
Une part de cette recette peut remplacer une entrée prescrite.

SOUPE AUX BROCOLIS

INGRÉDIENTS

Pour 4 personnes

- 500 g de brocolis
- 1 carotte
- 1 courgette
- 2 échalotes
- 1 cube de bouillon de légumes
- 2 gros petits-suisses à 0 % de MG ou 100 g de fromage blanc à 0 % de MG
- 1 cuillerée à soupe de persil haché

Préparation
- Lavez et détaillez les brocolis en petits bouquets.
- Épluchez et coupez la carotte en rondelles ainsi que la courgette en petits morceaux.
- Pelez et coupez finement les échalotes.
- Faites bouillir 1 litre d'eau dans une cocotte et plongez-y le bouillon cube. Ajoutez ensuite les légumes. Couvrez et laissez cuire à feu vif 10 minutes à l'autocuiseur.
- Mixez. Ajoutez le fromage blanc ou les gros petits-suisses et le persil haché.
- Servez.

Informations nutritionnelles
Une part de cette recette apporte : 65 kcal, 7 g de protéines, 1 g de lipides, 7 g de glucides, 5 g de fibres, 162,5 mg de calcium.

Conseil
Une part de cette recette peut remplacer une entrée prescrite.

SOUPE AUX CHOUX DE BRUXELLES

INGRÉDIENTS

Pour 4 personnes

- 2 tomates
- 500 g de choux de Bruxelles
- 2 gousses d'ail
- 1 oignon
- 1 cube de bouillon de légumes

Préparation
- Ébouillantez les tomates, pelez-les et épépinez-les.
- Mixez-les avec l'ail et l'oignon préalablement pelés.
- Dans une casserole, mettez les choux de Bruxelles, le bouillon cube et la purée d'ail, d'oignon et de tomates. Ajoutez de l'eau à hauteur des légumes. Cuisez 30 minutes.
- Mixez et servez.

Informations nutritionnelles
Une part de cette recette apporte : 60 kcal, 6 g de protéines, 1 g de lipides, 7,5 g de glucides, 6 g de fibres, 45 mg de calcium.

Conseil
Une part de cette recette peut remplacer une entrée prescrite.

SOUPE DE POTIMARRON

INGRÉDIENTS

Pour 4 personnes

- 1 kg de potimarron
- 1 pincée de cannelle
- sel
- lait écrémé

Préparation
- Lavez, épépinez et coupez le potimarron en morceaux (il est inutile de l'éplucher).
- Mettez-le dans un faitout avec la cannelle et le sel et ajoutez un demi-verre d'eau. Faites cuire à feu très doux jusqu'à ce que le potimarron s'écrase très facilement à la fourchette (environ 30 minutes).
- Mixez et ajoutez du lait écrémé jusqu'à obtention de la consistance souhaitée.

Informations nutritionnelles
Une part de cette recette apporte : 90 kcal, 4 g de protéines, 1 g de lipides, 17 g de glucides, 5 g de fibres, 107 mg de calcium.

Conseil
Une part de cette recette peut remplacer une entrée prescrite.

SOUPE GLACÉE DE TOMATES

INGRÉDIENTS

Pour 1 personne

- 2 tomates
- ail, basilic et tabasco selon goût
- sel, poivre
- glaçons

Préparation
- Mixez tous les ingrédients dans un blender ou un mixeur.

Informations nutritionnelles
Une part de cette recette apporte : 30 kcal, 1 g de protéines, 0,5 g de lipides, 5 g de glucides, 2 g de fibres, 16,5 mg de magnésium, 135 mg de potassium, 162,5 mg calcium, 108 mg de vitamine C.

Conseil
Une part de cette recette peut remplacer une entrée prescrite.

SOUPE GLACÉE CAROTTES-PAMPLEMOUSSE

INGRÉDIENTS

Pour 8 personnes

- 1 kg de carottes
- 2 oranges non traitées
- 3 pamplemousses roses
- 1 petit bouquet de menthe fraîche
- 1 clou de girofle
- 1 pincée de cannelle
- 1 pincée de sucre vanillé
- 1 pincée de cardamome en poudre

Préparation
- Épluchez et coupez les carottes en rondelles. Faites-les cuire 10 minutes à l'autocuiseur. Passez-les ensuite au mixeur.
- Prélevez le zeste des oranges et leur jus.
- Dans une casserole, mettez les carottes, les zestes et jus d'orange ainsi que les épices et les feuilles de menthe ciselées.
- Faites bouillir pendant 10 minutes.
- Laissez ensuite infuser pendant 4 heures au réfrigérateur.
- Avant de servir, ajoutez le jus des 3 pamplemousses.

Informations nutritionnelles
Une part de cette recette apporte : 85 kcal, 2 g de protéines, 0,5 g de lipides, 17,5 g de glucides, 6 g de fibres, 28 mg de magnésium, 548 mg de potassium, 67 mg calcium, 56,5 mg de vitamine C.

Conseil
Une part de cette recette peut remplacer une entrée prescrite.

SOUPE GLACÉE AU CONCOMBRE

INGRÉDIENTS

Pour 4 personnes

- 500 g de concombre
- 300 g de fromage blanc 0 % de MG
- 50 ml de lait écrémé
- quelques feuilles de menthe
- gros sel, sel fin et paprika

Préparation
- Épluchez, épépinez et découpez le concombre en fines rondelles.
- Dans une passoire, faites dégorger le concombre avec le gros sel pendant 1 heure.
- Dans le bol d'un mixeur, mettez le fromage blanc, le lait, la menthe, le paprika et le sel. Pressez le concombre avec les mains pour retirer le maximum d'eau et ajoutez-le aux autres ingrédients.
- Mixez le tout et mettez au réfrigérateur 1 heure avant de servir.

Informations nutritionnelles
Une part de cette recette apporte : 55 kcal, 7 g de protéines, 0,5 g de lipides, 6 g de glucides, 25,5 mg de magnésium, 297 mg de potassium, 132,5 mg calcium, 6,5 mg de vitamine C.

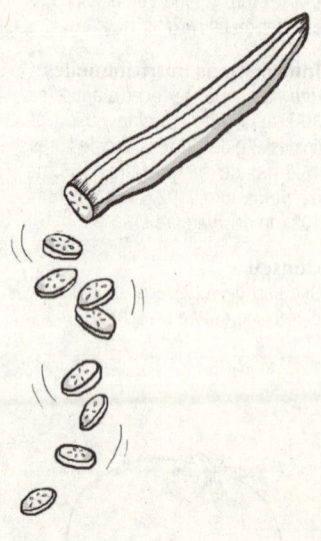

Conseil
Une part de cette recette peut remplacer une entrée prescrite.

VIANDES

Les recettes proposées sont peu caloriques. Vous pouvez consommer une part de ces recettes en remplacement de tout plat de viande ou de poisson prescrit.

BLANQUETTE DE VEAU

INGRÉDIENTS

Pour 4 personnes

- 500 g d'épaule de veau dégraissée
- quelques rondelles de carottes et de poireaux
- quelques dés de céleri-rave
- 1 citron
- 1 bouquet garni, 1 clou de girofle et quelques grains de poivre
- 200 g de champignons de Paris émincés ou en conserve
- 1 jaune d'œuf
- 10 g de Maïzena
- sel et poivre

Préparation

- Lavez la viande et mettez-la dans une marmite. Recouvrez d'eau et portez à ébullition. Écumez, ajoutez quelques rondelles du citron, ainsi que les morceaux de carottes, poireaux et céleri-rave, le bouquet garni, le clou de girofle et les grains de poivre. Laissez mijoter.
- Quand la viande est bien cuite, retirez-la du court-bouillon et maintenez-la au chaud. Passez le bouillon au chinois. Retirez la pellicule de graisse à la surface. Réservez un petit bol de bouillon et portez le reste à ébullition.
- Lavez les champignons s'ils sont frais et faites-les cuire à l'étouffée sans graisse.
- Délayez la Maïzena et le jaune d'œuf dans le bouillon réservé et refroidi. Ajoutez un peu de jus de citron. Mélangez au bouillon chaud et mettez-y les champignons.
- Maintenez à température au bain-marie.
- Au moment de servir, nappez la viande de cette sauce.

Informations nutritionnelles

Une part de cette recette apporte : 170 kcal, 27 g de protéines, 5,5 g de lipides, 4,5 g de glucides, 1,5 mg de fer.

Conseil

Une part de cette recette peut remplacer un plat de viande ou de poisson prescrit.

LAPIN AUX CHAMPIGNONS

INGRÉDIENTS

Pour 4 personnes

- 4 cuisses de lapin d'environ 150 g chacune
- 3 tomates pelées
- 200 g de champignons de Paris
- 2 oignons émincés
- 2 cuillerées à soupe de moutarde
- thym
- 3 branches d'estragon
- 1 verre de bouillon de légumes ou d'eau (100 à 150 ml)
- sel et poivre

Préparation

- Badigeonnez les cuisses de lapin de moutarde. Faites-les dorer à four chaud en les retournant.
- Ajoutez sel, poivre, thym, estragon, les oignons émincés, les tomates pelées et concassées, et les champignons lavés et émincés.
- Mouillez avec du bouillon de légumes ou de l'eau.
- Laissez cuire à four moyen 30 à 40 minutes. De temps en temps, retournez les cuisses et arrosez-les de jus de cuisson.
- Remarque : vous pouvez préparer de la même manière 4 morceaux de poulet.

Informations nutritionnelles

Une part de cette recette apporte : 198 kcal, 27 g de protéines, 6,8 g de lipides, 4 g de glucides, 1,5 mg de fer.

Conseil

Une part de cette recette peut remplacer un plat de viande ou de poisson prescrit.

QUASI DE VEAU AUX OIGNONS

INGRÉDIENTS

Pour 4 personnes

- 500 g de quasi de veau maigre
- 500 g d'oignons
- 4 branches de basilic
- 1 verre de vin blanc sec (100 ml)
- 1 verre d'eau (100 ml)
- sel et poivre

Préparation

- Dans une poêle antiadhésive, versez une goutte d'huile que vous essuyez avec un papier absorbant et faites dorer rapidement le quasi de veau.
- Épluchez et émincez les oignons, mettez-les dans l'autocuiseur avec les branches de basilic.
- Mouillez avec le vin et l'eau.
- Disposez dessus le rôti salé et poivré.
- Fermez l'autocuiseur. Laissez cuire à feu doux pendant 1/2 heure à partir de la rotation de la soupape.

Informations nutritionnelles

Une part de cette recette apporte : 180 kcal, 27 g de protéines, 4 g de lipides, 9 g de glucides, 2,5 mg de fer.

Conseil

Une part de cette recette peut remplacer un plat de viande ou de poisson prescrit.

FILET DE BICHE RÔTI AUX GIROLLES

INGRÉDIENTS

Pour 4 personnes

- 500 g de filet de biche
- 100 g de girolles
- 1 verre de vin blanc sec (100 ml)
- 1 verre d'eau (100 ml)
- 1 cuillerée à soupe de moutarde
- sel et poivre

Préparation

- Dans une cocotte antiadhésive, versez une goutte d'huile que vous essuyez avec un papier absorbant, puis faites dorer le filet de biche sur toutes ses faces. Salez et poivrez.
- Lavez et préparez les girolles. Dans une poêle antiadhésive, à feu vif, faites-les dégorger de leur eau.
- Mouillez le filet de biche avec le vin blanc et l'eau. Baissez le feu et laissez mijoter 15 minutes environ. Retirez le filet et maintenez-le au chaud.
- Dans un bol, délayez la moutarde avec un peu de jus de cuisson. Déglacez le fond de la cocotte avec cette sauce. Coupez le filet de biche en tranches, mettez-les dans le plat de service ; ajoutez les girolles, arrosez du jus de cuisson et servez aussitôt.

Informations nutritionnelles

Une part de cette recette apporte : 132 kcal, 19 g de protéines, 4 g de lipides, 0,7 g de glucides.

Conseil

Une part de cette recette peut remplacer un plat de viande ou de poisson prescrit.

PINTADE FARCIE À L'ESTRAGON

INGRÉDIENTS

Pour 4 personnes

- 1 petite pintade
- 1 tranche de jambon blanc
- 200 g de champignons de Paris (frais ou en conserve)
- 1 oignon
- 1 verre de bouillon de légumes (100 ml)
- 100 g de fromage blanc maigre
- quelques feuilles d'estragon
- 1 jus de citron
- sel et poivre

Préparation

- Coupez le jambon en fines lamelles. Lavez et émincez les champignons. Pelez et hachez l'oignon.
- Dans une poêle antiadhésive, faites cuire ces ingrédients dans le bouillon de légumes. Laissez réduire jusqu'à évaporation du liquide. Salez et poivrez.
- Ajoutez le fromage blanc et l'estragon. Arrosez de quelques gouttes de jus de citron.
- Farcissez la pintade de cette préparation. Mettez à four chaud pendant 1 heure environ. Retournez la volaille de temps en temps et arrosez de jus de citron.

Informations nutritionnelles

Une part de cette recette apporte : 208 kcal, 40,5 g de protéines, 6,5 g de lipides, 2,5 g de glucides, 1,5 mg de fer.

Conseil

Une part de cette recette peut remplacer un plat de viande ou de poisson prescrit (ne consommez ni la peau ni la sauce rendue).

SAUTÉ DE POULET AU PIMENT

INGRÉDIENTS

Pour 4 personnes

- 4 blancs de poulet de 125 g environ
- 3 à 6 piments rouges frais
- 6 petits oignons rouges ou échalotes
- 4 gousses d'ail
- 1 morceau de gingembre frais
- 1 tige de citronnelle
- 150 ml d'eau (1 verre à moutarde bien rempli)
- sel et poivre

Préparation

- Ôtez la peau des blancs de poulet, et coupez chacun d'eux en 8 morceaux dans le sens de la longueur. Pelez et émincez un oignon en fines lamelles pour la décoration du plat.
- Lavez et épluchez les piments, les oignons ou les échalotes, l'ail, la racine de gingembre et la tige de citronnelle.
- Mixez finement les piments, la moitié du gingembre, la citronnelle d'une part. Réservez.
- Réduisez en purée les oignons ou les échalotes, l'ail et l'autre moitié du gingembre, d'autre part.
- Dans une poêle antiadhésive, versez une goutte d'huile que vous épongez à l'aide de papier absorbant, puis faites-y revenir la purée de piment pendant 1 à 2 minutes.
- Ajoutez les morceaux de poulet, mélangez-les de façon à bien les enrober de sauce. Arrosez le tout avec 150 ml d'eau, et incorporez la purée d'oignons. Salez et poivrez.
- Laissez cuire à feu vif pendant 5 minutes à découvert.
- Servez chaud avec des lanières d'oignon en guise de décoration.

Informations nutritionnelles

Une part de cette recette apporte : 185 kcal, 29 g de protéines, 5 g de lipides, 5,5 g de glucides, 1 mg de fer.

Conseil

Une part de cette recette peut remplacer un plat de viande ou de poisson prescrit.

ÉMINCÉ DE POULET AU GINGEMBRE

INGRÉDIENTS

Pour 4 personnes

- 4 blancs de poulet de 125 g
- 1 morceau de racine de gingembre frais de 10 cm
- 100 g de champignons de Paris frais ou en conserve
- 10 g de Maïzena
- 1 cuillerée à soupe de cognac
- 1 cuillerée à café de sauce de soja
- 100 à 300 ml d'eau
- sel et poivre
- quelques feuilles de coriandre pour la décoration

Préparation

- Ôtez la peau des blancs de poulet et coupez-les en bâtonnets de la grosseur d'un doigt. Salez et poivrez.
- Épluchez la racine de gingembre et coupez-la en fines lamelles.
- Épluchez et lavez les champignons.
- Délayez la Maïzena dans 3 cuillerées à soupe d'eau.
- Dans une poêle antiadhésive, versez une goutte d'huile que vous épongez à l'aide de papier absorbant, puis faites-y revenir les lamelles de gingembre sans les laisser dorer. Ajoutez les morceaux de poulet et faites-les revenir pendant 3 minutes environ. Ajoutez pour finir les champignons et 100 à 300 ml d'eau. Laissez cuire le tout encore 5 minutes à couvert jusqu'à ce que la viande soit cuite.
- Ajoutez alors la Maïzena, le cognac, la sauce de soja, puis portez à ébullition douce en mélangeant constamment jusqu'à ce que la sauce épaississe.
- Servez dans un plat chaud avec quelques feuilles de coriandre.

Informations nutritionnelles

Une part de cette recette apporte : 160 kcal, 28 g de protéines, 5 g de lipides, 1 g de glucides, 1,5 mg de fer.

Conseil

Une part de cette recette peut remplacer un plat de viande ou de poisson prescrit.

POULET AU CONCOMBRE

INGRÉDIENTS

Pour 4 personnes

- 4 blancs de poulet de 125 g environ
- 1 concombre
- 2 échalotes
- jus de 3 citrons
- 50 ml d'eau
- sel et poivre
- 20 feuilles de menthe fraîche

Préparation

- Épluchez, retirez les graines et coupez le concombre en petits cubes. Plongez-les pendant 3 minutes dans l'eau bouillante. Égouttez-les et laissez-les en attente.
- Découpez les blancs de poulet en fines lanières. Pelez et émincez les échalotes.
- Dans une poêle ou une sauteuse antiadhésive, versez une goutte d'huile que vous épongez à l'aide de papier absorbant, et faites rissoler à feu doux les lanières de blanc de poulet. Lorsqu'elles ont une légère coloration, retirez-les du feu pour les remplacer par les échalotes. Laissez fondre à feu doux pendant 5 minutes Versez dans la poêle le jus de 3 citrons et la valeur de 50 ml d'eau froide. Remettez le poulet, salez, poivrez et laissez mijoter doucement pendant 15 minutes.
- Ajoutez les cubes de concombre, 5 minutes avant la fin de la cuisson. Goûtez pour vérifier l'assaisonnement. Parsemez de feuilles de menthe finement émincées et servez très chaud.

Informations nutritionnelles

Une part de cette recette apporte : 163 kcal, 28 g de protéines, 5 g de lipides, 1,5 g de glucides, 1,25 mg de fer.

Conseil

Une part de cette recette peut remplacer un plat de viande ou de poisson prescrit.

TERRINE DE POULET

INGRÉDIENTS

Pour 4 personnes

- 500 g de blanc de poulet cuit
- 1 petit oignon
- 250 g de champignons de Paris frais ou en conserve
- 2 cuillerées à soupe de jus de citron
- 1 cuillerée à soupe de persil haché
- 1 yaourt maigre
- 1 rondelle de citron
- sel et poivre

Préparation
- Pelez l'oignon, hachez-le menu. Épluchez, lavez et émincez les champignons.
- Coupez les blancs de poulet en dés, passez-les au mixer avec le jus de citron.
- Mettez les champignons, l'oignon, le persil et le yaourt dans un saladier, ajoutez la viande hachée. Salez, poivrez et mélangez bien.
- Versez cette préparation dans une terrine et laissez-la au frais pendant au moins 2 heures.
- Décorez avec des lamelles de champignons et de citron.

Informations nutritionnelles
Une part de cette recette apporte : 186 kcal, 31 g de protéines, 5,5 g de lipides, 3 g de glucides, 1 mg de fer.

Conseil
Une part de cette recette peut remplacer un plat de viande ou de poisson prescrit.

PAUPIETTES DE DINDE

INGRÉDIENTS

Pour 4 personnes

- 4 petites escalopes de dinde de 100 g
- 4 fines tranches de jambon blanc (environ 25 g chacune)
- 100 g de champignons de Paris frais ou en conserve
- 1 oignon
- 1/2 verre de vin blanc sec (50 ml environ)
- 1 verre d'eau (100 à 150 ml)
- persil
- sel et poivre

Préparation
- Lavez et épluchez les champignons, hachez les pieds avec la moitié de l'oignon.
- Faites revenir ce hachis 5 à 6 minutes dans une poêle antiadhésive sans graisse. Salez et poivrez. Sur chaque escalope, disposez une tranche de jambon puis la purée de champignons. Roulez le tout et ficelez.
- Faites revenir les paupiettes dans la poêle sans matière grasse. Coupez le reste de l'oignon. Ajoutez le vin et l'eau. Salez et poivrez, laissez cuire 45 minutes à couvert. Ajoutez les têtes des champignons, puis laissez mijoter encore 20 minutes.
- Servez immédiatement.

Informations nutritionnelles
Une part de cette recette apporte : 145 kcal, 29 g de protéines, 2,5 g de lipides, 1,5 g de glucides, 1 mg de fer.

Conseil
Une part de cette recette peut remplacer un plat de viande ou de poisson prescrit.

POULET BASQUAISE

INGRÉDIENTS

Pour 4 personnes

- 1 poulet
- 1 kg de tomates
- 1 carotte
- 2 poivrons
- 2 gousses d'ail
- 1 bouquet garni
- sel et poivre

Préparation
- Coupez le poulet en morceaux.
- Graissez votre cocotte avec une goutte d'huile que vous essuyez à l'aide d'un papier absorbant et faites dorer les morceaux de poulet.
- Ajoutez les tomates épépinées et pelées, la carotte, les poivrons en dés et l'ail haché, le bouquet garni, salez et poivrez.
- Couvrez et laissez cuire pendant 1 heure.

Informations nutritionnelles
Une part de cette recette apporte : 240 kcal, 31 g de protéines, 6 g de lipides, 14,5 g de glucides, 1 mg de fer.

Conseil
Une part de cette recette peut remplacer un plat de viande ou de poisson prescrit.

CAILLES AUX RAISINS

INGRÉDIENTS

Pour 4 personnes

- 4 cailles
- 2 grappes moyennes de raisins muscat
- sel, poivre

Préparation
- Faites dorer 10 à 15 minutes les cailles sans matière grasse au four.
- Pelez et épépinez les grains de raisin, cuisez-les à feu doux quelques minutes dans une sauteuse anti-adhésive couverte.
- Déposez les cailles dorées sur les raisins pour terminer la cuisson.
- Salez et poivrez.

Informations nutritionnelles
Une part de cette recette apporte : 210 kcal, 22 g de protéines, 10 g de lipides, 8 g de glucides, 6 g de fer.

Conseil
Une part de cette recette peut remplacer un plat de viande ou de poisson prescrit.

POISSONS, CRUSTACÉS ET COQUILLAGES

Les recettes proposées sont peu caloriques. Vous pouvez consommer une part de ces recettes en remplacement d'un plat de poisson ou de viande prescrit.

FILETS DE SOLE À L'OSEILLE

INGRÉDIENTS

Pour 4 personnes

- 4 filets de sole d'environ 150 g chacun
- 2 citrons pressés
- 10 petites feuilles d'oseille hachées
- sel et poivre

Préparation
- Lavez bien et essuyez les filets. Faites-les mariner pendant au moins 2 heures dans le jus de citron et l'oseille hachée. Égouttez.
- Dans une poêle antiadhésive, versez une goutte d'huile que vous essuyez avec un papier absorbant.
- Dès que la poêle est bien chaude, faites griller les filets marinés 2 minutes sur chaque face. Salez et poivrez.
- Servez les filets arrosés du jus de la marinade.

Informations nutritionnelles
Une part de cette recette apporte : 111 kcal, 24 g de protéines, 1,5 g de lipides, 1 mg de fer.

Conseil
Une part de cette recette peut remplacer un plat de poisson ou de viande prescrit.

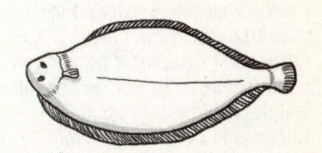

POT-AU-FEU DE POISSONS

INGRÉDIENTS

Pour 4 personnes

- 500 g de poissons variés (cabillaud, merlan, colin...)
- 500 g de poireaux
- 300 g de carottes
- 1 pied de céleri
- 2 oignons
- 2 gousses d'ail
- 1 clou de girofle
- 1 bouquet garni
- 1 citron
- sel et poivre

Préparation

- Épluchez et lavez les poireaux, les carottes, le céleri, les oignons, les gousses d'ail. Découpez-les en petits morceaux, mettez-les dans une marmite, recouvrez d'eau et ajoutez le clou de girofle et le bouquet garni. Laissez cuire 45 minutes à couvert.
- Ajoutez alors le poisson et laissez cuire 10 minutes à petit feu.
- Pour servir, égouttez le poisson cuit et dressez-le sur un plat en l'entourant des légumes.
- Décorez le plat avec du citron.

Informations nutritionnelles

Une part de cette recette apporte : 168 kcal, 26 g de protéines, 1,5 g de lipides, 12 g de glucides, 2 mg de fer.

Conseil

Une part de cette recette peut remplacer un plat de poisson ou de viande prescrit.

POISSON EN PAPILLOTES

INGRÉDIENTS

Pour 4 personnes

- 4 tranches ou filets de poisson (cabillaud, sole, lotte, dorade, truite...)
- 2 oignons
- 2 tomates
- 2 carottes
- 1 poivron vert
- 2 branches de céleri
- persil
- sel et poivre

Préparation

- Préchauffez le four (thermostat 8 ou 250 °C).
- Faites un hachis avec les oignons, les tomates, les carottes, le poivron, le céleri et le persil. Salez et poivrez.
- Lavez et essuyez le poisson.
- Sur une feuille de papier aluminium ou sulfurisé, disposez le poisson, puis le hachis. Fermez soigneusement les papillotes.
- Faites cuire à four chaud une dizaine de minutes.

Informations nutritionnelles

Une part de cette recette apporte : 166 kcal, 29 g de protéines, 1,5 g de lipides, 8,5 g de glucides, 1 mg de fer.

Conseil

Vous pouvez agrémenter cette recette d'un filet de citron.

Une part de cette recette peut remplacer un plat de poisson ou de viande prescrit.

DORADE AU SEL

INGRÉDIENTS

Pour 4 personnes

- 1 dorade de 1 à 1,5 kg
- 5 kg de gros sel marin

Préparation
- Préchauffez le four (thermostat 8 ou 250 °C).
- Videz la dorade, mais ne l'écaillez pas.
- Choisissez une cocotte allant au four, légèrement plus grande que le poisson. Tapissez-en le fond et les bords de papier aluminium. Remplissez le fond de la cocotte de 3 cm environ de gros sel. Posez la dorade sur le lit de sel et recouvrez-la avec le reste du sel. Le poisson doit entièrement être recouvert.
- Mettez au four sans couvercle.
- Laissez cuire 1 heure, puis réduisez la température à thermostat 6 (200 °C), et continuez la cuisson pendant 30 minutes.
- Démoulez le contenu de la cocotte sur une planche en renversant le bloc de sel, cassez-le à l'aide d'un marteau et dégagez la dorade cuite à point.
- Ôtez les écailles qui vont se détacher facilement.
- Levez les filets de poisson. Servez.

Informations nutritionnelles
Une part de cette recette apporte : 128 kcal, 28 g de protéines, 2 g de lipides, 1,5 mg de fer.

Conseil
Vous pouvez agrémenter cette recette d'un filet de citron.
Une part de cette recette peut remplacer un plat de poisson ou de viande prescrit.

CASSOLETTE DE CABILLAUD

INGRÉDIENTS

Pour 4 personnes

- 4 tranches de cabillaud de 150 g chacune
- 4 petits oignons
- 4 grosses tomates
- 1 jus de citron
- persil haché
- sel et poivre

Préparation

- Préchauffez le four (thermostat 6 ou 180 °C).
- Pelez et hachez menu les oignons. Faites-les revenir dans une poêle avec une goutte d'huile essuyée avec du papier absorbant.
- Ébouillantez les tomates quelques secondes, passez-les ensuite sous l'eau froide et pelez-les. Coupez-les en tranches ou en petits quartiers.
- Passez les tranches de cabillaud sous l'eau froide et essuyez-les.
- Répartissez les oignons dans 4 cassolettes individuelles ou dans un plat allant au four, posez les tranches de poisson par-dessus et couvrez avec les tomates. Salez, poivrez, arrosez de jus de citron et parsemez de persil haché.
- Mettez au four pendant 20 minutes.

Informations nutritionnelles

Une part de cette recette apporte : 149,5 kcal, 25 g de protéines, 2 g de lipides, 9 g de glucides, 1,5 mg de fer.

Conseil

Une part de cette recette peut remplacer un plat de poisson ou de viande prescrit.

LOTTE À L'ESPAGNOLE

INGRÉDIENTS

Pour 4 personnes

- 800 g de lotte
- 250 g de tomates
- 1 oignon
- 2 échalotes
- 1 gousse d'ail
- poivre de Cayenne et safran
- estragon
- sel et poivre

Préparation

- Épluchez et émincez l'oignon et les échalotes.
- Ébouillantez, pelez et épépinez les tomates.
- Coupez la lotte en tronçons, salez et poivrez les morceaux.
- Faites-les dorer dans une cocotte, puis ajoutez les échalotes, l'oignon, la gousse d'ail écrasée, les tomates. Ajoutez les épices.
- Laissez mijoter sans couvercle pendant 40 minutes.
- Ajoutez l'estragon ciselé juste avant de servir.

Informations nutritionnelles

Une part de cette recette apporte : 176 kcal, 36,5 g de protéines, 1,5 g de lipides, 3 g de glucides, 1 mg de fer.

Conseil

Une part de cette recette peut remplacer un plat de poisson ou de viande prescrit.

DOS DE CABILLAUD ÉPAIS POÊLÉ

INGRÉDIENTS

Pour 4 personnes

- 400 g de cabillaud
- 250 g d'asperges vertes
- 300 g de roquette
- 1 à 1,5 g de gomme de guar
- 50 g de câpres
- 50 g de tomates
- 150 g de poivron
- 50 g de concombre
- 25 g d'oignon rouge
- 3 c. à café d'huile de pépin de raisin
- 1 c. à café d'huile d'olive
- 1 c. à café de vinaigre de Xérès
- sel et poivre
- ciboulette, cerfeuil, aneth, pousses de betterave, pousses de petit pois

Préparation

• Pour le cabillaud :
Coupez 4 morceaux, salez et poivrez. Dans une poêle avec une cuillerée à soupe d'huile d'olive, poêlez-les côté peau puis finissez la cuisson au four, à 170 °C pendant 6 minutes.
• Pour les asperges vertes :
épluchez juste les queues à l'aide d'un économe. Faites cuire 6 à 8 min environ dans de l'eau salée puis laissez-les refroidir.
• Jus de roquette et de carotte :
centrifugez la roquette et les carottes afin de récupérer le jus. Dans une casserole faites réduire puis liez doucement les jus à l'aide de la gomme de guar (gélifiant naturel à base d'algue), salez et poivrez.

• Salsa de condiments :
coupez en brunoise les tomates, poivrons, oignons rouges et concombre, puis mélangez-les avec les câpres, l'huile de pépin de raisin et le vinaigre de Xérès. Salez et poivrez.

• Pour le dressage :
Disposez les asperges vertes en étoile, puis arrosez de jus de carotte. Posez le cabillaud et une cuillerée de salsa de condiments, ajoutez un bouquet d'herbes fraîches et finissez par le jus de roquette.

Informations nutritionnelles
Une portion de cette recette apporte : 178 kcal, 21 g de protéines, 6 g de lipides et 10 g de glucides.

Conseil
Cette recette est compatible avec un programme minceur LeDietCARE. Il suffit d'utiliser les équivalences suivantes :
Une part de cette recette correspond à : 120 g de poisson maigre ou de viande maigre + 1 c. à café d'huile + 200 g de légumes

OU

120 g de poisson gras ou viande grasse + 200 g de légumes.

© 2010 Recette pour LeDiet du grand chef Arnaud THIRY, restaurant Atalante, relais thalasso de l'Île de Ré

ROUELLES DE HOMARD CUIT AU COURT-BOUILLON

INGRÉDIENTS

Pour 4 personnes

- 600 g de homard
- 500 g de melon
- 3 g de cardamone
- 1 c. à café d'huile d'olive
- 3 (150 g) kiwis
- 1 c. à soupe de vinaigre de Xérès
- 2 c. à soupe d'huile de pépin de raisin
- 1 c. à café de sirop de menthe
- 60 g de pain aux céréales
- sel et poivre

Préparation

- Pour le homard :

Faites cuire le homard dans un court-bouillon salé 8 min environ. Laissez refroidir puis décortiquez-le entièrement. Taillez-le en rouelles.

- Pour la vinaigrette de kiwi :

Pelez les kiwis à vif, mixez-les avec l'huile de pépin de raisin, le vinaigre de Xérès et le sirop de menthe. Salez et poivrez.

Réalisez des billes de melon puis faites-les poêler avec huile d'olive et la cardamone. Mettez au frais.

- Pour le dressage :

Dans une assiette à fond creux, versez la vinaigrette de kiwi, disposez en cercle les billes de melon.

Posez le toast dessus ainsi que les rouelles de homard.

Rajoutez quelques herbes fraîches (coriandre, persil plat) et une touche de fleur de sel.

Informations nutritionnelles

Une portion de cette recette apporte : 260 kcal, 31 g de protéines, 8 g de lipides et 16 g de glucides.

Conseil

Cette recette est compatible avec un programme minceur LeDietCARE. Il suffit d'utiliser les équivalences suivantes :

Une part de cette recette correspond à : 120 g de poisson maigre ou de viande maigre + 1 c. à café d'huile + 1 fruit frais

OU

120 g de poisson gras ou de viande grasse + 1 fruit frais.

© 2010 Recette pour LeDiet du grand chef Arnaud THIRY, restaurant Atalante, relais thalasso de l'île de Ré

ROULEAUX D'ÉTÉ

INGRÉDIENTS

Pour 4 personnes

- 2 aubergines
- 2 carottes
- 2 radis noirs
- 4 courgettes
- 2 avocats
- 1 concombre
- 1 fenouil
- 1/2 botte de thym
- 200 g de saumon Balik
- 400 g de chair de crabe Royal
- 20 ml d'huile d'olive
- sel, poivre, piment d'Espelette

Préparation

- Lavez les légumes. Épluchez les carottes. Taillez les aubergines, les courgettes, les radis et les carottes en fines lamelles.
- Assaisonnez les lamelles d'aubergines et de courgettes avec du thym, du sel et du poivre et faites-les griller légèrement.
- Faites cuire à l'eau bouillante pendant 4 minutes les lamelles de carotte et de radis noir, puis refroidissez-les à l'eau glacée. Épongez-les.
- Superposez les lamelles de carotte sur une longueur de 4 cm. Garnissez avec le saumon fumé et les avocats coupés en bâtonnets. Formez des rouleaux.
- Procédez de la même façon avec les lamelles de radis, de courgettes et d'aubergines.
- Garnissez selon votre envie : saumon, chair de crabe, concombre, fenouil. Assaisonnez avec du poivre du moulin, du piment d'Espelette, de l'huile d'olive.

Informations nutritionnelles

Une portion de cette recette apporte : 320 kcal ; 34 g de protéines ; 16 g de lipides ; 10 g de glucides.

Cette recette allie la chair fine du crabe Royal et le raffinement du saumon Balik relevés par les légumes et les épices.

Ces rouleaux d'été sont réalisés avec des aliments de saison (on pêche le crabe de mai à octobre) et sont faciles à préparer.

Conseil

Cette recette est compatible avec un programme minceur LeDietCARE. Il suffit d'utiliser les équivalences suivantes :

Une part de cette recette correspond à : 120 g de poisson maigre ou de viande maigre + 1 c. à café d'huile + 200 g de légumes

OU

120 g de poisson gras ou de viande grasse + 200 g de légumes.

© 2009 Recette pour LeDiet du grand chef Renata DOMINIK, restaurant Le Prunier à Paris

COQUILLES SAINT-JACQUES À LA NAGE

INGRÉDIENTS

Pour 4 personnes

- 2 à 2,5 kg de coquilles Saint-Jacques entières (soit 600 g sans les coquilles)
- 300 g de blancs de poireau coupés en petits tronçons
- 250 g de carottes coupées en fines rondelles
- 2 citrons non traités
- 1 orange non traitée
- 1 branche d'estragon
- bouquet garni
- 1 tête d'ail
- sel et poivre en grains
- poivre de Cayenne

Préparation

- Ouvrez les coquilles, détachez la chair et lavez les noix à l'eau courante. Séparez les blancs et les coraux des barbes qui les entourent.
- Mettez les barbes dans une casserole avec 1 litre d'eau et le jus de 1 citron et demi. Faites bouillir 10 minutes et filtrez le jus.
- Remettez celui-ci dans une casserole et ajoutez-y les morceaux de poireaux, de carottes, 2 à 3 rondelles de citron, 2 à 3 rondelles d'orange, les grains de poivre, le poivre de Cayenne, le sel, l'estragon, le bouquet garni et la tête d'ail entière. Laissez frémir à couvert pendant 20 à 30 minutes.
- Dix minutes avant de servir, faites pocher dans ce bouillon les noix de saint-jacques. Ôtez du bouillon la branche d'estragon, le bouquet garni et la tête d'ail. Servez les coquilles très chaudes, dans la nage avec les légumes.

Remarque : Vous pouvez utiliser des coquilles Saint-Jacques surgelées que vous laissez mijoter 30 minutes dans le bouillon composé de 1 litre d'eau et des légumes ci-dessus.

Informations nutritionnelles

Une part de cette recette apporte : 167 kcal, 25 g de protéines, 1 g de lipides, 13,5 g de glucides, 2,5 mg de fer.

Conseil

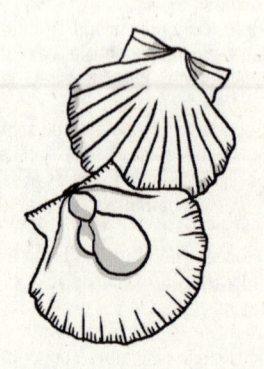

Une part de cette recette peut remplacer un plat de poisson ou de viande prescrit.

CALAMARS À LA PROVENÇALE

INGRÉDIENTS

Pour 6 personnes

- 1 kg de petits calamars
- 1 kg de tomates
- 2 oignons
- 1 poivron
- 2 gousses d'ail
- 1 bouquet garni
- 1 piment oiseau
- sel et poivre

Préparation

- Dans une poêle, versez une goutte d'huile que vous épongez à l'aide de papier absorbant. Faites-y revenir sans ajout de matière grasse les oignons émincés.
- Pendant ce temps, ébouillantez les tomates et pelez-les.
- Quand les oignons sont bien dorés, ajoutez les tomates concassées, le poivron en dés, l'ail, le bouquet garni, le piment oiseau écrasé, le sel et le poivre. Laissez cuire pendant 10 minutes.
- Lavez et nettoyez les calamars.
- Ajoutez-les à la sauce et faites cuire à feu doux pendant 45 minutes.

Informations nutritionnelles

Une part de cette recette apporte : 168 kcal, 28 g de protéines, 1,8 g de lipides, 9,6 g de glucides, 2 mg de fer.

Conseil

Une part de cette recette peut remplacer un plat de poisson ou de viande prescrit.

LÉGUMES & FÉCULENTS

Les recettes proposées sont peu caloriques. Vous pouvez consommer une part de ces recettes en remplacement d'un plat de légumes ou de féculents prescrit.

SOUFFLÉ DE COURGETTES

INGRÉDIENTS

Pour 4 personnes

- 600 g de courgettes
- 100 g de fromage blanc maigre
- 20 g de parmesan ou de comté râpé
- 1 jaune d'œuf
- 2 blancs d'œufs
- 5 g de fécule
- sel et poivre
- muscade

Préparation
- Préchauffez le four (thermostat 6-7 ou 200 °C).
- Cuisez les courgettes à la vapeur, passez-les à la moulinette.
- Dans une poêle antiadhésive sans matière grasse, faites cuire la purée de courgettes obtenue à feu vif 8 à 10 minutes, en remuant jusqu'à ce qu'elle soit sèche.
- Assaisonnez de sel, poivre et d'une pincée de muscade et ajoutez la fécule en pluie, poursuivez la cuisson jusqu'à épaississement. Incorporez le fromage blanc, le parmesan ou le comté, le jaune d'œuf puis les blancs battus en neige.
- Versez dans un moule à soufflé antiadhésif rempli aux trois quarts.
- Enfournez pour 30 minutes.
- Servez immédiatement.

Vous pouvez préparer de la même manière des soufflés de blancs de poireaux, de céleri-rave, de chou-fleur, de carottes, de champignons...

Informations nutritionnelles
Une part de cette recette apporte : 88 kcal, 9 g de protéines, 0 g de lipides, 3 g de glucides, 41 mg de fer, 94 mg de calcium.

Conseil
Une part de cette recette peut remplacer la prescription d'une part de légumes.

GRATIN D'ENDIVES

INGRÉDIENTS

Pour 4 personnes

- 8 à 10 endives
- 2 jaunes d'œufs
- 200 g de fromage blanc maigre
- 20 g de gruyère râpé
- sel et poivre

Préparation
- Faites cuire les endives à la vapeur.
- Battez les jaunes d'œufs avec le fromage blanc et les 2/3 du gruyère râpé, salez et poivrez.
- Dans un plat allant au four, disposez les endives cuites et couvrez du mélange. Saupoudrez avec le gruyère râpé restant. Faites gratiner.
Vous pouvez préparer de la même manière des gratins de poireaux, fenouil, courgettes, céleri-rave, chou-fleur, salsifis, bettes, champignons...

Informations nutritionnelles
Une part de cette recette apporte : 90 kcal, 8 g de protéines, 5 g de lipides, 2 g de glucides, 12,5 mg de vitamine C, 161 mg de calcium.

Conseil
Une part de cette recette peut remplacer la prescription d'une part de légumes.

MOUSSE DE CHOU-FLEUR

INGRÉDIENTS

Pour 4 personnes

- 1 chou-fleur
- 1 litre de lait écrémé
- sel et poivre
- muscade

Préparation
- Épluchez et divisez le chou-fleur en petits bouquets et lavez-les.
- Cuisez-le dans le lait avec le sel et la muscade pendant 30 minutes.
- Égouttez le chou-fleur et mixez-le en ajoutant au besoin un peu de lait de cuisson afin d'obtenir une mousse onctueuse.

Informations nutritionnelles
Une part de cette recette apporte : 120 kcal, 11 g de protéines, 1 g de lipides, 16,5 g de glucides, 3,5 g de fibres, 70 mg de vitamine C, 300 mg de calcium.

Conseil
Une part de cette recette peut remplacer la prescription d'une part de légumes.

AUBERGINES FARCIES

INGRÉDIENTS

Pour 4 personnes

- 4 grosses aubergines
- 2 jaunes d'œufs
- 4 gousses d'ail
- sel et poivre
- persil

Préparation

- Préchauffez le four (thermostat 5 ou 150 °C).
- Lavez puis essuyez les aubergines. Coupez-les en deux.
- Ôtez la pulpe intérieure, hachez-la avec l'ail et le persil, salez, poivrez, et liez avec les jaunes d'œufs.
- Garnissez les demi-aubergines de cette farce.
- Déposez-les dans un plat allant au four, dans un fond d'eau. Laissez cuire à four moyen pendant 30 minutes environ.

Informations nutritionnelles

Une part de cette recette apporte : 63 kcal, 3 g de protéines, 3,5 g de lipides, 4,5 g de glucides, 3 g de fibres, 26 mg de calcium.

Conseil

Une part de cette recette peut remplacer la prescription d'une part de légumes.

CHOUCROUTE

INGRÉDIENTS

Pour 4 personnes

- 800 g de choucroute crue
- 2 belles échalotes hachées
- 1 oignon épluché et piqué de clous de girofle
- quelques baies de genièvre
- le jus de 1 citron
- 1 bouquet garni
- 1 verre de bouillon de légumes (100 à 150 ml)
- 1 tête d'ail
- sel et poivre

Préparation

- Lavez et égouttez la choucroute. Cuisez-la au moins 1 h 30 dans une grande quantité d'eau (ou bien 30 minutes à l'auto-cuiseur).
- Dans une cocotte, versez une goutte d'huile que vous essuyez avec du papier absorbant et faites blondir les échalotes sans matière grasse. Ajoutez ensuite la choucroute, l'oignon piqué de clous de girofle, les baies de genièvre, le jus de citron et le bouquet garni. Arrosez du bouillon.
- Lavez soigneusement la tête d'ail sans l'éplucher, plongez-la au cœur de la choucroute. Couvrez et laissez mijoter à feu doux pendant 1 heure environ.

Informations nutritionnelles

Une part de cette recette apporte : 75 kcal, 6 g de protéines, 0,5 g de lipides, 11 g de glucides, 1 g de fibres, 51 mg de vitamine C, 78 mg de calcium.

Conseil

Une part de cette recette peut remplacer la prescription d'une part de légumes.

CHOU ROUGE AUX POMMES

INGRÉDIENTS

Pour 4 personnes

- 800 g de chou rouge
- 150 g de pommes épluchées et épépinées
- 1 oignon
- 1 grand verre de bouillon de légumes (200 ml)
- 1 verre de vin rouge (100 ml)
- sel et poivre

Préparation

- Coupez le chou en lanières, rincez-le dans une eau légèrement vinaigrée.
- Dans une cocotte antiadhésive, faites fondre l'oignon haché avec le bouillon de légumes. Versez le chou et mouillez avec le vin rouge. Laissez mijoter à couvert 30 minutes environ.
- Coupez les pommes en quartiers, ajoutez-les au chou. Salez et poivrez, laissez cuire encore 20 minutes à couvert. Finissez la cuisson à découvert pour évaporer tout le liquide.

Informations nutritionnelles

Une part de cette recette apporte : 68 kcal, 2,5 g de protéines, 1 g de lipides, 12 g de glucides, 1 g de fibres, 69 mg de vitamine C, 81 mg de calcium.

Conseil

Une part de cette recette peut remplacer la prescription d'une part de légumes.

FENOUIL À LA PROVENÇALE

INGRÉDIENTS

Pour 4 personnes

- 2 à 4 bulbes de fenouil selon grosseur
- 1/2 boîte de tomates concassées
- 1 cuillerée à café de concentré de tomates
- 4 gousses d'ail
- thym
- laurier
- sel et poivre
- persil haché

Préparation

- Lavez le fenouil, coupez-le en deux et faites-le blanchir à l'eau bouillante salée pendant 10 minutes. Égouttez-le.
- Dans une petite casserole, placez les tomates concassées, le concentré de tomates, l'ail pilé, le thym et une feuille de laurier. Salez et poivrez, et laissez mijoter à couvert 10 minutes.
- Versez ensuite le coulis obtenu dans une sauteuse avec le fenouil.
- Laissez cuire 30 minutes environ.
- Saupoudrez de persil haché et servez aussitôt.

Informations nutritionnelles

Une part de cette recette apporte : 36 kcal, 2 g de protéines, 0,5 g de lipides, 5,5 g de glucides, 20 mg de vitamine C, 65,5 mg de calcium.

Conseil

Une part de cette recette peut remplacer la prescription d'une part de légumes.

FONDUE DE POIREAUX AUX OIGNONS

INGRÉDIENTS

Pour 4 personnes

- 800 g de poireaux
- 1 oignon
- 1/2 verre de bouillon de légumes
- sel et poivre

Préparation
- Lavez et épluchez les poireaux puis faites-les cuire à la vapeur pendant 30 minutes environ. Égouttez-les et laissez-les tiédir.
- Pelez et émincez l'oignon, faites-le fondre sur feu doux avec le bouillon de légumes. Salez et poivrez.
- Ajoutez à cette fondue d'oignon les poireaux coupés en tronçons.
- Laissez mijoter 10 minutes environ.

Informations nutritionnelles
Une part de cette recette apporte : 55 kcal, 3 g de protéines, 0,5 g de lipides, 9 g de glucides, 1 g de fibres, 15 mg de vitamine C, 41 mg de calcium.

Conseil
Une part de cette recette peut remplacer la prescription d'une part de légumes.

HARICOTS VERTS WALLONS

INGRÉDIENTS

Pour 4 personnes

- 600 g de haricots verts
- 2 oignons
- 1/2 verre de bouillon de légumes (50 ml à 100 ml)
- sel et poivre
- persil haché

Préparation
- Lavez et épluchez les haricots verts. Faites-les cuire pendant 20 minutes à l'eau bouillante salée.
- Épluchez et coupez les oignons en rondelles. Faites-les revenir dans la moitié du bouillon, puis ajoutez les haricots verts et le reste du bouillon. Laissez cuire 5 minutes encore.
- Salez, poivrez et saupoudrez de persil haché.

Informations nutritionnelles
Une part de cette recette apporte : 52 kcal, 3 g de protéines, 0,5 g de lipides, 8,5 g de glucides, 2 g de fibres, 17 mg de vitamine C, 66 mg de calcium.

Conseil
Une part de cette recette peut remplacer la prescription d'une part de légumes.

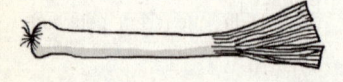

RATATOUILLE À L'ÉTOUFFÉE

INGRÉDIENTS

Pour 4 personnes

- 400 g de tomates
- 200 g d'aubergines
- 100 g de poivrons
- 400 g de courgettes
- 2 échalotes
- 2 gousses d'ail
- thym
- laurier
- 1/2 cuillerée à café de coriandre en poudre
- sel et poivre

Préparation
- Lavez et essuyez les légumes. Coupez les tomates et aubergines en dés, les poivrons en lanières. Épluchez les courgettes en laissant des bandes de peau et coupez-les en rondelles.
- Dans une petite casserole, faites blanchir les échalotes émincées avec un peu d'eau.
- Mettez tous les légumes dans une sauteuse. Ajoutez sel, poivre, thym et laurier émiettés, la coriandre, les échalotes et l'ail haché.
- Couvrez et laissez mijoter à feu doux 1 h 30 environ. Si les légumes ont rendu trop de jus, finissez la cuisson à découvert.

Informations nutritionnelles
Une part de cette recette apporte : 51 kcal, 2 g de protéines, 0,5 g de lipides, 9 g de glucides, 1 g de fibres, 56 mg de vitamine C, 31 mg de calcium.

Conseil
Une part de cette recette peut remplacer la prescription d'une part de légumes.

TOMATES AUX HERBES DE PROVENCE

INGRÉDIENTS

Pour 4 personnes

- 4 grosses tomates
- 4 gousses d'ail
- 1 biscotte
- persil haché
- herbes de Provence
- sel et poivre

Préparation
- Écrasez la biscotte. Mélangez-la à l'ail pelé et pilé, au persil haché et aux herbes de Provence. Salez et poivrez.
- Coupez les tomates en deux, mettez sur chaque moitié le mélange réalisé et faites gratiner au four 15 minutes environ.

Informations nutritionnelles
Une part de cette recette apporte : 40 kcal, 1,5 g de protéines, 0,5 g de lipides, 7 g de glucides, 0,5 g de fibres, 27 mg de vitamine C, 14 mg de calcium.

Conseil
Une part de cette recette peut remplacer la prescription d'une part de légumes.

CÉLERI-RAVE À LA MENTHE

INGRÉDIENTS

Pour 4 personnes

- 1 gros céleri-rave
- 1 c. à soupe de vinaigre
- 1 c. à soupe d'huile d'olive
- 10 feuilles de menthe
- sel et poivre

Préparation
- Pelez le céleri-rave, lavez-le, coupez-le en quartiers, puis en rondelles épaisses.
- Faites cuire le céleri-rave à la vapeur.
- Pendant ce temps, préparez une vinaigrette à la menthe. Lavez les feuilles de menthe, essuyez-les et hachez-les finement.
- Versez le vinaigre dans un bol, salez, poivrez puis incorporez l'huile en battant avec un fouet.
- Rangez les rondelles de céleri-rave dans un plat creux, arrosez-les de vinaigrette à la menthe.
- Mélangez et servez tiède.

Informations nutritionnelles
Une part de cette recette apporte : 63 kcal, 1,5 g de protéines, 3 g de lipides, 7,5 g de glucides, 1 g de fibres, 6 mg de vitamine C, 60 mg de calcium.

Conseil
Une part de cette recette peut remplacer la prescription d'une part de légumes.

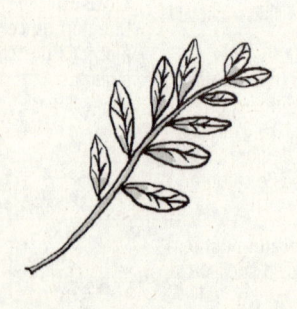

SALADE DE PÂTES

INGRÉDIENTS

Pour 4 personnes

- 120 g de pâtes (penne) poids sec
- 150 g de tomates fraîches
- 150 g de poivrons verts et rouges
- 120 g de mozzarella allégée
- 10 feuilles de basilic
- 2 gousses d'ail
- 1 cuillerée à soupe d'huile d'olive
- sel, poivre

Préparation

- Faites cuire les pâtes le temps indiqué sur le paquet. Passez-les ensuite sous l'eau froide.
- Dans un saladier, mettez les pâtes cuites avec l'huile d'olive, ajoutez les tomates, les poivrons et la mozzarella coupés en petits dés.
- Hachez finement le basilic et l'ail et ajoutez-les à la préparation.
- Salez, poivrez.
- Réservez au réfrigérateur pendant au moins 30 minutes.

Informations nutritionnelles

Une part de cette recette apporte : 211 kcal, 11 g de protéines, 7 g de lipides, 26 g de glucides.

Conseil

Une part de cette recette peut remplacer selon les aliments prescrits :
100 g de féculents (poids cuit) + 30 g de fromage allégé (ou 1 laitage maigre) + éventuellement 100 g de légumes
OU
40 g de pain + 30 g de fromage allégé (ou 1 laitage maigre). + éventuellement 100 g de légumes.

SALADE AU CRABE

INGRÉDIENTS

Pour 4 personnes

- 120 g de spaghettis poids sec
- 400 g de miettes de crabe (2 grandes boîtes)
- 250 g de champignons de Paris
- 200 g de carottes (2 petites)
- 2 gousses d'ail
- 4 ciboules ou petits oignons verts
- 2 c. à soupe de coriandre ou ciboulette hachée
- 2 c. à soupe de sauce soja
- 100 ml de bouillon de volaille
- sel, poivre

Préparation

- Cuisez les spaghettis « al dente » et réservez-les.
- Lavez, puis coupez les légumes en lanières.
- Dans une poêle antiadhésive (ou dans un wok), graissée au préalable avec une goutte d'huile, faites revenir l'ail haché.
- Ajoutez les miettes de crabe et les légumes émincés et faites cuire 5 minutes à feux doux.
- Ajoutez la sauce soja, le bouillon de volaille, le sel, le poivre, les spaghettis, et laissez cuire pendant 2 minutes.
- Saupoudrez avec les herbes hachées avant de servir chaud.

Informations nutritionnelles

Une part de cette recette apporte : 260 kcal, 34 g de protéines, 3 g de lipides, 26 g de glucides.

Conseil

Une part de cette recette peut remplacer selon les aliments prescrits :
120 g de viande maigre ou de poisson maigre + 100 g de féculents (poids cuit) + éventuellement 100 g de légumes
OU
120 g de viande maigre ou de poisson maigre + 40 g de pain + éventuellement 100 g de légumes.

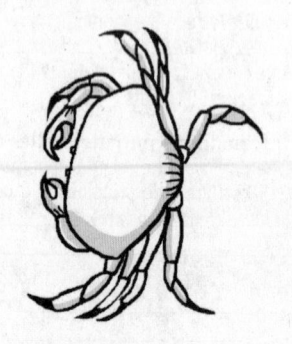

SALADE DE PÂTES AUX DEUX SAUMONS

INGRÉDIENTS

Pour 4 personnes

- 120 g de pâtes poids sec
- 100 g de saumon fumé coupé en lanières
- 300 g de saumon frais coupé en dés
- 1 citron
- 1 bouquet de ciboulette
- 2 échalotes
- 1 cuillerée à soupe de Gomasio® (mélange de sel et de graines de sésame grillées hachées)
- 1 cuillerée à soupe d'huile d'olive
- sel, poivre

Préparation

- Faites cuire les pâtes dans une grande quantité d'eau bouillante salée. Une fois cuites, égouttez-les et rincez-les sous l'eau froide.
- Mettez à mariner 15 minutes les dés de saumon dans le jus de citron, ajoutez sel, poivre, Gomasio®.
- Ajouter les pâtes, les lanières de saumon fumé, les échalotes émincées et la ciboulette ciselée.
- Mélangez délicatement tous les ingrédients avant de servir cette salade froide.

Informations nutritionnelles

Une part de cette recette apporte : 350 kcal, 33 g de protéines, 15 g de lipides, 20 g de glucides.

Conseil

Une part de cette recette peut remplacer selon les aliments prescrits :
120 g de viande maigre ou de poisson maigre + 100 g de féculents (poids cuit) + 2 c. à café d'huile

OU

120 g de viande maigre ou de poisson maigre + 2 c. à café d'huile + 40 g de pain

OU

120 g de viande grasse ou de poisson gras + 100 g de féculents (poids cuit)

OU

120 g de viande grasse ou de poisson gras + 40 g de pain.

PÂTES AUX SEICHES

INGRÉDIENTS

Pour 4 personnes

- 120 g de pâtes papillons poids sec
- 400 g de petites seiches
- 3 gousses d'ail
- 1 bouquet d'herbes (persil, coriandre, ciboulette...)
- 1 petit piment rouge doux
- 100 ml de vin blanc
- 1 c. à soupe d'huile d'olive
- sel, poivre

Préparation

- Mettez les pâtes à cuire dans une grande quantité d'eau bouillante salée.
- Faites revenir l'ail pelé et haché et le piment doux émincé dans l'huile, ajoutez les seiches et le vin blanc.
- Laissez mijoter 10 minutes à feu doux, ajoutez les herbes, assaisonnez.
- Mélangez les pâtes avec les seiches. Servez chaud.

Informations nutritionnelles

Une part de cette recette apporte : 260 kcal, 30 g de protéines, 5 g de lipides, 20 g de glucides.

Conseil

Une part de cette recette peut remplacer selon les aliments prescrits :
120 g de viande maigre ou de poisson maigre + 100 g de féculents (poids cuit)

OU

120 g de viande maigre ou de poisson maigre + 40 g de pain.

SPAGHETTIS BOLOGNAISE

INGRÉDIENTS

Pour 4 personnes

- 120 g de spaghettis poids sec
- 400 g de steak haché à 5 % MG
- 4 grosses tomates bien mûres
- 2 oignons
- 2 gousses d'ail
- 1 brin de thym, 1 feuille de laurier
- sel, poivre

Préparation

- Pelez les oignons et l'ail, hachez-les puis faites-les revenir dans une sauteuse. Lorsqu'ils sont fondants, ajoutez le steak haché en le détachant à la fourchette en petits morceaux.
- Ajoutez les tomates concassées, thym, laurier, sel, poivre, et laissez mijoter à feu doux au moins 40 minutes jusqu'à évaporation de l'eau.
- Faites cuire les spaghettis « al dente » et servez-les avec cette sauce bolognaise.
- Ajoutez du parmesan râpé.

Informations nutritionnelles

Une part de cette recette apporte : 280 kcal, 33 g de protéines, 7 g de lipides, 22 g de glucides.

Conseil

Une part de cette recette peut remplacer selon les aliments prescrits :
120 g de viande maigre ou de poisson maigre + 100 g de féculents (poids cuit)

OU

120 g de viande maigre ou de poisson maigre + 40 g de pain.

SALADES COMPOSÉES ET PIZZAS, QUICHES, TARTES SALÉES…

Toutes les recettes proposées sont peu caloriques. Néanmoins, lisez pour chacune d'elles le paragraphe « Conseil » et respectez les équivalences entre les aliments.

SALADE DE TOMATES AU ROQUEFORT

INGRÉDIENTS

Pour 4 personnes

- 300 g de tomates
- 25 g de roquefort
- 150 g de fromage blanc maigre
- quelques feuilles de laitue
- 1 oignon
- persil
- sel et poivre

Préparation
- Lavez, essuyez et découpez les tomates en lamelles puis disposez-les sur le lit de salade.
- Mélangez le fromage blanc et le roquefort émietté, ajoutez l'oignon haché, le sel et le poivre.
- Nappez le plat de tomates avec la sauce au roquefort et décorez de persil.
- Servez bien frais.

Informations nutritionnelles
Une part de cette recette apporte : 66 kcal, 5 g de protéines, 2,5 g de lipides, 5,5 g de glucides, 2 g de fibres, 108 mg de calcium.

Conseil
Une part de cette recette peut remplacer une entrée prescrite.

SALADE PRINTANIÈRE SAUCE AU CRABE

INGRÉDIENTS

Pour 4 personnes

- 200 g de tomates
- 100 g de poivrons verts
- 200 g d'asperges
- 50 g de germes de soja
- quelques feuilles de laitue
- persil
- sauce au crabe

Préparation
- Lavez, essuyez puis coupez les tomates en quartiers et le poivron en fines lamelles.
- Sur le plat de service, disposez les feuilles de salade, répartissez harmonieusement les tomates, les poivrons, les asperges et les germes de soja. Décorez de persil.
- Servez bien frais, avec une sauce au crabe à part (voir recette p. 278).

Informations nutritionnelles
Une part de cette recette apporte : 40 kcal, 4,5 g de protéines, 0,5 g de lipides, 4 g de glucides, 2,5 g de fibres, 47 mg de calcium.

Conseil
Une part de cette recette peut remplacer une entrée prescrite.

SALADE COMPOSÉE AVEC FROMAGE ET ŒUF

INGRÉDIENTS

Pour 1 personne

- légumes à volonté : salade, tomates, concombre, poivron, fenouil, côtes de céleri, radis, champignons, asperges, cœurs de palmier, haricots verts..., ou 150 g de légumes plus sucrés : betteraves rouges ou fonds d'artichauts
- 1 œuf
- 30 g de fromage à pâte cuite (gruyère, cantal, tomme...), de fromage frais, ou 60 g de fromage allégé
- vinaigre, moutarde, échalote, oignon, ail, cornichons, fines herbes, sel et poivre... selon votre convenance
- sauce sans matières grasses

Préparation

- Cuisez l'œuf dur ou poché.
- Coupez le fromage en cubes.
- Mélangez les ingrédients, agrémentez de fines herbes, d'un petit oignon frais émincé, ajoutez l'huile ou une sauce diététique sans matières grasses (consultez les recettes de sauce froides p. 276 à 281), le sel et le poivre.

Quelques idées de salades

- Exemple 1 : tomates, concombre, salade, échalote, basilic..., œuf dur en rondelles, gruyère en cubes.
- Exemple 2 : épinards crus ou frisée émincés, œuf poché, tomme en cubes, ciboulette.
- Exemple 3 : tomates en rondelles, œuf dur mimosa, mozzarella, cerfeuil.

Informations nutritionnelles

Une part de cette recette apporte : 212 kcal, 14 g de protéines, 15 g de lipides, 7 g de glucides, 1,8 g de fibres, 400 mg de calcium.

Conseil

Une part de cette recette peut remplacer selon les aliments prescrits :
1 salade composée sans féculents prescrite en « plat snack »
OU
1 plat de viande ou de poisson + des légumes verts.

SALADE COMPOSÉE AVEC JAMBON OU VIANDE

INGRÉDIENTS

Pour 1 personne

- légumes à volonté : salade, tomates, concombre, poivron, fenouil, côtes de céleri, radis, champignons, asperges, cœurs de palmier, haricots verts, ou 150 g de légumes plus sucrés : betteraves rouges ou fonds d'artichauts
- 100 g de jambon blanc, de blanc de poulet, de rôti de veau ou de filet de porc froid
- vinaigre, moutarde, échalote, oignon, ail, cornichons, fines herbes, sel et poivre..., selon votre convenance
- 1 sauce sans matière grasse

Préparation
- Si vous utilisez du rôti de veau ou du filet de porc, cuisez-le au four ou au court-bouillon.
- Coupez la viande cuite ou le jambon en dés.
- Mélangez les ingrédients, agrémentez de fines herbes, d'un petit oignon frais émincé, ajoutez l'huile ou la sauce diététique (consultez les recettes de sauces minceur p. 282 à 284).
- Assaisonnez de sel et de poivre.

Quelques idées de salades
- Exemple 1 : chou-fleur en bouquets, haricots verts, veau ou porc en lanières, échalote, estragon.
- Exemple 2 : tomates, champignons crus, batavia, jambon émincé, oignon blanc, basilic.
- Exemple 3 : germes de soja, poivrons rouges et verts en lanières, poulet émincé, oignon rouge, persil.

Informations nutritionnelles
Une part de cette recette apporte : 144 kcal, 19 g de protéines, 4,5 g de lipides, 7 g de glucides, 1,8 g de fibres, 1,5 mg de fer.

Conseil
Une part de cette recette peut remplacer selon les aliments prescrits :
1 salade composée sans féculents prescrite en « plat snack »
OU
1 plat de viande ou de poisson + des légumes verts.

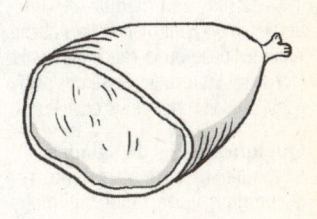

SALADE COMPOSÉE AVEC POISSON OU FRUITS DE MER

INGRÉDIENTS

Pour 1 personne

- légumes à volonté : salade, tomates, concombre, poivron, fenouil, côtes de céleri, radis, champignons, asperges, cœurs de palmier, haricots verts, ou 150 g de légumes plus sucrés : betteraves rouges ou fonds d'artichauts
- 100 g de poisson frais (cabillaud, sole, colin, raie...) ou 100 g de thon ou de saumon en conserve au naturel ou 100 g de crevettes, moules, coques, langouste, homard, crabe, coquilles Saint-Jacques
- vinaigre, moutarde, échalote, oignon, ail, cornichons, fines herbes, sel et poivre...
- sauce sans matière grasse

Préparation

- Pochez le poisson ou les fruits de mer, si possible dans un court-bouillon parfumé d'un bouquet garni.
- Émincez le poisson, mélangez les ingrédients, agrémentez de fines herbes, d'un petit oignon frais haché. Ajoutez l'huile ou la sauce diététique (consultez les recettes de sauces p. 276 à 281), assaisonnez de sel et de poivre.

Quelques idées de salades

- Exemple 1 : chou blanc râpé, 1/4 de pomme verte râpée, rollmops, raifort, persil.
- Exemple 2 : germes de soja, carottes râpées, crevettes, sauce soja, coriandre.
- Exemple 3 : pointes d'asperges, fonds d'artichauts, langoustines, baies rouges, ciboulette.
- Exemple 4 : tomates, laitue, thon en conserve au naturel, oignon blanc, coriandre.
- Exemple 5 : fenouil, poivron rouge, moules, coques, persil.
- Exemple 6 : blancs de poireaux à l'étouffée, coquilles Saint-Jacques, gingembre frais râpé, ciboulette.
- Exemple 7 : mesclun, frisée ou jeunes pousses d'épinards, cabillaud ou raie, fines herbes.

Informations nutritionnelles

Une part de cette recette apporte : 106 kcal, 19 g de protéines, 2 g de lipides, 21 g de glucides, 1,8 g de fibres, 0,77 mg de fer.

Conseil

Une part de cette recette peut remplacer selon les aliments prescrits :
1 salade composée sans féculents prescrite en « plat snack »

OU

1 plat de viande ou de poisson + des légumes verts.

SALADE COMPOSÉE AVEC FÉCULENTS

INGRÉDIENTS

Pour 1 personne

- 100 g de féculents (poids cuit), soit 2 petites pommes de terre, ou 3 cuillerées à soupe de riz, maïs, semoule, blé, lentilles, haricots blancs, rouges, flageolets, pois chiches, fèves...
- Légumes à volonté : salade, tomates, concombre, poivron, fenouil, côtes de céleri, radis, champignons, asperges, cœurs de palmier, haricots verts, ou 150 g de légumes verts plus sucrés : betteraves rouges ou fonds d'artichauts
- 100 g de viande ou jambon, ou 100 g de poisson ou de fruits de mer, ou 2 œufs, ou 100 g de tofu, ou 60 g de fromage allégé
- vinaigre, moutarde, 1 échalote ou 1 petit oignon, fines herbes, sel et poivre
- 1 sauce sans matière grasse (consultez les recettes de sauces minceur).

Préparation

- Cuisez les pommes de terre à la vapeur ou les céréales et légumes secs dans de l'eau salée.
- Émincez la viande ou le poisson cuisinés également sans matière grasse. Ajoutez les légumes de votre choix, mélangez les ingrédients, agrémentez de fines herbes, d'un petit oignon frais haché. Ajoutez la vinaigrette ou la sauce diététique, assaisonnez de sel et de poivre.

Quelques idées de salades

- Exemple 1 : riz, tomates, salade, concombre, oignon blanc, basilic..., et thon.
- Exemple 2 : pommes de terre en cubes, mâche, œuf dur en rondelles, cantal en lanières, échalotes, estragon...
- Exemple 3 : haricots rouges, scarole, échalote, persil, veau ou poulet émincé, tomme en cubes.
- Exemple 4 : maïs, laitue, tomates, aneth, oignon rouge... et crevettes.
- Exemple 5 : pommes de terre tièdes en rondelles, cerfeuil, oignons rouges... et lanières de bœuf en pot-au-feu.
- Exemple 6 : lentilles, tomates en cubes, échalotes, coriandre... et magret de canard émincé.
- Exemple 7 : pois chiches, laitue ciselée, jambon en cubes.
- Exemple 8 : pommes de terre tièdes en rondelles, germes de soja, 50 g de dés de jambon ou de canard, 1 œuf dur ou mollet.

Informations nutritionnelles

Une part de cette recette apporte : 263 kcal, 21,5 g de protéines, 5 g de lipides, 33 g de glucides, 2,3 g de fibres, 1,67 mg de fer.

Conseil

Une part de cette recette peut remplacer selon les aliments prescrits 1 salade composée avec féculents prescrite en « plat snack »

OU

1 plat de viande ou de poisson + des féculents.

SALADE COMPOSÉE AVEC FROMAGE

INGRÉDIENTS

Pour 1 personne

- salade verte, scarole, frisée ou autre
- 60 g de fromage (chèvre, camembert, maroilles...)
- vinaigre, moutarde, échalote, fines herbes, sel et poivre:... selon votre convenance
- sauce sans matière grasse

Préparation
- Mettez le fromage au four sous le grill chaud, jusqu'à légère coloration.
- Assaisonnez la salade avec une vinaigrette ou la sauce diététique (consultez les recettes de sauces minceur).
- Posez le fromage chaud sur la salade, agrémentez de ciboulette, de sel et de poivre.

Vous pouvez remplacer la salade au fromage chaud par des crudités variées et 60 g de fromage à pâte cuite en cubes (comté, beaufort, gruyère...).

Quelques idées de salades
- Exemple 1 : endives, roquefort.
- Exemple 2 : concombre râpé, feta, sauce diététique au yaourt.
- Exemple 3 : tomates, mozzarella, 1 c. à café d'huile d'olive, 2 à 3 olives noires.
- Exemple 4 : frisée, comté en cubes.
- Exemple 5 : laitue, chèvre chaud.
- Exemple 6 : feuille de chêne, saint-marcellin chaud.
- Exemple 7 : mâche, feta.

Informations nutritionnelles
Une part de cette recette apporte : 240 kcal, 14,5 g de protéines, 18 g de lipides, 4 g de glucides, 4,5 g de fibres, 237 mg de calcium.

Conseil
Une part de cette recette peut remplacer selon les aliments prescrits :
1 salade composée sans féculents prescrite en « plat snack »

OU

1 plat de viande ou de poisson + des légumes + 1 c. à café d'huile.

PIZZA AUX LÉGUMES/JAMBON

INGRÉDIENTS

Pour 3 personnes

Pâte
- 100 g de farine
- 5 g de levure
- 60 ml d'eau
- 2 pincées de sucre
- 1/2 c. à café de sel

Garniture
- 2 tranches de jambon blanc (100 g)
- 250 g de tomates
- 100 g de champignons de Paris
- 100 g de courgettes
- 100 g de poivrons rouges
- 1/2 oignon
- 1 c. à café d'huile
- origan
- 6 olives noires
- sel, poivre

Préparation

- Mélangez les ingrédients de la pâte en les travaillant à la main.
- Laissez lever la pâte à température ambiante puis disposez-la sur la plaque du four recouverte d'un papier sulfurisé.
- Lavez, pelez et émincez les oignons, les champignons, les courgettes et les poivrons.
- Faites revenir quelques minutes, avec la cuillerée à café d'huile, l'oignon, les champignons, les courgettes et les poivrons.
- Disposez sur la pâte les tomates fraîches, la préparation ci-dessus, le jambon coupé en petits morceaux, l'origan, sel, poivre.
- Mettez à cuire 20 minutes au four préalablement chauffé (thermostat 6 ou 180 °C). Décorez avec les olives.

Informations nutritionnelles

Une part de cette pizza « light » apporte : 220 kcal, 12 g de protéines, 5 g de lipides, 32 g de glucides.

Conseil

Une part de cette recette peut remplacer selon les aliments prescrits :
60 g de viande maigre ou de poisson maigre + 200 g de légumes + 60 g de pain + 1 c. à café d'huile

OU

60 g de viande grasse ou de poisson gras + 200 g de légumes + 60 g de pain.

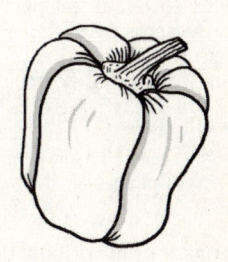

PIZZA MOZZARELLA/TOMATES

INGRÉDIENTS

Pour 3 personnes

Pâte
- 100 g de farine
- 5 g de levure
- 60 ml d'eau
- 2 pincées de sucre
- 1/2 c. à café de sel

Garniture
- 250 g de tomates fraîches (ou de coulis de tomates)
- 150 g de champignons de Paris
- 100 g de mozzarella allégée
- origan
- sel, poivre

Préparation
- Confectionnez la pâte à pizza selon la recette précédente.
- Préparez un coulis de tomates : ébouillantez les tomates quelques minutes, enlevez-leur la peau et les pépins et écrasez ou mixez la pulpe. Ajoutez-y l'origan.
- Faites étuver les champignons dans une poêle antiadhésive, sans matière grasse.
- Garnissez la pâte de coulis de tomates, de champignons et de mozzarella coupée en petits morceaux.
- Mettez à cuire 20 minutes au four préalablement chauffé (thermostat 6 ou 180 °C).

Informations nutritionnelles
Une part de cette pizza « light » apporte : 213 kcal, 12 g de protéines, 4,5 g de lipides, 31 g de glucides.

Conseil
Une part de cette recette peut remplacer selon les aliments prescrits :
30 g de fromage allégé + 100 g de légumes + 60 g de pain

OU

1 laitage maigre non sucré + 100 g de légumes + 1/2 c. à café d'huile + 60 g de pain.

PIZZA RICOTTA / LÉGUMES GRILLÉS

INGRÉDIENTS

Pour 6 personnes

1 pâte à pizza préétalée de 260 g
Garniture
- 600 g de mélange de légumes grillés surgelés (aubergines, courgettes, poivrons rouges et jaunes)
- 1 oignon coupé en rondelles
- 100 g de coulis de tomates
- 120 g de ricotta allégée
- 2 c. à café d'huile
- sel, poivre, origan.

Préparation

- Mettez l'huile à chauffer dans une sauteuse antiadhésive. Faites-y revenir l'oignon puis les légumes. Salez et poivrez. Laissez cuire 5 minutes en remuant délicatement.
- Déroulez la pâte sur la feuille de cuisson. Piquez-la avec une fourchette. Glissez-la au four 5 minutes pour la précuire (thermostat 6 ou 180 °C).
- Mélangez la ricotta avec le coulis de tomates (que vous pouvez préparer vous-même selon la recette prédédente). Étalez ce mélange sur la pâte précuite. Parsemez d'origan puis recouvrez des légumes grillés.
- Mettez à cuire 15 minutes au four préalablement chauffé (thermostat 6 ou 180 °C).

Attention, pour la pâte à pizza, au choix de la marque : le taux de lipides doit être inférieur à 8 g pour 100 g de pâte.

Informations nutritionnelles

Une part de cette pizza apporte : 206 kcal, 6 g de protéines, 6 g de lipides, 32 g de glucides.

La ricotta, contrairement à ce que l'on croit souvent, n'est pas un fromage blanc mais un fromage à pâte friable doté d'un grain très fin, préparé à partir de petit-lait de vache ou de brebis. La ricotta allégée ne comporte aux 100 grammes que 165 kcal, 13,3 % de lipides, 7,6 % de protéines et 3,6 % de glucides. Elle est riche en calcium et en phosphore.

Conseil

Une part de cette recette peut remplacer selon les aliments prescrits :
30 g de fromage allégé + 100 g de légumes + 60 g de pain

OU

1 laitage maigre non sucré + 100 g de légumes + 1/2 cuillerée à café d'huile + 60 g de pain.

PIZZA OCÉANE

INGRÉDIENTS

Pour 6 personnes

1 pâte à pizza préétalée de 260 g
Garniture
- 8 grosses crevettes (200 g)
- 300 g de mélange de fruits de mer surgelés (crevettes, calamars, moules, saint-jacques)
- 100 g de coulis de tomates
- 4 tomates pelées et coupées en fines rondelles
- 3 gousses d'ail émincées
- 2 cuillerées à café d'huile d'olive
- 4 cuillerées à soupe de vin blanc sec
- sel, poivre, origan

Préparation

- Déroulez la pâte sur la feuille de cuisson. Piquez-la avec une fourchette et faites-la précuire 5 minutes au four préalablement chauffé (thermostat 6 ou 180 °C).
- Faites chauffer 1 cuillerée à café d'huile dans une sauteuse anti-adhésive. Mettez-y les crevettes surgelées, faites-les cuire 4 minutes de chaque côté et décortiquez-les. Ajoutez les gousses d'ail émincées et les fruits de mer surgelés et faites cuire 1 minute. Versez le vin blanc et poursuivez la cuisson encore 2 minutes.
- Étalez le coulis de tomates (voir recettes précédentes p. 281), puis les tranches de tomates sur la pizza. Salez et poivrez. Répartissez les fruits de mer. Disposez les crevettes décortiquées, saupoudrez d'origan et nappez d'une cuillerée à café d'huile.
- Mettez à cuire 15 minutes au four préalablement chauffé (thermostat 6 ou 180 °C).
- Passez sous le grill 1 minute.

Attention, pour la pâte à pizza, au choix de la marque : le taux de lipides doit être inférieur à 8 g pour 100 g de pâte.

Informations nutritionnelles

Une part de cette pizza apporte : 210 kcal, 19 g de protéines, 6 g de lipides, 20 g de glucides.

Conseil

Une part de cette recette peut remplacer selon les aliments prescrits :
60 g de viande maigre ou de poisson maigre + 60 g de pain + 1 cuillerée à café d'huile

OU

60 g de viande grasse ou de poisson gras + 60 g de pain.

QUICHE LORRAINE ALLÉGÉE

INGRÉDIENTS

Pour 4 personnes

Pâte
- 300 g de farine
- 150 g de fromage blanc à 0 % de MG
- 1 œuf
- 20 g de beurre
- 1 c. à café de levure chimique
- 1 pincée de sel

Garniture
- 3 œufs
- 50 ml de lait écrémé
- 1 yaourt à 0 % de MG
- 1 cuillerée à soupe de Maïzena
- 50 ml de crème liquide à 5 % de MG
- 50 g de bacon
- sel, poivre

Préparation

Pour la pâte
- Faites ramollir le beurre à température ambiante.
- Dans un saladier, mélangez à la fourchette la farine, le beurre, l'œuf et le fromage blanc, le sel et la levure puis ajoutez un peu d'eau par gouttes jusqu'à obtenir une pâte non collante.
- Laissez reposer la pâte 1 heure au frais.
- Étalez-la, garnissez-en le moule et piquez à la fourchette. Remettez-la au frais pendant 1 heure.

Pour la garniture
- Dans un saladier, battez les œufs. Ajoutez le lait, le yaourt, la Maïzena, la crème liquide, le sel et le poivre. Mélangez soigneusement.
- Disposez les morceaux de bacon sur la pâte. Arrosez de la garniture.
- Mettez à cuire 30 minutes au four à 180 °C (ou thermostat 6).

Informations nutritionnelles

Une part de cette quiche apporte : 473 kcal, 23 g de protéines, 15 g de lipides, 60 g de glucides.

Conseil

Une part de cette recette peut remplacer selon les aliments prescrits :
120 g de viande maigre ou de poisson maigre + 60 g de pain + 1 cuillerée à soupe d'huile

OU

120 g de viande grasse ou de poisson gras + 60 g de pain.

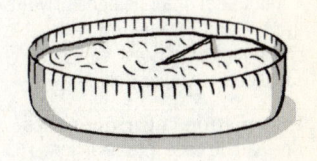

DESSERTS

Toutes les recettes proposées sont peu caloriques. Néanmoins, lisez pour chacune d'elles le paragraphe « Conseil » et respectez les équivalences entre les aliments. Vous pouvez, si vous le souhaitez, utiliser un édulcorant (sucralose ou aspartame). Préférez néanmoins le sucralose qui est stable à la chaleur.

SOUPE DE FRUITS ROUGES

INGRÉDIENTS

Pour 4 personnes

- 600 g de fruits rouges mélangés (frais ou surgelés) : fraises, groseilles, framboises, mûres, cassis, myrtilles…
- 1 citron
- sucralose (facultatif)

Préparation
- Si vous avez préféré des fruits surgelés, il faut tout d'abord attendre leur décongélation.
- Répartissez 400 g de fruits rouges dans 4 assiettes.
- Mixez les 200 g de fruits restants avec le jus du citron.
- Ajoutez éventuellement, à votre goût, l'édulcorant puis versez le coulis sur les fruits.
- C'est prêt ! Servez frais.

Informations nutritionnelles
Une part de cette recette apporte : 63 kcal, 2 g de protéines, 1 g de lipides, 11,5 g de glucides, 47 mg de vitamine C, 35 mg de calcium.

Conseil
Une part de cette recette peut remplacer selon les aliments prescrits :
1 fruit frais

OU

100 g de compote

OU

1 part de tout autre dessert prescrit.

SORBET AUX FRAISES OU AUX FRAMBOISES

INGRÉDIENTS

Pour 4 personnes

- 400 g de fraises ou de framboises
- 1 citron
- 15 glaçons
- 1 blanc d'œuf
- sucralose (facultatif)

Préparation
- Mixez les fruits préalablement lavés et égouttés avec le jus de citron.
- Ajoutez éventuellement l'édulcorant et passez au chinois.
- Mixez la purée obtenue avec les glaçons et incorporez délicatement le blanc d'œuf battu en neige bien ferme.
- Laissez reposer 1 heure au freezer.

Informations nutritionnelles
Une part de cette recette apporte : 47 kcal, 2,5 g de protéines, 0,5 g de lipides, 8 g de glucides, 2 g de fibres, 69 mg de vitamine C, 22,5 mg de calcium.

Conseil
Une part de cette recette peut remplacer selon les aliments prescrits :
1 fruit frais

OU

100 g de compote

OU

1 part de tout autre dessert prescrit.

SORBET AU JUS DE FRUIT

INGRÉDIENTS

Pour 4 personnes

- 600 ml de jus de fruit sans sucre (fruit pressé « maison » ou jus de fruit industriel sans adjonction de sucre)
- 3 feuilles de gélatine
- sucralose (facultatif)

Préparation
- Faites dissoudre les feuilles de gélatine dans 100 ml d'eau chaude.
- Ajoutez le jus de fruit et éventuellement, à votre goût, l'édulcorant.
- Mettez en sorbetière au freezer.
Le sucralose est un édulcorant qui a l'avantage de s'utiliser à chaud comme à froid.

Informations nutritionnelles
Une part de cette recette apporte : 71 kcal, 1 g de protéines, 0,5 g de lipides, 15,5 g de glucides, 75 mg de vitamine C, 16,5 mg de calcium.

Conseil
Une part de cette recette peut remplacer selon les aliments prescrits :
1 fruit frais

OU

100 g de compote

OU

1 part de tout autre dessert prescrit.

SORBET AUX FRUITS

INGRÉDIENTS

Pour 4 personnes

- 600 g de fruits frais au choix (poires, pêches, abricots, ananas, mangues...)
- 1 citron
- 2 feuilles de gélatine
- sucralose (facultatif)

Préparation
- Coupez les fruits de votre choix en dés, mixez-les avec le jus de citron puis ajoutez éventuellement l'édulcorant.
- Faites fondre les feuilles de gélatine dans un peu d'eau chaude et incorporez-y la purée de fruits.
- Mettez en sorbetière au freezer.
- À défaut de sorbetière, sortez le sorbet du freezer toutes les 15 minutes et mélangez afin d'éviter la formation de paillettes.

Le sucralose est un édulcorant qui a l'avantage de s'utiliser à chaud comme à froid.

Informations nutritionnelles
Une part de cette recette apporte : 85 kcal, 1 g de protéines, 0,5 g de lipides, 19 g de glucides, 3,5 g de fibres, 16 mg de vitamine C, 17 mg de calcium.

Conseil
Une part de cette recette peut remplacer selon les aliments prescrits :
1 fruit frais

OU

100 g de compote

OU

1 part de tout autre dessert prescrit.

MOUSSE AUX FRUITS

INGRÉDIENTS

Pour 4 personnes

- 600 g de fruits frais au choix (pommes, poires, pêches, abricots...)
- 3 blancs d'œufs
- parfum au choix (1 pincée de cannelle ou quelques gouttes d'extrait de vanille)
- sucralose (facultatif)

Préparation
- Faites cuire les fruits de votre choix, préalablement lavés et épluchés, soit au four, soit au micro-ondes, soit dans un fond d'eau jusqu'à ce qu'ils soient chauds, puis mixez-les.
- Dans la compote chaude, incorporez les blancs battus en neige, le parfum de votre choix et éventuellement l'édulcorant.
- Versez dans 4 ramequins et servez frais.

Le sucralose est un édulcorant qui a l'avantage de s'utiliser à chaud comme à froid.

Informations nutritionnelles
Une part de cette recette apporte : 90 kcal, 3,5 g de protéines, 0,5 g de lipides, 17,5 g de glucides, 3 g de fibres, 7,5 mg de vitamine C, 9,5 mg de calcium.

Conseil
Une part de cette recette peut remplacer selon les aliments prescrits :
1 fruit frais

OU

100 g de compote

OU

1 part de tout autre dessert prescrit.

MOUSSE AU CITRON OU À L'ORANGE

INGRÉDIENTS

Pour 4 personnes

- 8 blancs d'œufs
- le jus d'un citron ou d'une orange
- 1 zeste de citron ou 1 zeste d'orange
- sucralose (facultatif)

Préparation
- Battez les blancs en neige.
- Incorporez le jus de fruit, le zeste du fruit au choix, et éventuellement l'édulcorant.
- Versez dans 4 ramequins et mettez au frais.

Informations nutritionnelles
Une part de cette recette apporte : 40 kcal, 8,5 g de protéines, 0 g de lipides, 4,5 g de glucides, 9 mg de vitamine C, 6,5 mg de calcium.

Conseil
Une part de cette recette peut remplacer selon les aliments prescrits :
1 fruit frais

OU

100 g de compote

OU

1 part de tout autre dessert prescrit.

POIRES AUX GROSEILLES

INGRÉDIENTS

Pour 4 personnes

- 2 poires (400 g)
- 150 g de groseilles
- 1 citron
- sucralose (facultatif)

Préparation
- Pelez les poires, coupez-les en tranches, arrosez-les de jus de citron et disposez-les dans 4 petits plats à four.
- Répartissez les groseilles sur le dessus et mettez à four chaud à 180 °C pendant 10 minutes environ.
- Ajoutez éventuellement l'édulcorant et servez tiède.

Le sucralose est un édulcorant qui a l'avantage de s'utiliser à chaud comme à froid.

Informations nutritionnelles
Une part de cette recette apporte : 69 kcal, 1 g de protéines, 0,5 g de lipides, 15 g de glucides, 5,5 g de fibres, 29 mg de vitamine C, 25 mg de calcium.

Conseil
Une part de cette recette peut remplacer selon les aliments prescrits :
1 fruit frais

OU

100 g de compote

OU

1 part de tout autre dessert prescrit.

POMMES AU FOUR SAUCE À L'ORANGE

INGRÉDIENTS

Pour 4 personnes

- 4 petites pommes (500 g)
- 150 ml de jus d'orange non sucré
- 1 jaune d'œuf
- sucralose (facultatif)

Préparation

- Pelez et évidez les pommes. Enveloppez chaque pomme bien hermétiquement dans une feuille d'aluminium et mettez ces papillotes à four chaud (thermostat 6 ou 180 °C) pendant 45 minutes.
- Mélangez au fouet le jaune d'œuf et le jus d'orange, mettez au bain-marie et fouettez le mélange jusqu'à l'obtention d'une mousse onctueuse. Ajoutez éventuellement l'édulcorant.
- Sortez les pommes des papillotes, disposez-les dans des coupes individuelles et nappez-les de sauce à l'orange.
- Servez chaud.

Le sucralose est un édulcorant qui a l'avantage de s'utiliser à chaud comme à froid.

Informations nutritionnelles

Une part de cette recette apporte : 100 kcal, 1,5 g de protéines, 2 g de lipides, 18,5 g de glucides, 2,5 g de fibres, 25 mg de vitamine C, 17 mg de calcium.

Conseil

Une part de cette recette peut remplacer selon les aliments prescrits :
1 fruit frais

OU

100 g de compote

OU

1 part de tout autre dessert prescrit.

ŒUFS À LA NEIGE

INGRÉDIENTS

Pour 4 personnes

- 3 œufs
- 1 pointe de couteau de Maïzena
- 300 ml de lait écrémé
- 1 gousse de vanille ou quelques gouttes de vanille liquide
- 1 pincée de cannelle en poudre
- sucralose (facultatif)

Préparation

- Lavez les œufs et séparez les blancs des jaunes. Conservez les blancs au frais.

Préparez une crème anglaise :

- Dans un récipient, mélangez les jaunes avec la Maïzena et battez jusqu'à l'obtention d'une mousse homogène.
- Dans une casserole, faites chauffer, à feu doux, le lait, dans lequel vous avez mis la gousse de vanille fendue en deux (ou quelques gouttes de vanille liquide).
- Hors du feu, ajoutez le lait aux jaunes d'œufs.
- Remettez sur feu doux tout en mélangeant avec une spatule jusqu'à l'épaississement (arrêtez la cuisson dès que le mélange nappe la spatule). Ajoutez l'édulcorant.
- Filtrez cette crème anglaise et versez-la dans 4 coupes.
- Montez les blancs en neige, en ayant soin d'ajouter au départ une pointe de sel.
- À l'aide d'une cuillère à soupe, déposez les blancs dans une grande casserole d'eau frémissante et laissez cuire 1 minute sur chaque face (l'eau doit à peine frémir).
- Égouttez, puis répartissez les blancs sur la crème anglaise dans chaque coupe.
- Saupoudrez de cannelle et servez frais.

Le sucralose est un édulcorant qui a l'avantage de s'utiliser à chaud comme à froid.

Informations nutritionnelles

Une part de cette recette apporte : 106 kcal, 8 g de protéines, 5 g de lipides, 7 g de glucides, 85,5 mg de calcium.

Conseil

Une part de cette recette peut remplacer selon les aliments prescrits :
100 ml de lait

OU

1 laitage non sucré

OU

1 part de tout autre dessert prescrit.

CRÈME RENVERSÉE

INGRÉDIENTS

Pour 4 personnes

- 300 ml de lait écrémé
- 3 œufs
- parfum au choix (extrait de café ou de vanille, ou vanille en gousse, ou zeste d'orange ou de citron, ou fleur d'oranger)
- sucralose (facultatif)

Préparation
- Dans une casserole, faites chauffer, à feu doux, le lait, dans lequel vous aurez préalablement mis le parfum de votre choix, jusqu'à ébullition.
- Cassez les œufs entiers dans un récipient.
- Versez le lait bouillant parfumé sur les œufs entiers tout en battant énergiquement à l'aide d'un fouet.
- Ajoutez éventuellement l'édulcorant.
- Filtrez et répartissez dans 4 ramequins.
- Mettez les préparations au bain-marie à four moyen (thermostat 5 ou 150 °C). Testez la cuisson avec une lame de couteau. La cuisson est terminée quand la lame de couteau ressort propre de la crème renversée.

Le sucralose est un édulcorant qui a l'avantage de s'utiliser à chaud comme à froid.

Informations nutritionnelles
Une part de cette recette apporte : 90 kcal, 8 g de protéines, 5 g de lipides, 7 g de glucides, 142 mg de calcium.

Conseil
Une part de cette recette peut remplacer selon les aliments prescrits :
1 laitage maigre non sucré + 1 cuillerée à café d'huile

OU

1 laitage peu gras non sucré

OU

1 part de tout autre dessert prescrit.

GLACE VANILLE, CAFÉ OU CHOCOLAT

INGRÉDIENTS

Pour 4 personnes

- 3 œufs
- 1 pointe de couteau de Maïzena
- 1/2 litre de lait écrémé
- parfum au choix (1 cuillerée à café de cacao non sucré à dissoudre dans un fond d'eau ou 1 gousse de vanille fendue en deux ou quelques gouttes d'extrait de vanille ou de café)
- sucralose (facultatif)

Préparation
- Séparez les blancs des jaunes d'œufs.
Faites une crème anglaise :
- Dans un récipient, mélangez les jaunes avec la Maïzena et battez jusqu'à l'obtention d'une mousse homogène.
- Dans une casserole, faites chauffer, à feu doux, le lait dans lequel vous aurez mis le parfum de votre choix. Hors du feu, ajoutez le lait aux jaunes d'œufs.
- Remettez sur feu doux tout en mélangeant avec une spatule jusqu'à l'épaississement (arrêter la cuisson dès que le mélange nappe la spatule).
- Ajoutez éventuellement l'édulcorant.
- Filtrez la crème et versez-la dans un récipient.
- Mettez-la en sorbetière au freezer.

Le sucralose est un édulcorant qui a l'avantage de s'utiliser à chaud comme à froid.

Informations nutritionnelles
Une part de cette recette apporte : 109 kcal, 10 g de protéines, 5 g de lipides, 6 g de glucides, 142,5 mg de calcium.

Conseil
Une part de cette recette peut remplacer selon les aliments prescrits :
1 laitage maigre non sucré + 1 cuillerée à café d'huile

OU

1 laitage peu gras non sucré

OU

1 part de tout autre dessert prescrit.

FLAN

INGRÉDIENTS

Pour 4 personnes

- 400 ml de lait écrémé
- 3 feuilles de gélatine
- parfum au choix (quelques gouttes d'extrait de vanille ou de café, ou de la fleur d'oranger, ou un zeste d'orange ou de citron, ou 1 cuillerée à café de cacao non sucré)
- sucralose (facultatif)

Préparation
- Faites chauffer le lait dans une casserole à feu doux.
- Faites ramollir les feuilles de gélatine dans un peu d'eau froide puis égouttez-les et incorporez-les dans le lait chaud.
- Mélangez jusqu'à dissolution, ajoutez le parfum de votre choix et éventuellement l'édulcorant.
- Versez dans 4 ramequins et mettez au frais.

Le sucralose est un édulcorant qui a l'avantage de s'utiliser à chaud comme à froid.

Informations nutritionnelles
Une part de cette recette apporte : 34 kcal, 3,5 g de protéines, 0 g de lipides, 4,5 g de glucides, 114 mg de calcium.

Conseil
Une part de cette recette peut remplacer selon les aliments prescrits :
100 ml de lait
OU
1 laitage non sucré
OU
1 part de tout autre dessert prescrit.

FROMAGE BLANC AUX POMMES

INGRÉDIENTS

Pour 4 personnes

- 2 pommes (300 g)
- 1 œuf
- 200 g de fromage blanc maigre
- jus de 1/2 citron
- 1 c. à café de cannelle
- sucralose (facultatif)

Préparation
- Lavez et épluchez les pommes. Cassez l'œuf en séparant le jaune du blanc.
- Râpez les pommes dans un saladier puis versez le jus de citron.
- Ajoutez le jaune d'œuf, le fromage blanc, la cannelle et éventuellement l'édulcorant.
- Mélangez bien puis incorporez le blanc battu en neige. Versez dans 4 ramequins et mettez au frais.

Informations nutritionnelles
Une part de cette recette apporte : 85 kcal, 6 g de protéines, 2 g de lipides, 11 g de glucides, 1,5 g de fibres, 75 mg de calcium.

Conseil
Une part de cette recette peut remplacer selon les aliments prescrits :
100 ml de lait
OU
1 laitage non sucré
OU
1 part de tout autre dessert prescrit.

FRUITS À LA GELÉE D'AMANDES

INGRÉDIENTS

Pour 4 personnes

- 400 g de fruits frais (1 mangue, 1/2 ananas, 2 kiwis, 8 litchis, 8 fraises)
- 400 ml de lait écrémé
- 3 feuilles de gélatine
- 6 gouttes d'extrait d'amande amère

Préparation
- Dans une casserole, faites chauffer le lait, dans lequel vous aurez mis l'extrait d'amande amère, jusqu'à ébullition. Faites ramollir la gélatine puis incorporez-la.
- Mélangez jusqu'à dissolution de la gélatine, versez dans un plat sur 1 cm et faites prendre la gelée au réfrigérateur.
- Lavez et épluchez les fruits. Coupez la mangue en cubes, les kiwis en rondelles, l'ananas en lamelles.
- Découpez la gelée en cubes que vous disposerez dans un plat avec les fruits.

Informations nutritionnelles
Une part de cette recette apporte : 108 kcal, 4 g de protéines, 0,5 g de lipides, 21,5 g de glucides, 2 g de fibres, 44 mg de vitamine C, 132 mg de calcium.

Conseil
Une part de cette recette peut remplacer selon les aliments prescrits :
100 ml de lait
OU
1 laitage non sucré
OU
1 part de tout autre dessert prescrit.

FROMAGE BLANC AU COULIS DE FRUITS ROUGES

INGRÉDIENTS

Pour 4 personnes

- 400 g de fruits rouges de votre choix (ou un mélange) : fraises, framboises, groseilles
- 4 faisselles de 100 g de fromage blanc maigre
- jus de citron (facultatif)
- sucralose ou aspartame (facultatif)

Préparation
- Mixez les fruits rouges après les avoir lavés et équeutés (gardez-en un peu pour la décoration).
- Vous pouvez ajouter un jus de citron si vous choisissez les fraises seules.
- Vous pouvez aussi ajouter, selon votre goût, un édulcorant.
- Retournez les faisselles sur les assiettes à dessert (une par faisselle).
- Versez le coulis autour de chaque fromage blanc.
- Décorez le dessus du fromage blanc avec quelques fruits entiers (1 petite grappe de groseilles ou 3 framboises...).

Informations nutritionnelles
Une part de cette recette apporte environ : 85 kcal, 8,7 g de protéines, 0,8 g de lipides, 11 g de glucides, 6,7 g de fibres, 148 mg de calcium, 25 mg de vitamine C.
Ce dessert combine le fruit et le produit laitier. Il est donc source à la fois de calcium, de fibres et de vitamine C.

Conseil
Une part de cette recette peut occasionnellement remplacer selon les aliments prescrits :
100 ml de lait

OU

1 laitage non sucré

OU

1 part de tout autre dessert prescrit.

Le service complémentaire **www.ledietcare.fr**

Votre code d'accès est le **SDAB1204**

Pour optimiser vos chances d'atteindre votre objectif, faites régulièrement votre Bilan Nutritionnel LedietCARE. Ce service est gratuit.

Si vous souhaitez une prise en charge quotidienne dans le cadre du coaching LedietCARE, le montant de ce livre sera déduit de votre abonnement sur 3 mois.